읽으면서
바로 써 먹는
어린이
인공지능 책

앨리스의 AI월드 탐험기

장회경 지음

미스터리한 AI월드에서 시작된
앨리스의 대모험

아미시기

차례

06쪽
1
메타버스를 여행해요

20쪽
2
AI가 관리하는 나라에 빠졌어요

24쪽
3
생쥐가 말을 해요

34쪽
4
댄스로 몸을 말려요

41쪽
5
나를 따라 해 봐요

48쪽
6
푸른 애벌레에게 감동을 선물해요 1

52쪽
7
푸른 애벌레에게 감동을 선물해요 2

60쪽
8
세상에 없는 식물을 만들어요

64쪽
9
모자 장수의 다과회에서 핫겜을 해요

70쪽
10
모자 장수에게 새 모자를 선물해요

미스터리한 AI월드에서 시작된 앨리스의 대모험

76쪽
11 체셔가 감쪽같이 사라져요

80쪽
12 여왕님의 취향을 맞춰요

86쪽
13 사진으로 만들어 줘요

92쪽
14 눈으로 말해요

99쪽
15 체셔의 몽타주를 그려요

104쪽
16 체셔와 시계 토끼를 구분해요

110쪽
17 거기, 숨어 있는 자 누구요

116쪽
18 모자 장수, 도와줘요

122쪽
19 여왕님과 AI 윤리를 공부해요

130쪽
20 AI와 함께 하는 세상을 만들어요

＋ 136쪽
앨리스의 AI월드 탐험기 <엔트리 편>

1
메타버스를 여행해요

메타버스

제페토

메타버스가 무엇인지 알아보고 메타버스 서비스를 체험해 보세요.

미션 미리 보기

아바타를 만들어요!

아바타로 재미있는 사진을 찍어요.

'월드'에서 친구들과 함께 놀아요.

메타버스란 무엇일까요?

메타버스에는 증강현실, 일상기록, 거울세계, 가상 세계의 네 가지 유형이 있어요.

메타버스(Metaverse)는 1992년 미국의 닐 스티븐슨(Neal Stephenson)의 공상과학 소설 '스노 크래시(Snow Crash)'에서 처음 사용되었어요. 가상, 추상을 뜻하는 그리스어 메타(meta)와 우주를 뜻하는 유니버스(universe)가 합쳐져 만들어진 말이에요. 현실과 가상의 세계가 결합하여 그 안에서 상호작용할 수 있는 공간이지요.

여러분을 대신하는 아바타를 만들어 메타버스에 접속하면 현실에서처럼 친구를 만나서 게임도 하고, 쇼핑도 하며, 좋아하는 공간을 찾아가 산책도 하는 등 다양한 활동을 할 수 있어요.

로블록스(Roblox) roblox.com

로블록스 스튜디오에서 직접 게임을 만들거나 다른 사람들과 함께 게임을 즐길 수 있는 메타버스 게임이에요. 게임 안에서 친구들과 모임을 하거나 자선 단체를 위한 모금 행사를 하기도 해요.

이프랜드(Ifland) ifland.io

아바타를 만들고 모임을 열어 친구들과 만날 수 있어요. 그리고 가상공간에서 문서나 영상을 공유할 수 있어요.

디센트럴랜드(Decentraland) play.decentraland.org

별도의 설치 없이 브라우저로 접속할 수 있는 메타버스 서비스예요. 암호 화폐와 메타버스가 결합된 형태로, 토지를 구매하고 다양한 활동을 할 수 있어요.

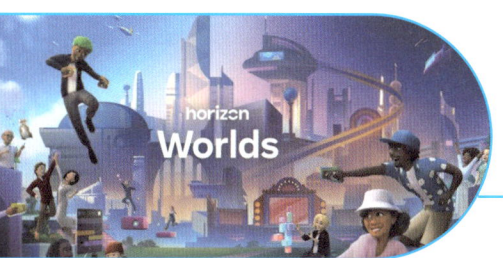

페이스북 호라이즌 월드 (Horizon world)

oculus.com/horizon-worlds

직접 아바타를 만들고 공간을 구성하여 친구들을 초청할 수 있는 메타버스 서비스예요. 공간에서 다양한 활동을 할 수 있어요.

메타버스 서비스는 계속 발전하고 있어서 앞으로 더 다양한 서비스가 나올 예정이래요. 바쁘다 바빠!

제페토(ZEPETO)로 앨리스의 아바타를 만들어 볼까요?

1 제페토 어플을 설치해요.

스마트 기기의 앱 스토어에서 '제페토'를 검색해 설치해 보세요. 게임이나 앱을 설치할 때처럼 하면 돼요. 설치가 완료되면 아이콘이 만들어진 것을 확인할 수 있지요.

제페토는 스마트폰이나 스마트 패드의 앱 스토어에서 다운로드할 수 있어요. 컴퓨터에서 사용하려면 앱을 호환할 수 있는 녹스 앱플레이어라는 프로그램을 설치해야 해요.

녹스 앱플레이어 kr.bignox.com

스마트폰, 스마트 패드용 앱을 일반 컴퓨터에서 사용할 수 있도록 도와주는 호환 프로그램이에요. 사이트에 방문해 설치 프로그램을 다운로드할 수 있어요. 설치를 완료한 후에 앱 스토어 로그인을 하고 스마트폰의 앱을 설치할 때처럼 제페토 앱을 찾아 설치하면 돼요.

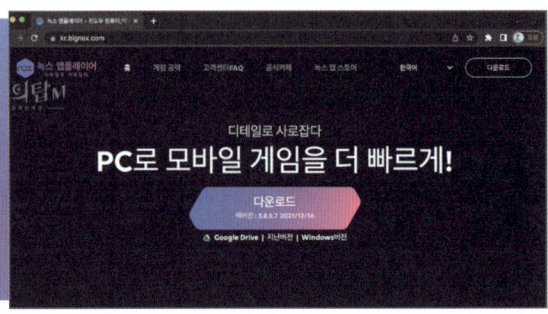

2 회원 가입을 해요.

앱을 실행하고 회원 가입을 해 볼까요? 차근차근 순서대로 따라하면 쉽게 가입할 수 있어요. 함께 따라 해 보세요.

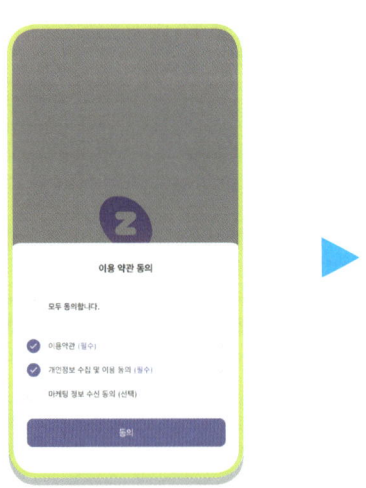

① (필수)에 해당하는 '이용 약관', '개인정보 수집 및 이용 동의'에 체크한 후 [동의]를 눌러요.

② 나만의 아바타를 선택하고 [이 아바타로 시작할게요]를 눌러요.

③ 아바타의 이름을 입력하고 [다음]을 눌러요.

앨리스의 AI월드 탐험기

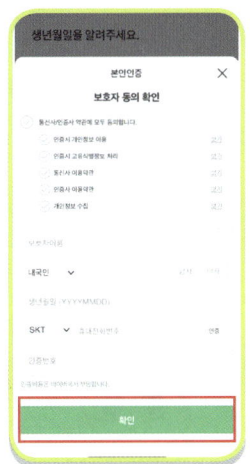

④ 생년월일을 설정하고 [확인]을 눌러요.

⑤ 미성년자는 보호자 동의 내용을 확인하고 필요한 내용을 입력한 후 [확인]을 눌러요.

⑥ [다른 옵션 보기]를 눌러요.

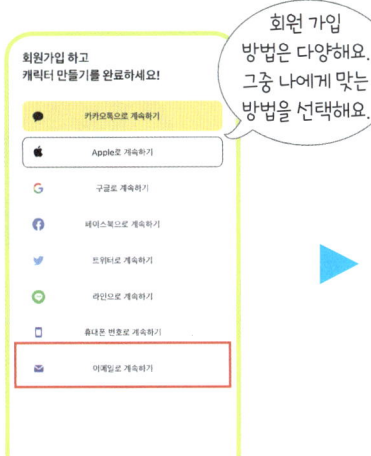
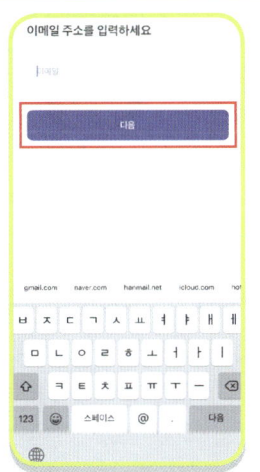

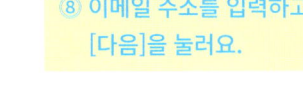
회원 가입 방법은 다양해요. 그중 나에게 맞는 방법을 선택해요.

⑦ [이메일로 계속하기]를 눌러요.

⑧ 이메일 주소를 입력하고 [다음]을 눌러요.

⑨ 내 이메일에 들어가서 제페토에서 온 메일의 인증 번호를 확인하여 입력한 후 [다음]을 눌러요.

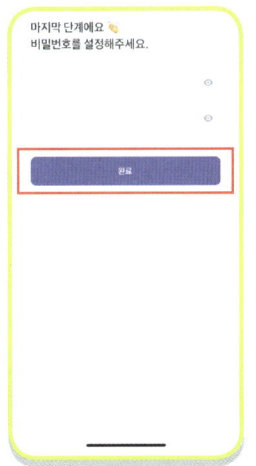
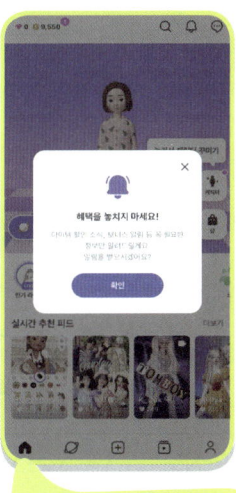

⑩ 제페토에서 사용할 아이디를 입력하고 [다음]을 눌러요.

⑪ 비밀번호를 설정하고 [완료]를 눌러요.

자, 이제 우리 로그인해 볼까요?

1. 메타버스를 여행해요

3 앨리스 캐릭터를 만들어요.

나만의 앨리스 캐릭터를 만들어 볼까요? 캐릭터 중에 한 명을 선택해서 수정해도 되고, 자신의 사진이나 셀카로 직접 캐릭터를 만들 수도 있어요. 자, 여러분의 실력을 뽐내 보세요.

> 매일 있는 출석 이벤트나 미션을 달성하면 코인을 모을 수 있어요.

> 로그인을 하면 주어지는 코인 금액에 맞춰서 아바타를 꾸며 주세요. 처음부터 현금으로 아이템을 구매하여 꾸미지 않는 게 좋아요.

① 캐릭터를 눌러요.

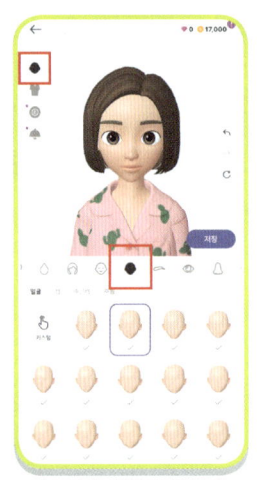

② 얼굴을 설정해 볼까요? 캐릭터 편집 창을 열어서 얼굴을 클릭하고 얼굴형을 골라요. 하단에 얼굴색을 고르고 [커스텀]을 눌러요.

③ 앞모습과 옆모습을 확인하며 화면의 흰점을 눌러 디테일을 수정해요.

④ 비슷한 과정으로 눈썹, 눈, 코, 입 등을 선택하고 수정해요.

⑤ 헤어스타일을 골라요.

⑥ 키와 체형도 고를 수 있어요.

⑦ 옷을 눌러 앨리스에게 어울리는 의상과 액세서리를 선택해요.

⑧ 앨리스의 개성이 잘 드러나도록 메이크업을 해 보세요.

완성된 앨리스를 확인해 보세요. 마음에 드나요?

제페토 월드로 여행을 떠나 볼까요?

1 월드를 여행해 보세요.

제페토 안에는 다양한 월드가 있어요. 월드는 캐릭터가 움직이고 활동할 수 있는 공간이에요. 대표적인 월드를 탐험해 보며 제페토 세계를 이해해 볼까요?

공식 월드도 있고 크리에이터가 직접 만든 월드도 있어요. 직접 크리에이터가 되고 싶다면 14쪽을 참고해서 나만의 월드를 만들어 보세요.

① 하단에 행성 모양의 [월드]를 눌러요.

② 추천 옆의 [더보기]를 눌러요.

③ 다양한 월드가 있어요.

1. 메타버스를 여행해요 ···· **11**

④ [학교 옥상]을 선택하고 [플레이]를 눌러요.

⑤ 로딩 후에 [학교 옥상] 월드로 들어가요.

화면이 어떻게 구성되어 있는지 알아볼까요?

- 월드에 참여할 수 있는 정원과 현재 참여자 수
- 친구 초대하기
- 월드 안에서 할 수 있는 다양한 퀘스트
- 추천 상점
- 월드 나가기
- 제스처/포즈
- 점프하기
- 자주 사용하는 제스처나 포즈 저장
- 캐릭터 움직이기
- 가로, 세로 모드 변경
- 마이크 켜고 끄기
- 채팅하기
- 배낭
- 사진/촬영

12 · · · · 앨리스의 AI월드 탐험기

2 월드 안에서 무엇을 할 수 있을까요?

> 월드에는 다양한 퀘스트가 있어요. 퀘스트를 풀며 즐겁게 월드를 여행해 보세요.

친구를 초대해요

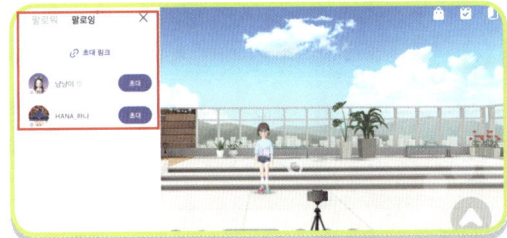

왼쪽 상단의 [초대]를 눌러요. 팔로워, 팔로잉 상태에 있는 친구를 초대하거나 [초대 링크]를 눌러 복사한 후 친구에게 보내면 친구와 함께 월드 안에서 놀 수 있어요.

포즈와 제스처를 바꿔 봐요

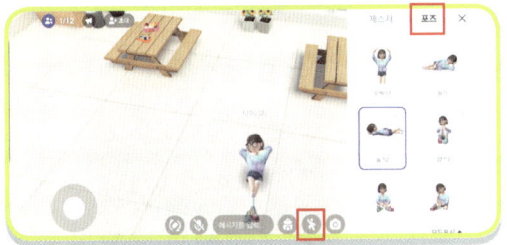

아래의 동작 모양을 누르면 나오는 포즈를 클릭해 보세요.

제스처를 눌러 나오는 다양한 제스처도 체험해 볼까요?

사진을 찍어요

① 아래의 카메라 모양을 눌러요.

② [셀카 모드 on/off], [이름 on/off], [배경 on/off] 중에 고를 수 있고, 이미지와 동영상 촬영 중에 선택할 수 있어요.

③ [셀카 모드]에서 [제스처] 단추를 누르면 [셀피 제스처]를 선택해서 촬영할 수 있어요.

④ [셀카 모드 off]를 누르고 [제스처] 단추를 눌러도 다양한 포즈와 제스처를 선택할 수 있어요.

1. 메타버스를 여행해요 · · · · 13

제페토에 방을 개설하고 친구들과 모임을 해 볼까요?

1 월드에 접속해서 방을 만들어요.

① 하단에 행성 모양의 [월드]를 눌러요.

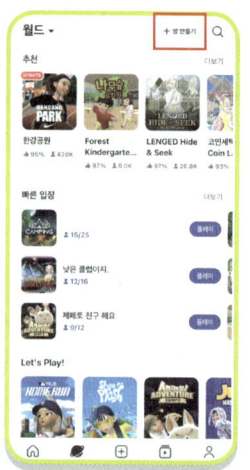
② 상단의 [방 만들기]를 눌러요.

③ 제목을 입력하고 [월드]를 눌러요.

④ 월드를 선택해요.

⑤ 공개/비공개 여부를 선택할 수 있어요. 비공개로 설정하면 초대한 친구들만 들어올 수 있어요.

⑥ 방 만들기 옆의 [설정] 아이콘(⚙)을 누르면 관전 허용 여부를 설정할 수 있어요.

설정이 완료되면 아래의 방 만들기 버튼을 눌러요. 그러면 월드로 슈웅~

월드에 입장하면 월드에서 할 수 있는 퀘스트를 먼저 안내받게 돼요. 캠핑 월드에서는 캠프파이어도 즐길 수 있고 기타 연주도 할 수 있어요.

14 ···· 앨리스의 AI월드 탐험기

2 친구를 초대해서 함께 놀아 보세요.

① 친구 초대 링크가 뜨면 [링크 복사]를 눌러 주소를 복사하고 친구와 공유해요.

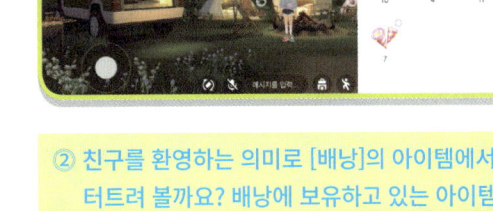

② 친구를 환영하는 의미로 [배낭]의 아이템에서 폭죽을 터트려 볼까요? 배낭에 보유하고 있는 아이템을 확인해서 효과를 줄 수 있어요.

③ 친구와 둘러앉아 캠프파이어도 하고, 기타도 치고 놀아요. 마이크를 켜고 직접 친구들과 대화를 하거나 카메라를 켜고 함께 사진을 찍으며 추억을 만들어요.

월드마다 분위기가 달라요. 목적에 맞는 월드를 만들면 좀 더 재미있게 놀 수 있겠죠?

제페토 스튜디오 studio.zepeto.me

제페토 스튜디오에서 옷, 모자와 같은 아이템이나 월드를 직접 만들 수 있어요. 완성된 아이템과 월드를 직접 제페토에 올리고 판매를 통해 수익을 얻을 수도 있어요. 상단의 [콘텐츠]를 누르면 만들려는 것을 고를 수 있지요. [가이드]를 클릭하면 만드는 방법과 제페토에 업로드하는 방법, 심사를 받고 아이템을 관리하는 방법이 자세하게 나와 있어요. 여러분도 직접 자신의 아이템을 만들어 보면 어떨까요?

제페토 바로가기

나도 제페토에서 크리에이터의 꿈을 실현해 봐야겠어요.

1. 메타버스를 여행해요

만들기에서 나의 아바타를 뽐내 볼까요?

1 제페토 신상 포즈를 따라해 볼까요?

[만들기]에는 아바타에 적용할 수 있는 다양한 포즈가 있어요. 앨리스가 멋진 포즈로 춤추는 모습을 사진과 영상으로 만들어 볼까요?

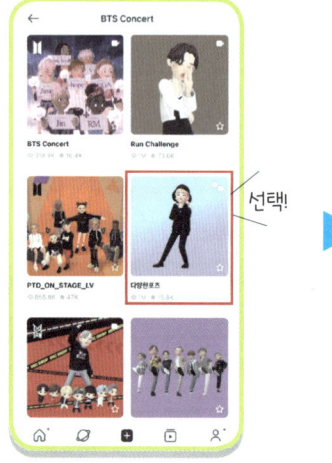

① 하단에 (＋) 표시로 되어 있는 [만들기]를 눌러요.

② 여러 가지 포즈 중에 마음에 드는 것을 눌러 보세요.

③ 앨리스가 선택한 포즈를 취해요.

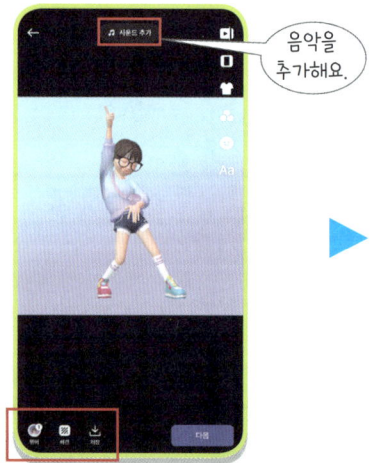

④ 오른쪽의 편집 기능을 이용해 동영상 자르기, 비율 변경하기, 스티커 추가하기, 글자 쓰기 등 다양하게 수정할 수 있어요.

⑤ 하단 메뉴에서 포즈에 인원을 추가하거나 배경을 바꾸고 저장할 수 있어요.

⑥ 오른쪽의 화살표를 누르면 내 게시물에 해당 포즈를 올릴 수 있어요.

이야기를 완성해서 게시판에 게시해 보세요. 하단의 사람 모양을 클릭하면 게시한 사진과 동영상을 확인할 수 있어요.

16 ···· 앨리스의 AI월드 탐험기

2 다양한 방법으로 사진을 찍어 볼까요?

① 상단에 카메라를 눌러 보세요.

② 스튜디오에서는 아바타의 사진을 찍을 수 있어요.

③ 캐릭터를 누르면 다른 포즈의 앨리스를 추가할 수 있어요.

④ 포즈를 선택해서 눌러 보세요.

⑤ 여러 명의 앨리스를 만들 수 있어요.

⑥ 배경을 누르면 스튜디오의 배경을 변경할 수 있어요.

⑦ 동영상이나 사진으로 촬영할 수 있어요.

카메라로 나의 얼굴을 인식해 아바타의 표정을 바꾸며 영상을 찍을 수도 있어요.

⑧ [액션]을 누르면 내 얼굴을 인식해 앨리스가 내 표정을 따라해요.

⑨ 카메라를 누르면 실제 내 얼굴 위에 앨리스의 얼굴이 인식되어 나와요.

1. 메타버스를 여행해요

2D 메타버스 — 게더타운

gather.town

게더타운은 화상 회의 플랫폼에 메타버스 요소가 접목된 서비스입니다.
'Try Gather free(게더 무료로 시작하기)'를 눌러서 게더타운을 체험해 볼까요?

크롬 브라우저로 실행해요.

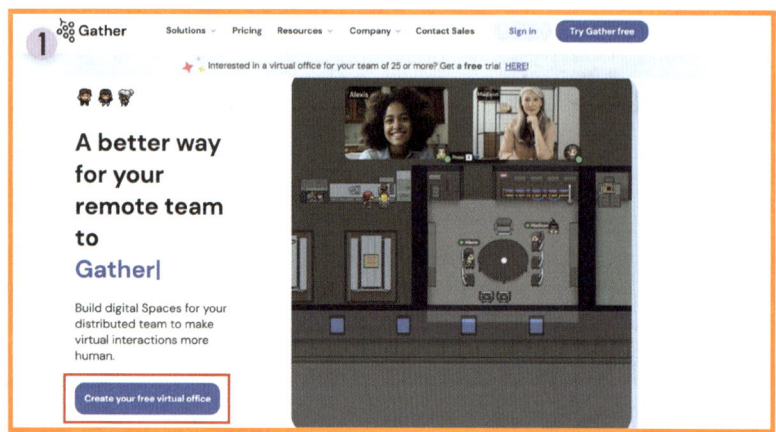

① 사이트에 접속해서 [] 버튼을 클릭해요.

② 원격 사무실/팀 소셜/회의 중에 무엇을 할지 선택하고, [Get started]를 클릭해요.

마우스 오른쪽을 클릭해서 메뉴가 나오면 '한국어로 번역'을 클릭해 보세요. 조금 어색해도 한국어로 나와서 이해하기 쉬워요.

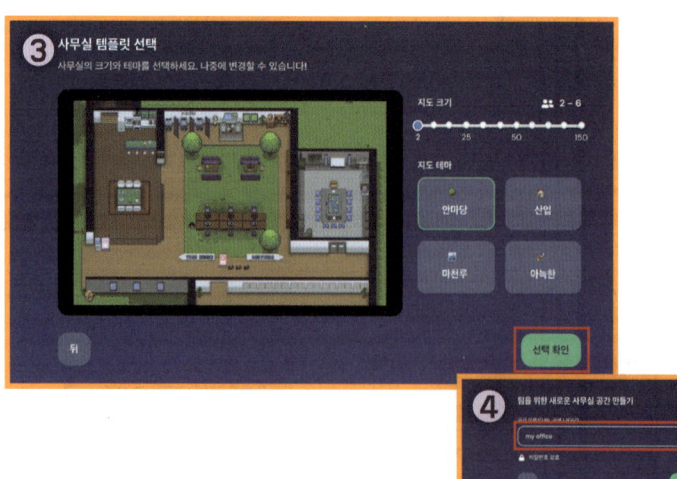

③ 공간을 사용할 수 있는 템플릿을 선택할 수 있어요.

④ 사무실의 이름을 입력해요. 영어와 숫자 등만 가능하고 한글 이름은 불가능해요.

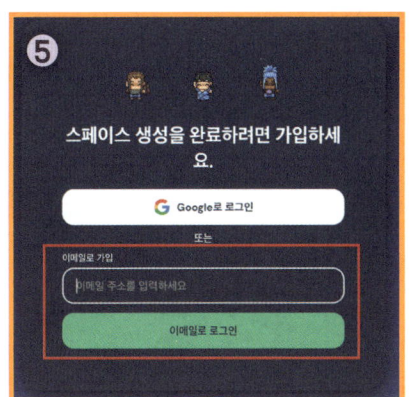
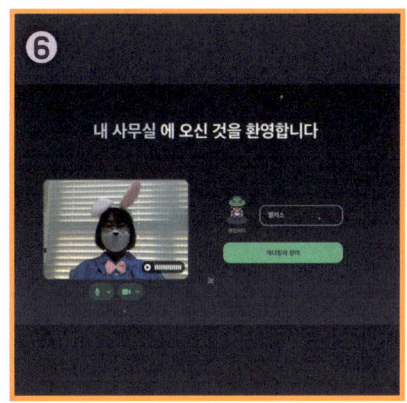

여러분의 모습과 목소리가 컴퓨터를 통해 상대방에게 노출될 수 있으므로 주의해야 해요. 준비가 되어 있다면 카메라와 오디오를 켜도 되지만 준비가 되어 있지 않다면 끄고 참여하도록 해요.

⑤ 사무실을 완성하려면 회원 가입이 필요해요. 이메일을 이용해 가입해 보세요.

⑥ 아바타를 꾸밀 수 있고, 카메라와 오디오를 설정할 수도 있어요. 설정이 완료되면 [게더링에 참여]를 눌러요.

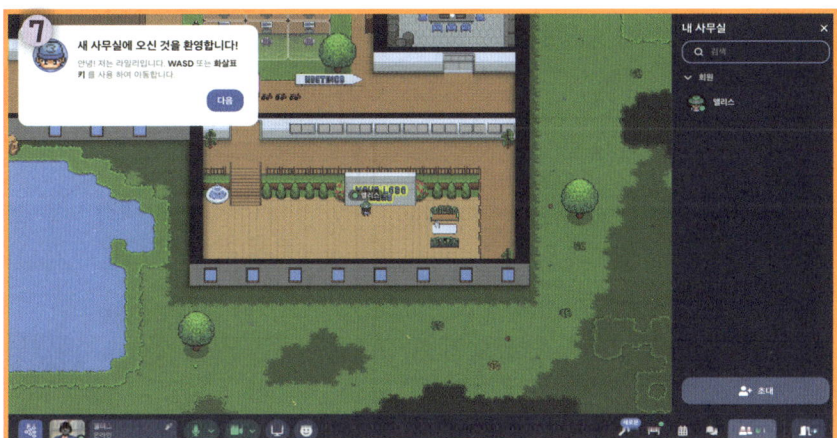

사무실에서는 카메라를 연결하여 화상 회의를 하는 등 다양한 활동을 할 수 있어요. 구석구석 돌아다니며 여러 가지 기능을 체험해 보세요.

⑦ 완성된 사무실을 둘러볼까요? 키보드 방향키로 아바타를 움직일 수 있어요. 각각의 구역에 가면 어떤 것들을 할 수 있는지 안내해 줘요.

직업 탐구

메타버스 공간 디자이너 & 아바타 디자이너

'메타버스 공간 디자이너'는 가상 세계의 공간을 만드는 일을 해요. 이 일을 하기 위해서는 컴퓨터 그래픽 디자인을 다룰 줄 알아야 할 뿐만 아니라, 가상 세계 안에서 사용자가 어떤 경험을 할 것인지도 함께 고려할 수 있어야 하죠. 공간을 설계하는 일이라, 건축물에 대한 이해도 필요해요. 예를 들어, 메타버스 안에 자동차 전시관을 만든다면 자동차를 홍보하는 장소를 만들고, 자동차를 튜닝하는 공간을 구성하고, 직접 자동차에 타서 운전하는 경험을 하도록 설계하는 거죠.

'아바타 디자이너'는 메타버스 공간 안에 아바타를 디자인하는 일을 하는데, 기업을 상징하는 아바타를 만들기 위해서는 예쁘게 디자인하는 것에 그쳐서는 안 되고 다양한 공부가 필요하지요. 한 아바타가 다른 아바타를 만났을 때 어떻게 반응할지도 고려할 수 있어야 해요. 아바타 디자이너는 아바타를 위한 패션 디자이너, 메이크업 아티스트로 세분화되기도 해요.

인공지능 개념

2

AI가 관리 하는 나라에 빠졌어요

인공지능의 개념을 이해하고 우리 주변에 인공지능이 활용되고 있는 곳을 찾아보세요.

미션 미리 보기

인공지능 개념을 이해해요.

우리 주변의 다양한 인공지능 서비스를 알 수 있어요.
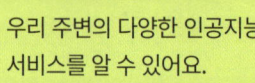

인공지능이 할 수 있는 일이 무엇인지 알 수 있어요.

인공지능이란 무엇일까요?

인공지능은 마치 인간처럼 학습하고 생각해서 스스로 판단할 수 있는, 컴퓨터의 인공적인 지능을 말해요. 과거에는 인공지능을 개발할 수 있는 기술이 부족해서 개념만 있었어요. 하지만 2000년대가 되어 정보 기술이 급격히 발전하면서 인공지능 기술을 실현할 수 있게 되었어요.

인공지능의 역사

1950년 수학자 앨런 튜링, 기계의 지능 측정을 고민

1956년 다트머스 회의에서 '인공지능(AI)' 단어 등장

1968년 영화 '스페이스 오디세이'에서 인간을 공격하는 인공지능 등장

1970년대 '인공지능이 실제 가능할까?'라는 인공지능 회의론 확산

1984년 인공지능으로 인류가 멸망하는 영화 '터미네이터' 개봉

2011년
- IBM '왓슨' 컴퓨터가 퀴즈 대회에서 인간을 꺾고 우승
- 아이폰 인공지능 비서 '시리' 등장

2012년 구글 무인자동차 도로주행

2014년 챗봇 '유진 구스토만' 세계 최초 튜링테스트 통과

2016년 알파고와 이세돌의 바둑 대결

2020년 사람과 자연스러운 대화가 가능하고 스스로 프로그래밍할 수 있는 'GPT-3' 개발

인공지능은 벌써 우리 주변에 여러 곳에서 활용되고 있어요. 인공지능이 들어있는 가전제품은 주변 환경이 어떤지를 이해하여 사용자에게 필요한 맞춤형 서비스를 제공해요. 인공지능이 들어 있는 스마트폰은 사용자의 말을 이해하여 필요한 앱을 실행하거나 인터넷 정보를 검색해 주기도 해요. 또, 공장에서는 포장을 하거나 물건을 조립하는 단순하고 반복적인 일을 인공지능 로봇이 대신하기도 하지요.

물론, 인공지능이 장점만 있는 것은 아니에요. 인공지능의 발달로 인공지능이 일부 직업을 대신하여 직장을 잃게 되는 사람들이 생길 수 있어요. 그리고 인공지능이 잘못 작동해서 사람을 다치게 하거나 잘못된 제품을 만드는 등의 문제가 생길 수도 있어요. 우리는 인공지능을 어떻게 이용해야 할까요?

우리 주변의 다양한 인공지능 서비스를 알아볼까요?

알아서 척척, 인공지능 로봇 청소기

예전에 사용하던 로봇 청소기는 정해진 규칙대로만 청소를 했어요. 그래서 장애물을 만나면 피하지 못해서 청소가 잘 되지 않았지요. 하지만 요즘 등장한 인공지능 로봇 청소기는 장애물을 감지하고 공간의 특성에 맞는 청소 경로를 찾아 청소해요. 그리고 집마다 다르게 놓여 있는 가구의 위치 등을 학습해 스스로 진화하기도 하고 청소가 끝나면 자동으로 충전기에 연결되어요.

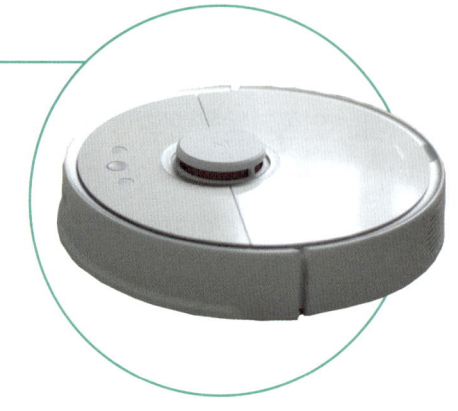

내 말을 알아듣는 인공지능 스피커

스피커가 사용자의 말을 이해해서 원하는 것을 처리해 줘요. 노래를 재생하거나, 스마트홈 장치를 자동으로 제어하고, 전화를 연결하거나 메시지를 전송하기도 하죠. 그리고 날씨나 뉴스를 알려주고 책을 읽어주기도 해요.

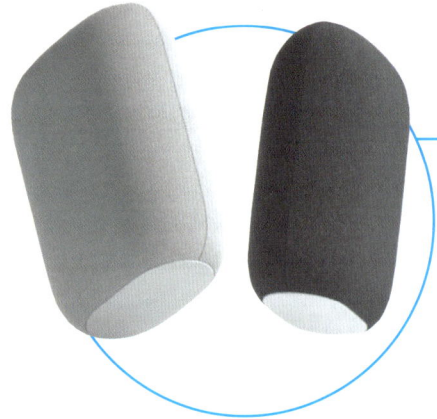

SNS에서 내 관심사를 알려주는 추천 시스템

인공지능이 내가 즐겨 보았던 유튜브나 구매한 기록을 바탕으로 비슷한 아이템을 추천하고, 비슷한 성향의 다른 사용자가 선택했던 콘텐츠를 추천하는 등 사용자 맞춤 추천 시스템을 제공하기도 해요. 추천 시스템은 취향을 반영한 맞춤 정보의 제공으로 사용자의 만족도를 높일 수 있지요. 하지만, 편향된 내용만 추천될 경우 사용자는 그 일부를 전체로 착각하여 한쪽으로 치우친 생각만을 할 수도 있어요.

사람 대신 운전하는 자율 주행차

자율 주행은 사람이 운전하지 않아도 인공지능이 차량의 외부 환경과 운전자의 상태를 인식해서 차량을 제어함으로써, 스스로 목적지까지 주행할 수 있도록 도와주는 기술이에요. 지금도 차 사이의 거리를 유지하거나, 차선 이탈이 되지 않도록 도와주는 자율주행 기술이 적용되어 있어요. 앞으로 기술이 좀 더 발전하면 누구나 쉽게 목적지까지 이동할 수 있는 자율 주행차가 보편화될 거예요.

인공지능이 할 수 있는 일은 무엇일까요?

- ✅ **인공지능은 센서를 이용해 다양한 정보를 이해할 수 있어요.**

  마치 사람이 눈, 귀, 코, 입 등을 통해 주변의 정보를 알게 되는 것처럼 인공지능은 이미지, 소리, 동작, 빛의 밝기 등 다양한 정보를 센서로 인식할 수 있어요.

- ✅ **인공지능은 데이터를 이용할 수 있어요.**

  인터넷에 있는 수많은 데이터를 스스로 수집하거나 빠른 속도로 분석하고 활용할 수 있어요.

- ✅ **학습을 통해 발전해요.**

  인공지능은 데이터를 이용해 규칙을 찾고 학습을 해요. 이러한 학습의 양이 많아질수록 인공지능은 더 똑똑해지죠.

- ✅ **예측을 해요.**

  새로운 상황이 주어졌을 때, 학습한 내용을 바탕으로 예측을 해요.

- ✅ **문제를 해결해요.**

  인공지능은 현재 상황과 문제를 해결한 후의 목표 상황을 확인하여 원하는 목표를 얻기 위한 최적의 방법을 찾아줘요.

직업탐구

지능 로봇 연구·개발자

인공지능이 탑재되어 인간과 같이 생각하고 의사결정을 하는 로봇을 지능 로봇이라고 해요. '지능 로봇 연구·개발자'는 이러한 로봇을 연구·개발하는 사람이에요. 지능 로봇은 사람의 말과 말을 하는 의미를 알고 스스로 판단하며, 사람 대신 전쟁을 하거나 공장에서 사람이 하기 힘든 일을 대신해 주는 역할을 하죠. 앞으로 기술이 좀 더 발달하면 지능 로봇이 보편화될 것이라 그만큼 많은 사람이 지능 로봇을 연구하고 개발하는 일을 하게 될 거예요. 새로운 기술을 개발하는 일이기 때문에 창의력과 도전 정신이 필요하지요.

지능 로봇 연구·개발자가 되기 위해서는 뇌 과학, 심리학, 컴퓨터 과학, 전자 공학 등의 분야에 대한 이해가 필요해요.

- 출처: 과학기술인재 진로지원센터 sciencecareer.kr

3 생쥐가 말을 해요

구글 번역기

네이버 클로바

사물 번역기

한글을 다양한 언어로 번역하고, 읽어 주는 인공지능을 체험해 보세요.

미션 미리 보기

번역기로 한글을 다른 나라 언어로 번역해요.

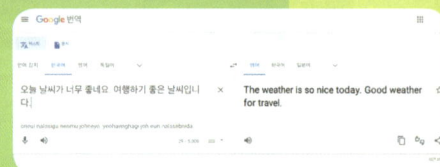

사물 번역기를 사용해요.

인공지능 음성으로 더빙 영상을 만들어요.

인공지능은 어떻게 언어를 번역할까요?

예전에 번역기는 우리가 외국어를 처음 배울 때처럼 글자를 알려주고, 언어의 규칙을 안내하면 그대로 번역해 주는 형태였어요. 하지만 언어는 규칙대로만 사용되지 않기 때문에 모든 예외 사항을 규칙으로 알려주는 것이 쉽지 않았죠. 그래서 컴퓨터 프로그램으로는 번역을 잘할 수 없었어요. 하지만 지금은 빅 데이터와 인공지능 알고리즘*을 활용하여 마치 우리가 한글을 배울 때처럼 많은 양의 사례를 바탕으로 언어를 학습하여 성능이 많이 향상되었지요.

> 빅 데이터는 디지털 환경에서 만들어진 데이터예요. 인터넷의 발달과 함께 데이터는 양이 많아지고, 만들어지는 시간도 짧아지며, 형태도 다양해지고 있어요. 빅 데이터는 사람들의 행동은 물론 취향을 분석하고 미래를 예측하는 데 활용되죠.

알고리즘 어떤 문제를 해결하기 위한 절차나 방법, 명령어를 모아 놓은 것의 집합. 소셜 미디어에서 취향에 맞는 게시물을 추천하는 것에도 알고리즘이 적용되어 있음.

구글 번역기로 한글을 다른 언어로 번역해 볼까요?

구글 번역기는 인공지능 기술이 적용된 번역기 중 하나예요. 구글 번역기로 다양한 언어를 번역해 볼까요?

1 구글 번역 사이트로 이동해요.

translate.google.co.kr

2 구글 번역의 구성을 살펴보세요.

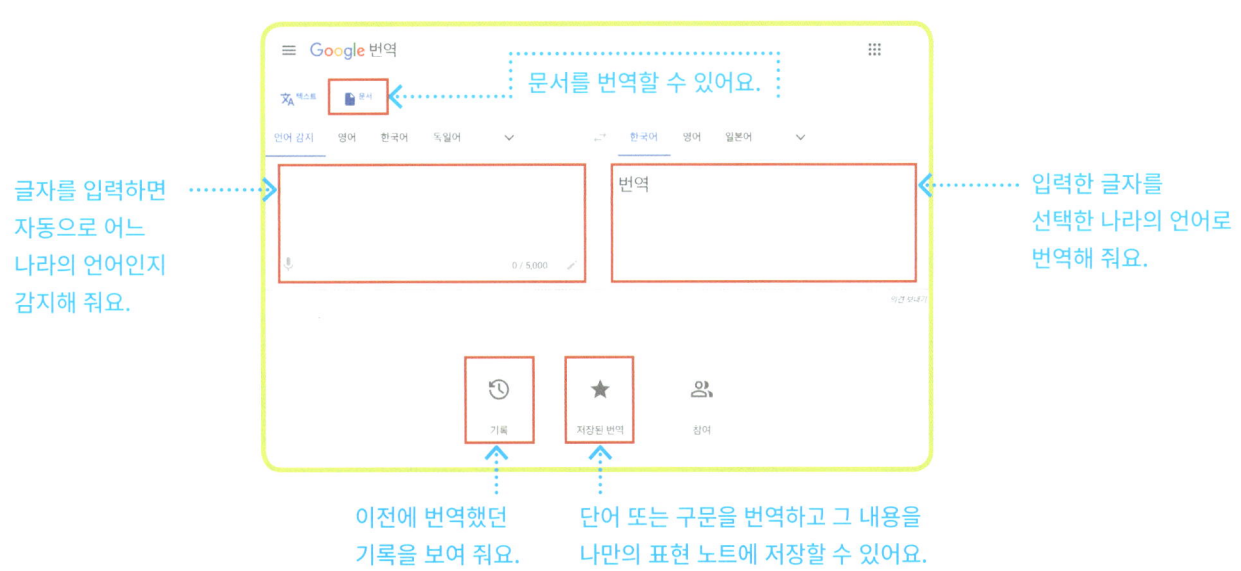

- 문서를 번역할 수 있어요.
- 글자를 입력하면 자동으로 어느 나라의 언어인지 감지해 줘요.
- 입력한 글자를 선택한 나라의 언어로 번역해 줘요.
- 이전에 번역했던 기록을 보여 줘요.
- 단어 또는 구문을 번역하고 그 내용을 나만의 표현 노트에 저장할 수 있어요.

3 번역하고 싶은 글자를 입력해 보세요.

입력하는 부분에 "오늘 날씨가 너무 좋네요. 여행하기 좋은 날씨입니다."를 입력해 보세요.

번역 언어로는 영어가 기본 설정되어 있어서 바로 영어로 번역돼요.

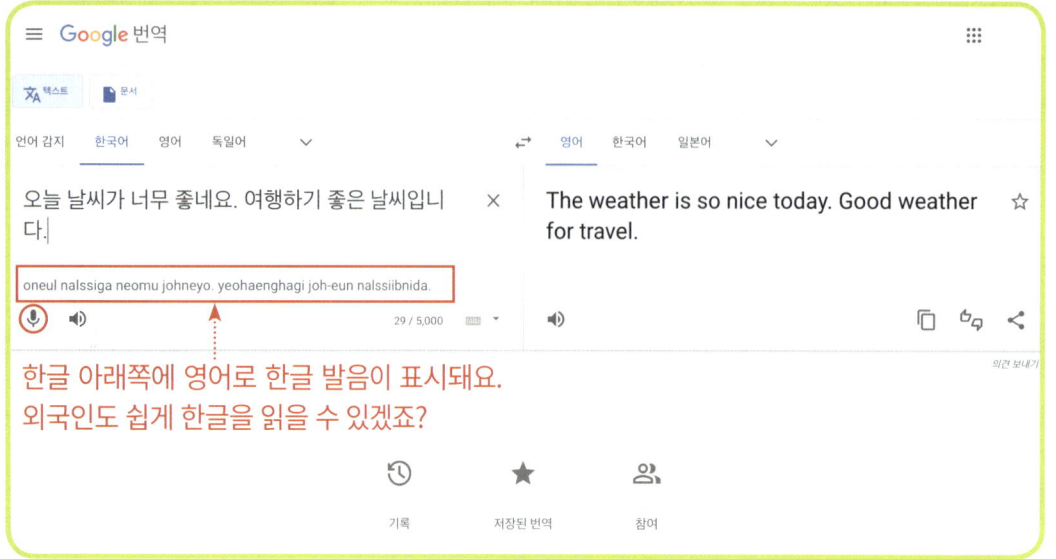

한글 아래쪽에 영어로 한글 발음이 표시돼요.
외국인도 쉽게 한글을 읽을 수 있겠죠?

음성으로 입력하기

만약 글자를 쓸 수 없는 상황이라면 어떻게 해야 할까요?
언어를 선택한 다음 입력창 아래의 마이크 부분을 누르고 컴퓨터에 연결된 마이크에 말을 하면, 인공지능이 언어를 이해해서 글자로 바꿔 줘요.

4 번역할 언어를 선택해요.

오른쪽 위에 있는 화살표를 누르면 언어를 선택할 수 있어요. 스페인어로 번역해 볼까요?

5 번역된 글자를 확인해 보세요.

선택한 스페인어로 번역된 것을 확인할 수 있어요. 아래에 스피커 모양을 누르면 컴퓨터가 해당 언어로 읽어 줘요.

스페인어는 영어처럼 알파벳을 사용하는군요. 읽기는 쉽지 않지만.

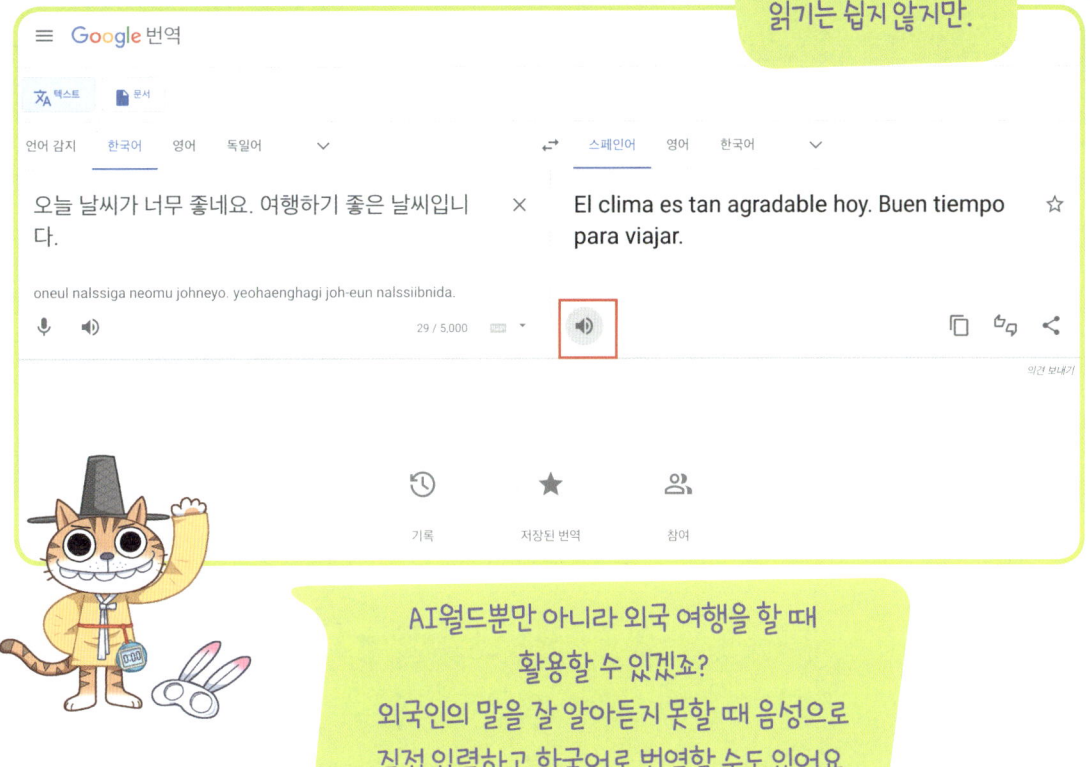

AI월드뿐만 아니라 외국 여행을 할 때 활용할 수 있겠죠? 외국인의 말을 잘 알아듣지 못할 때 음성으로 직접 입력하고 한국어로 번역할 수도 있어요.

6 사진으로 찍은 글자를 번역해요.

스마트폰이나 스마트 기기의 구글 번역 앱을 열고, 감지할 언어를 선택한 다음, 번역해 줄 언어도 선택해요. 카메라를 켜고 해당 글이 있는 부분에 카메라를 가져가면 인공지능이 자동으로 번역해 줘요.

▲ 외국어가 적혀 있는 곳에 구글 번역 앱의 카메라를 가져가요.

▲ 외국어가 어떤 언어인지 안내해 주고 우리말로 내용을 바꾸어 줘요.

하지만 이미지로 번역할 때는 글자를 직접 입력하는 것보다 매끄럽게 번역되지는 않아요.

3. 생쥐가 말을 해요 **27**

우리나라에서 만든 인공지능 번역기, 파파고

papago.naver.com

네이버에서 개발한 인공지능 번역 서비스예요. 파파고는 에스페란토 말로 앵무새라는 의미래요. 한국어, 영어, 일본어, 중국어 등 15개 언어를 감지할 수 있어요.

> 문서 번역 기능이 추가 되었어요.

번역할 내용을 입력해서 직접 번역할 수도 있고 번역할 외국어 사이트의 url을 입력해서 사이트를 번역할 수도 있어요. 위쪽의 웹사이트 번역에 사이트 이름을 적거나 아래 부분의 웹사이트 번역에 url을 입력하고 화살표를 누르면 돼요. 미국에 있는 시카고 아트 인스티튜트 사이트를 번역해 볼까요?

artic.edu

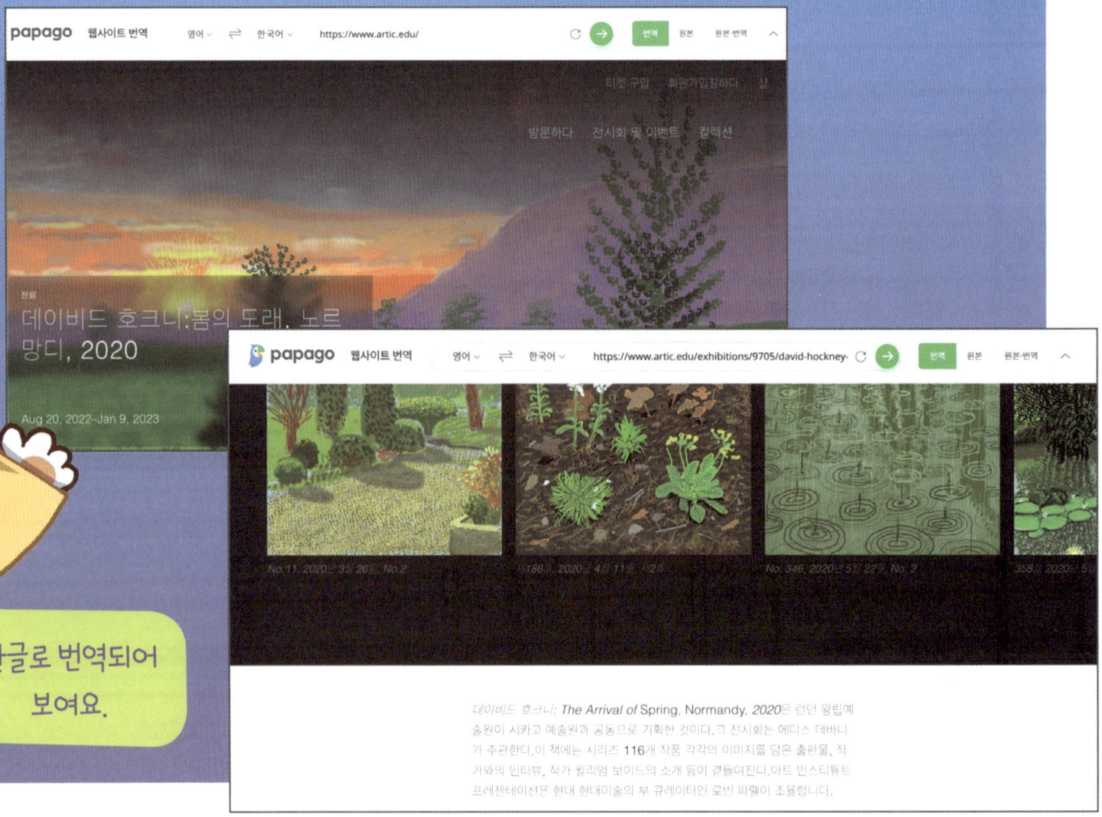

> 한글로 번역되어 보여요.

28 •••• 앨리스의 AI월드 탐험기

글자를 인공지능 목소리로 바꾸어 볼까요?

클로바(CLOVA)는 사람의 목소리를 글자로 바꾸어 주고, 글자를 음성으로 읽어 주는 등 다양한 기능을 가진 인공지능 서비스예요. 그중에 인공지능이 글자를 읽어 주는 클로바 보이스를 체험해 볼까요?

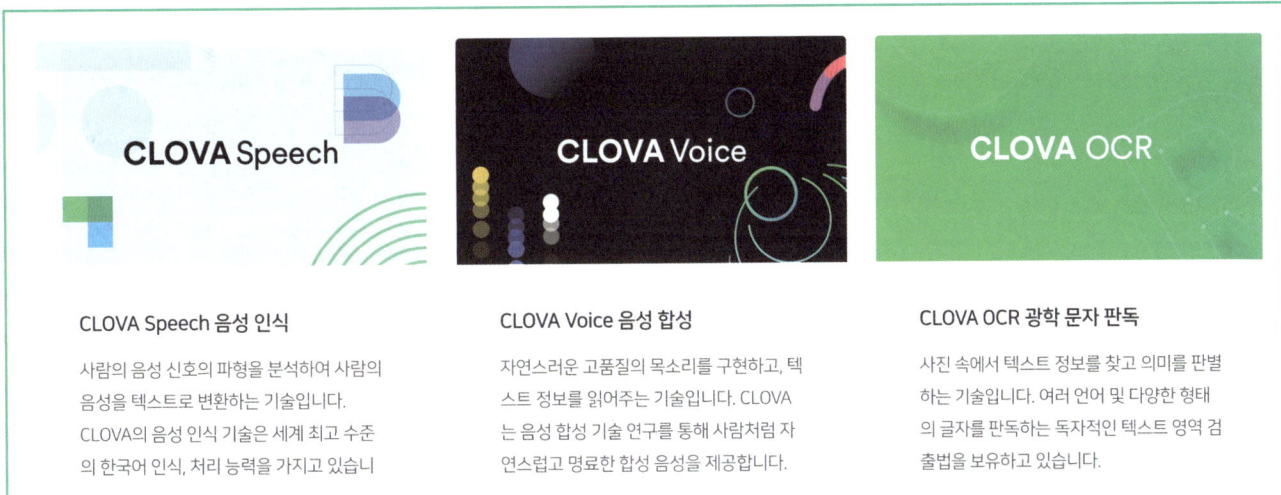

CLOVA Speech 음성 인식

사람의 음성 신호의 파형을 분석하여 사람의 음성을 텍스트로 변환하는 기술입니다. CLOVA의 음성 인식 기술은 세계 최고 수준의 한국어 인식, 처리 능력을 가지고 있습니다

CLOVA Voice 음성 합성

자연스러운 고품질의 목소리를 구현하고, 텍스트 정보를 읽어주는 기술입니다. CLOVA는 음성 합성 기술 연구를 통해 사람처럼 자연스럽고 명료한 합성 음성을 제공합니다.

CLOVA OCR 광학 문자 판독

사진 속에서 텍스트 정보를 찾고 의미를 판별하는 기술입니다. 여러 언어 및 다양한 형태의 글자를 판독하는 독자적인 텍스트 영역 검출법을 보유하고 있습니다.

1 클로바 보이스 사이트로 이동해요.

clova.ai/voice

2 인공지능 음성을 선택하고 [들어보기]로 들어 보세요.

여러 가지 캐릭터 중 하나를 선택하고 인공지능 음성을 들어 보세요. 매우 자연스러운 것도 있고 조금 어색한 것도 있지요?

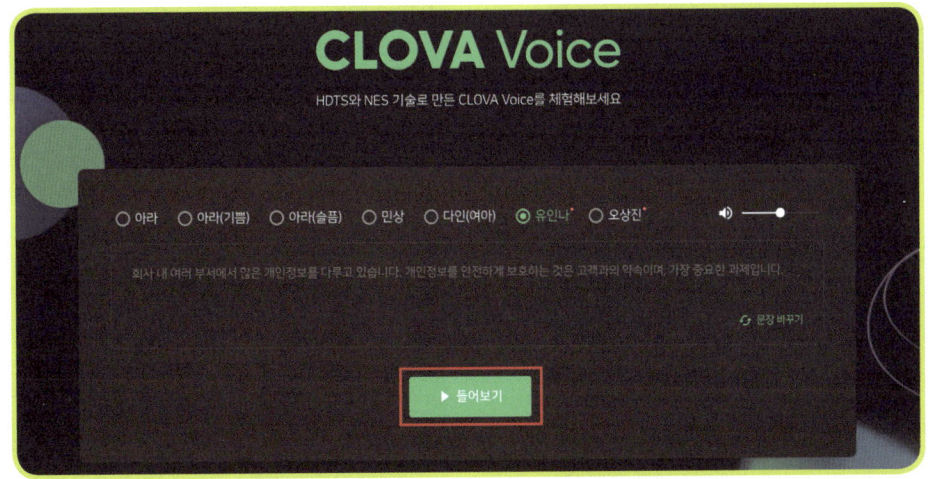

연예인 목소리는 정말 자연스러워요.
난 연예인 목소리를 선택해야지~

3 AI 보이스 콘텐츠 제작을 체험해 보세요.

사이트 하단에 AI 보이스 콘텐츠 제작 체험의 [무료로 체험하기]를 누르면 클로바 더빙(CLOVA Dubbing)으로 이동해요. 이곳에서 영상에 인공지능 목소리를 더빙할 수 있어요.

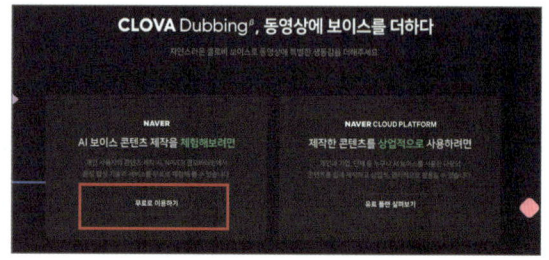

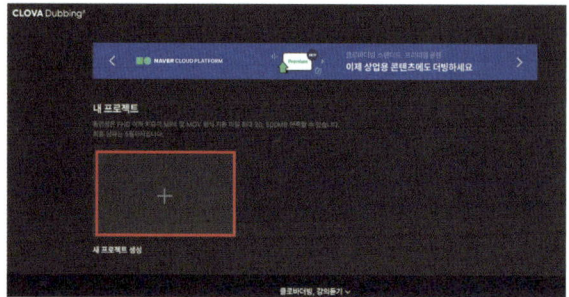

① [새 프로젝트 생성]을 눌러요.

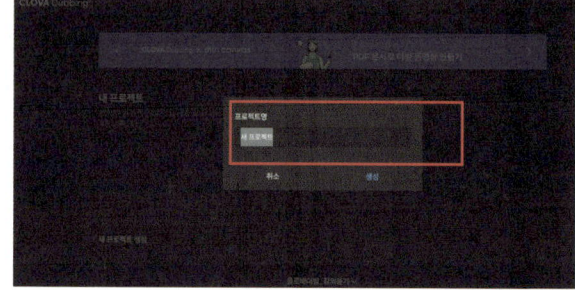

② 프로젝트 이름을 정해요.

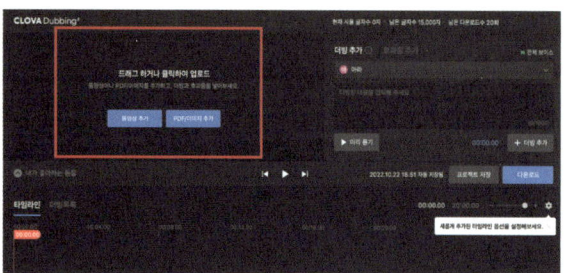

③ 오른쪽 상단 [PDF/이미지] 추가를 눌러서 영상으로 만들 사진을 추가해요.

④ [더빙 추가]에서 인공지능 목소리를 선택해요.

⑤ 글자를 입력하고 [미리 보기]를 누르면 음성을 확인할 수 있어요.

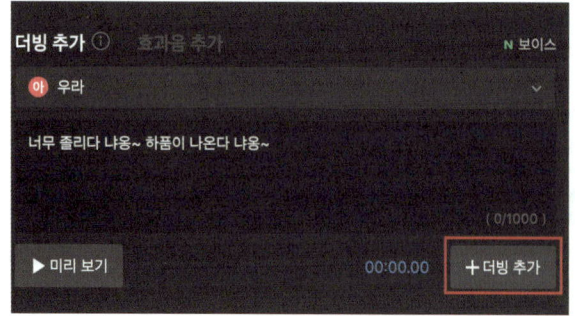

⑥ [더빙 추가]를 누르면 아래쪽 타임라인에 글자가 추가된 것을 확인할 수 있어요.

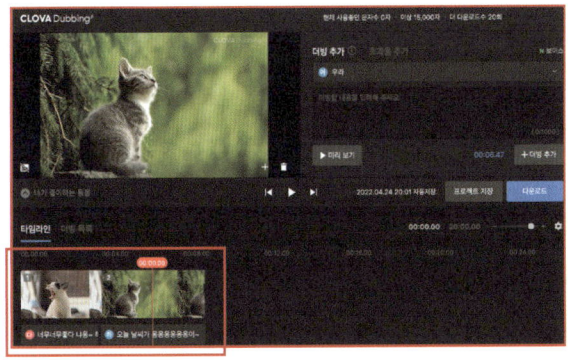

7 사진을 추가하고 **3** ~ **6** 을 반복해요.

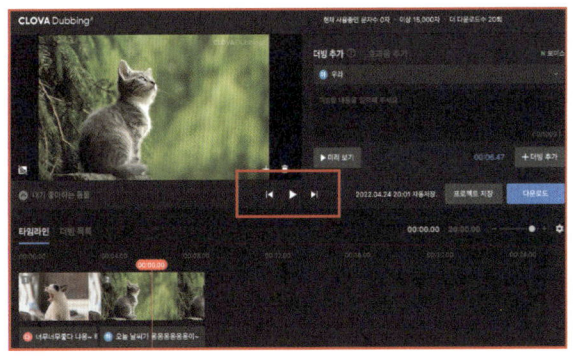

8 재생을 눌러 완성된 프로젝트를 확인해요. 앞으로 가려면 ◀ 표시를 눌러 주세요.

9 완성된 프로젝트를 저장하거나 다운로드할 수 있어요.

더빙 추가에 [N보이스]를 누르면 더 많은 목소리를 추가할 수 있고 스타일도 고를 수 있어요.

효과음 추가하기

클로바 더빙을 할 때 목소리 외에 다양한 효과음을 추가할 수 있어요. 효과음을 추가하면 더빙이 좀 더 풍성해진답니다. 효과음을 선택하고 ▶를 눌러 확인한 후에 +를 눌러 추가를 해요. 그리고 효과음을 드래그하여 적절한 위치에 놓아요.

카메라로 사물을 인식해

글자로 보여주는 사물 번역기

thing-translator.appspot.com

구글의 인공지능 기술을 이용해 만든 '씽 트랜스레이터'는 카메라로 사물을 인식해서 그 이름을 언어로 표현하는 사물 번역기입니다.

1 사이트에 접속하면 무언가의 사진을 찍어 보라는 안내와 함께 카메라가 켜져요.

2 크기에 맞게 사물을 놓고 사진을 찍습니다. 인식된 사물이 무엇인지 아래 부분에 나와요.

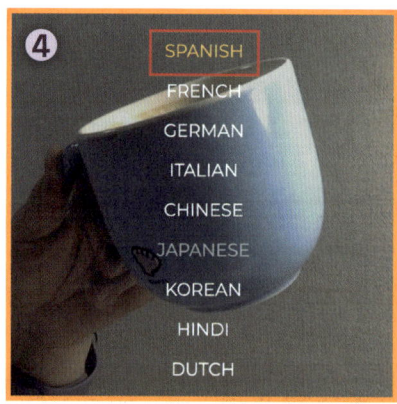

3 스페인어와 영어로 인식된 단어를 안내해 줘요.

4 SPANISH를 클릭하면 스페인어를 선택할 수 있어요.

짠! [한국어]를 누르니 한국어와 영어로 인식된 사물 이름이 나오는 것을 확인할 수 있어요.

32 •••• 앨리스의 AI월드 탐험기

번역기를 활용해 외국인 친구에게 편지 쓰기

외국인 친구가 안부 인사를 전하는 편지를 보냈어요.
그런데 내가 배운 적이 없는 언어라 어떻게 해야 할지 모르겠어요.
앱에 구글 번역기를 설치하여 카메라로 촬영해 번역해 볼까요?

활동지

친구의 편지

こんにちは、友達だよ！

家族みんな元気？

このごろ天気が晴れて家周辺に花がたくさん咲いたの.

2年前に君と一緒に散歩していた公園も花がいっぱいだよ。

新型コロナウイルス感染症で画像チャットだけで顔を見て残念だ。

会って一緒に写真も撮って、美味しいものも食べたらいいのに。

私たち今年は会えるかな？

あの日が楽しみ！

君の友達が。

번역한 편지

3. 생쥐가 말을 해요

4 댄스로 몸을 말려요

리빙 아카이브

보디 무브먼트 랭귀지

카메라로 나의 움직임을 인식해 신나는 댄스를 만들어 보세요.

> 강기슭으로 올라가자! 얼른 이 눈물 웅덩이에서 나가야지.
>
> 몸을 말리는 데는 코커스 달리기가 최고라구.
>
> 이야기를 하다보면 마르지 않을까?
>
> 언제 이렇게 몰려든 거냐.
>
> 라떼는 말이야. 빵 안에 스티커가 들어 있는 빵이 출시됐지. 나는 그 스티커를 모으고 싶어서 빵을 100개가 넘게 사…
>
> 코커스 달리기는 재미가 1도 없다고.
>
> 이거면 비보이도 울고 간다고.
>
> 그럼담 요즘 대세인 K팝 댄스로 몸을 말려 보는 건 어때?
>
> 짠
>
> 그렇지만 우리는 춤출 줄 모르는데?
>
> 울고 간다고? 더 이상 눈물 웅덩이 싫어-

미션 미리 보기

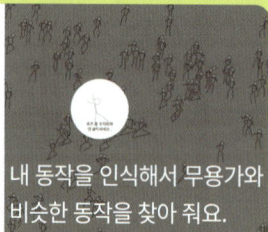

내 동작을 인식해서 무용가와 비슷한 동작을 찾아 줘요.

나의 이야기와 몸짓이 모여 새로운 작품을 만들어요.

센서란 무엇일까요?

 센서는 어떤 물질의 양이나 온도를 감지하여 측정하는 장치를 말해요. 센서의 종류는 매우 다양하죠. 온도를 측정하는 온도 센서, 빛의 세기를 측정하는 빛 센서, 공기 중의 수증기량을 측정하는 습도 센서, 소리를 감지하는 초음파 센터, 적외선 파장을 감지하는 적외선 센서 등이 있어요.
여러분이 자주 사용하는 스마트폰에도 다양한 센서가 들어 있답니다.

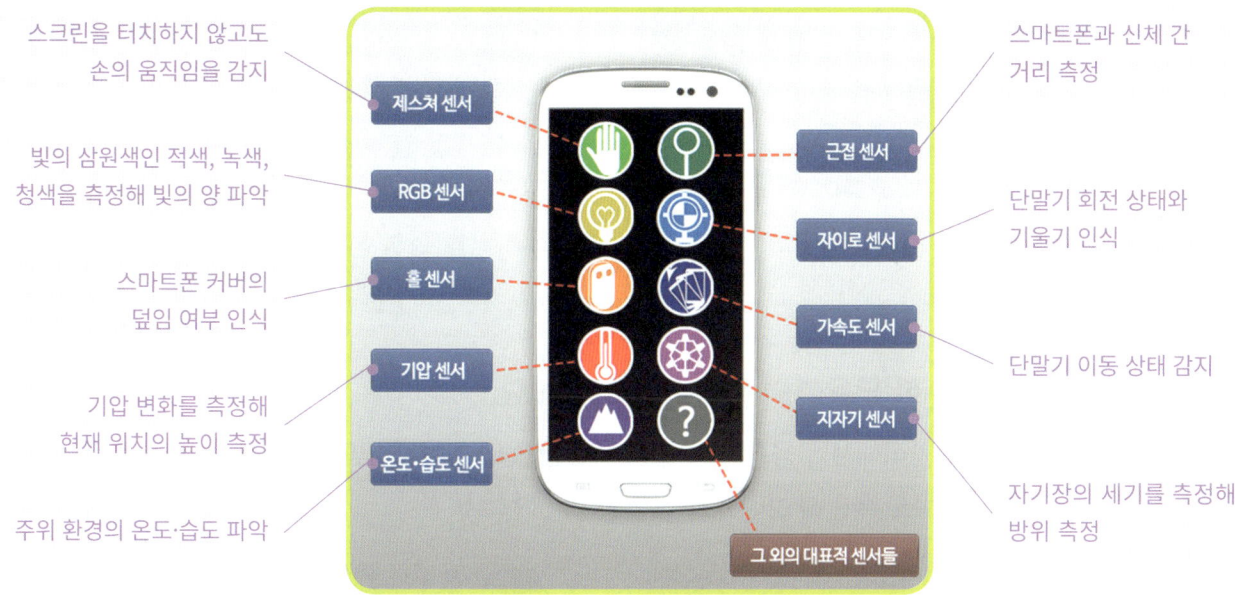

댄서를 따라 춤춰 볼까요?

 리빙 아카이브는 구글의 Arts&CultureLab이 세계적인 안무가 웨인 맥그레거(Wayne McGregor)와 협력하여 인공지능 기반으로 만든 안무 도구예요. 무용가의 댄스 스타일을 바탕으로 움직임을 예측하고 만들어요. 약 50만 개의 움직임을 탐색하고 동작을 연결하여, 자신의 안무를 만들어 볼 수 있도록 하였어요.

1 **리빙 아카이브 사이트로 이동해요.**

 artsexperiments.withgoogle.com/living-archive

2 동작 위에 마우스를 올려 보세요.

사이트에 접속하면 화면 가득 다양한 동작을 하고 있는 사람 모양의 그림을 발견할 수 있어요. 동작 위에 마우스를 올리면 어떤 작품에서 나온 동작인지 작품명과 연도를 안내해 줘요.

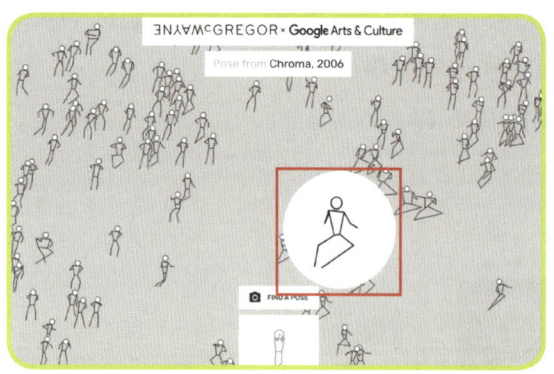

① 동작 위로 마우스를 가져가면 선택된 동작이 동그라미로 표시되어요.

② 상단에 해당 동작의 작품명과 연도가 나와요.

3 내가 한 동작과 비슷한 무용가의 동작을 찾아보세요.

카메라에 나의 동작을 인식해서 무용가의 동작 중 비슷한 것이 있는지 찾아볼까요? 그리고 인식된 동작의 작품 정보도 확인해 보아요.

① 화면 아래쪽의 'FIND A POSE(포즈 찾기)'를 클릭해요.

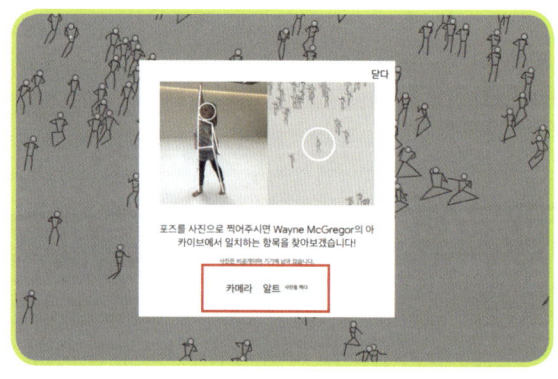

② [카메라]를 클릭해요.

③ 카메라가 팔다리를 인식할 수 있도록 거리를 두고 동작을 취하세요.

④ 내 동작과 비슷한 춤 동작을 찾아서 보여 줘요.

4 나만의 안무를 만들어요.

안무가들의 동작 중 마음에 드는 동작을 모아 새로운 무용 작품을 만들어 볼까요? 그리고 완성된 작품을 소셜 미디어에 공유해 보아요.

① 'GET STARTED(시작하다)'를 클릭해요.

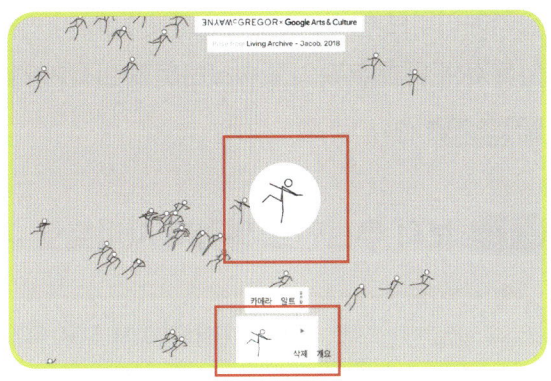

② 동작들 중에 마음에 드는 것을 클릭하면 아래에 동작이 선택돼요.

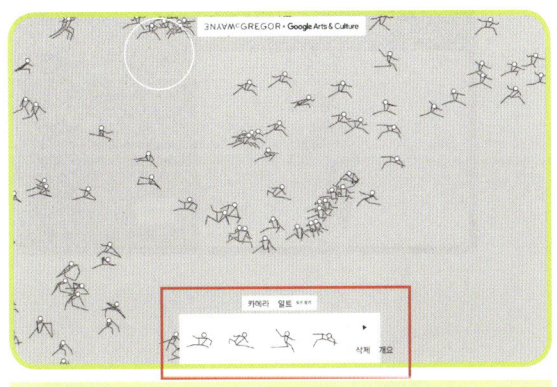

③ 여러 개의 동작을 선택해서 하나의 작품을 만들어 봐요. '삭제'를 누르면 선택된 모든 동작이 삭제됩니다.

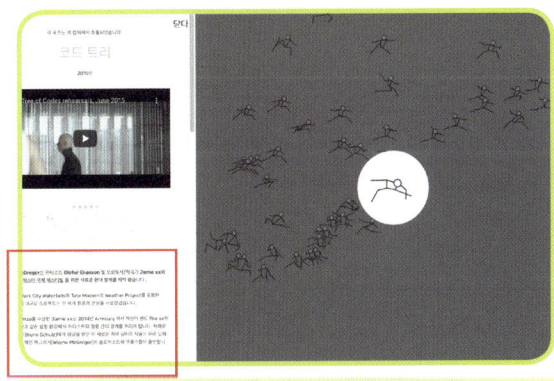

④ 선택된 동작을 클릭하면 동작과 관련한 자세한 설명을 볼 수 있어요.

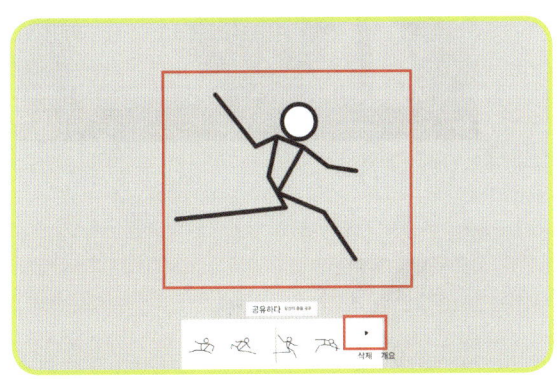

⑤ 재생 단추를 누르면 동작이 이어지며 하나의 작품이 됩니다.

⑥ 완성된 안무는 gif 파일로 다운로드하거나 소셜 미디어에 공유할 수 있어요.

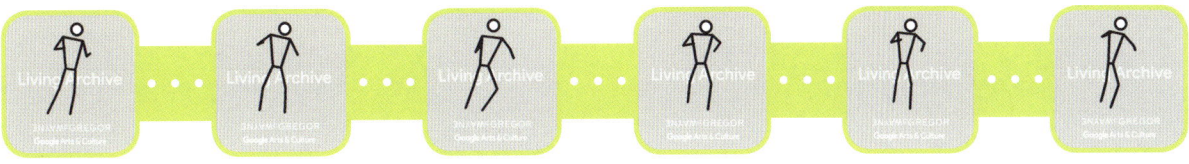

4. 댄스로 몸을 말려요

나의 메시지를 동작에 담아 표현해요

보디 무브먼트* 랭귀지(Body, Movement, Language)는 안무가 빌 티 존스(Bill T. Jones)와 구글 크리에이티브 랩(Google Creative Lab)이 협력하여 만든 인공지능 기반의 움직임 인식 실험이에요. 사용자의 말과 움직임을 인식하여 창의적인 작품으로 만들 수 있어요.

> 무브먼트 (몸·신체 부위의) 움직임.

1 보디 무브먼트 랭귀지 사이트로 이동해요.

billtjonesai.com

2 'Hold that Thought(생각을 붙잡아)'로 생각을 단어와 몸짓으로 표현해요.

① [시도 해봐]를 클릭해요.

② 작동 과정을 설명한 동영상을 확인하고 [시작하다]를 클릭해요.

③ 개인정보 보호와 관련된 안내가 나와요.

④ 카메라가 손목 부분을 인식할 수 있도록 몸을 뒤쪽으로 움직이고 손을 들어요.

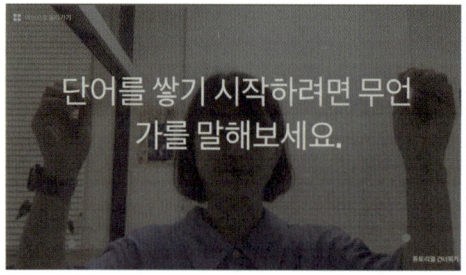

⑤ 생각을 단어로 이야기해 보세요(아쉽게도 영어로만 인식하고 있어요).

⑥ 손 사이를 벌리면 글자가 커지고 좁히면 글자가 작아져요. [RECORD]를 누른 다음, 단어를 말하며 춤을 추듯 동작을 완성해요.

3 'Manifesto(선언서)'로 나의 다짐을 문장과 몸짓으로 표현해요.

① [시도 해봐]를 클릭해요.

② 진행 과정을 설명한 동영상을 확인하고, [시작하다]를 클릭해요.

③ 개인정보 보호와 관련된 안내가 나와요.

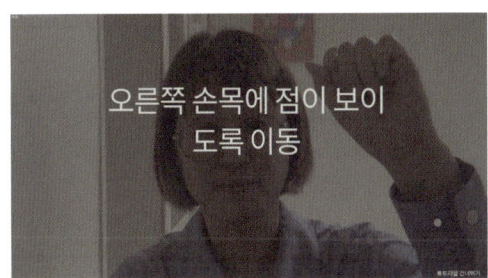

④ 카메라가 오른 손목을 인식할 수 있도록 뒤쪽으로 움직이고 손을 들어요.

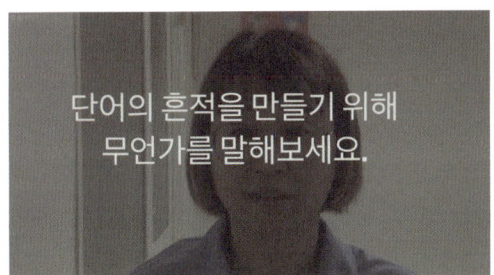

⑤ 자신의 생각을 문장으로 표현해 보세요.

⑥ 오른손에 문장이 나타난 것을 확인할 수 있어요. 손의 움직임을 따라 문장이 이동하는 것이 보이지요?

⑦ 오른손의 점 위치를 화면 밖으로 이동시키면 문장이 화면에 붙어요.

⑧ [RECORD(기록)]를 누른 다음, 문장을 말하며 춤을 추듯 동작을 완성해 보세요.

4. 댄스로 몸을 말려요

'The Game(게임)'으로 단어 빼앗아 오기

보디 무브먼트 랭귀지의 'The Game'은 사랑하는 사람(lover), 낯선 사람(stranger), 친구(friend)의 세 관계를 표현한 원을 친구들이 서로 움직이며 빼앗아 오는 게임이에요. 서로의 관계가 때로는 친구가 되기도 하고, 낯선 사람이 되기도 하고, 사랑하는 사람이 되기도 하며 몸으로 관계에 대한 표현을 할 수 있지요.

① [시도 해봐]를 클릭해요.

② 진행 과정을 설명한 동영상을 확인하고, [시작하다]를 클릭해요.

③ 우선 한 명의 사람에게 표시된 관계를 확인해 보세요.

④ 친구들과 움직이며 서로 관계 표시를 빼앗아 오는 방법을 연습해 보세요.

직업탐구

센서 개발자

센서 개발자는 자동차, 가전제품, 전자 제품 등에 사용되는 각종 센서를 연구하고 개발하는 사람을 말해요. 반도체 소자*의 특성과 구조를 연구하고 분석하지요. 열, 빛, 습기, 압력 등에 의해 발생하는 물리적·화학적 특성 등을 연구하여 온도 센서, 습도 센서, 초음파 센서, 가속도 센서, 적외선 센서, 바이오센서, 이미지 센서 등을 개발해요. 그리고 정보나 수치를 스스로 계산하고 판단·처리하는, 보다 높은 기능의 인텔리전트 센서를 개발하는 일을 하기도 해요. 인공지능 기술의 발달로 센서의 활용이 늘어나면서 센서 개발자에 대한 필요성이 증가하고 있어요.

반도체 소자 반도체를 사용한 전자 회로 소자. 소자는 장치, 전자 회로 따위를 구성하는 낱낱의 부품.

스크루블리

5 나를 따라 해 봐요

내가 움직이는 대로 따라 움직이는 캐릭터를 만들어 보세요.

 미션 미리 보기

트위들 디와 덤의 캐릭터를 만들어요.

캐릭터가 나를 따라 춤을 춰요.

모션 인식을 알아볼까요?

모션 인식은 화면을 터치하지 않아도 카메라나 다양한 센서를 이용해 사람의 움직임을 인식하여 어떤 동작인지 이해하는 기술이에요. 예를 들어, 카메라가 연결된 게임기기를 이용해 춤을 따라 춘다거나 게임 속 캐릭터와 테니스나 탁구를 치는 것도 모션 인식 기술을 이용한 것이에요. 모션 인식 기술이 인공지능과 결합하여 단순하게 움직임을 이해하는 것에서 벗어나 손이나 얼굴의 움직임에서 감정을 파악할 수 있게 발전했어요.

체셔! 지금 내가 움직이는 걸 그대로 따라해 봐. 암 온 더 넥스트 레벨~

와, 손이 어떻게 디귿자가 되는 거야??

트위들 디와 덤을 위한 댄서 캐릭터를 만들어 볼까요?

댄서 캐릭터로 트로트 가수 스타일은 어떤가요? 스크루블리는 캐릭터를 그려 팔, 어깨, 다리 등의 위치를 인식하게 한 다음, 인공지능이 카메라에 보이는 사람의 동작대로 캐릭터를 움직이게 하는 프로그램이에요.

힙합? 아이돌? 트로트 가수? 어떤 스타일이 나에게 가장 잘 어울릴까요?

1 **스크루블리 사이트로 이동해요.**

experiments.withgoogle.com/scroobly

scroobly.com으로 접속해도 돼요.

2 미리 만들어 둔 캐릭터로 모션 인식을 체험해 보세요.

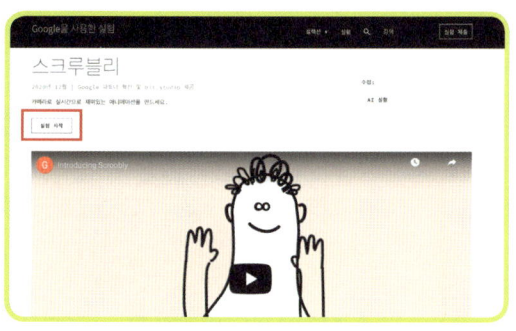

① [실험 시작]을 클릭해요.

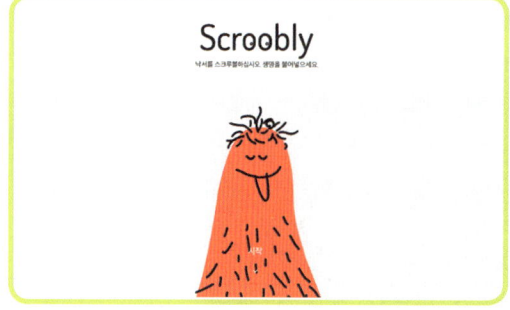

② [시작]을 클릭해요.

③ 자세한 설명이 나와요. [다음]을 누르면 다음 설명으로 넘어가요.

④ 카메라 화면과 함께 아래쪽에 캐릭터가 나와요.

⑤ 마음에 드는 캐릭터를 클릭하면 카메라의 내 얼굴이 캐릭터로 변해요.

⑥ [Background(배경)]를 클릭하면 내가 있는 배경이 인식돼요.

트위들 디와 덤에게 저 캐릭터를 선물하면 안 될 것 같은데? 디와 덤의 얼굴과 너무 닮아서 캐릭터가 아닌 거 같아.

푸쳐핸접~ 헤이요! 내가 움직이는 대로 캐릭터가 움직이나요?

5. 나를 따라 해 봐요 · · · · **43**

3 트위들 디와 덤의 캐릭터를 직접 만들고 내 마음대로 춤을 춰 보세요.

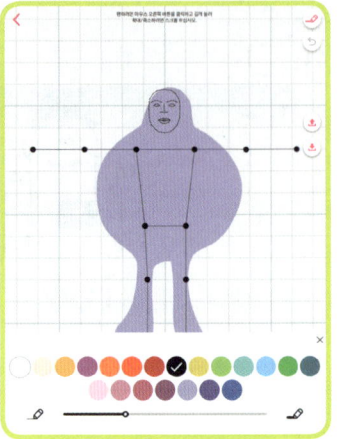

① 화면 하단의 [나만의 만들기]를 클릭해요.

② 하단에서 기본 모양을 고르고, [다음]을 클릭해요.

③ 팔과 다리의 움직이는 지점이 점으로 표시된 모눈종이가 나와요.

앨리스, 트위들 디와 덤에게 슈렉의 몸매라니! 너무 귀여워 지는 거 아니야?

트위들 디와 덤은 원래 귀여운 데. 내 눈에만 그런가?

오른쪽 위의 펜 모양을 누르면 하단에 여러 가지 색깔의 팔레트가 나와요.

④ 팔레트에서 원하는 색을 선택하여 캐릭터를 완성해요. 그리고 [Preview(미리 보기)]를 클릭해요.

⑤ 완성된 캐릭터를 나에게 적용해요. 캐릭터가 나의 몸짓을 따라 하나요?

⑥ 완성된 캐릭터를 이용해 멋진 안무를 만들어요. [Record(기록)]를 누르면 안무를 저장할 수 있어요.

캐릭터의 기본 모양 직접 그리기

▲ [나만의 낙서]를 눌러 캐릭터를 직접 그릴 수도 있어요.

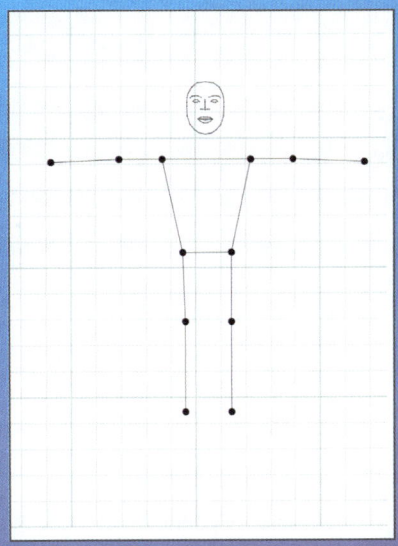
▲ 모눈종이 위에 얼굴의 위치와 팔다리의 움직이는 위치가 나타나요.

움직임을 인식할 수 있는 점의 위치가 몸의 어느 부분인지 파악하여 그려야 해요.

직업 탐구

NFT 예술가

대체 불가능한 토큰(Non-Fungible Token)이라는 의미의 NFT는 블록체인이라는 기술로 저장된 것으로, 데이터마다 고유한 인식 값이 있어 다른 것으로 대체하거나 복제할 수 없는 유일무이한 데이터를 말해요. 최근에는 예술가들이 자신의 작품을 NFT로 디지털화해서 판매하기도 하지요. 우리도 사진, 비디오, 오디오, 미술 작품 등 다양한 예술 분야의 작품을 NFT로 만들어 판매하거나 소유할 수 있어요.

▲ 무심심 작가의 Van Gogh Cats_No.6

▲ Van Gogh Cats_No.1

5. 나를 따라 해 봐요 · · · · 45

모션 인식의 다양한 활용 분야

인공지능 모션 인식 기술이 발전하면서, 센서가 설치되어 있는 실내에서도 야외에서 즐기는 다양한 스포츠를 즐길 수 있게 되었어요.
모션 인식 기술로 야구나 골프를 즐길 수 있을 뿐만 아니라 인공지능이 집에서 1:1로 홈 트레이닝을 도와주고, 요가의 자세로 교정해 줄 수 있게 되었어요.

모션 인식 기술이 좀 더 발달한다면, 모션 인식은 마우스나 키보드와 같은 입력 장치를 대체하는 수단이 될 수 있어요. 또한, 시각·청각 장애인의 편의를 돕기 위해 수화 등의 움직임을 자막이나 소리로 해설해 주는 것도 모션 인식 기술의 발달로 이루어지고 있죠.

구글은 솔리(Soli)라는 레이더 센서를 이용한 모션 인식 기술 개발 프로젝트를 진행하고 있는데, 솔리를 이용하면 엄지와 검지의 움직임으로 특정 사물을 제어할 수 있다고 해요. 모션 인식은 손과 같은 신체의 일부를 인식하는 기술, 전신의 움직임을 인식하는 기술, 이미지나 동영상에서 움직임을 인식하는 기술 등의 분야가 있어요. 여러분도 모션 인식이 적용된 인공지능을 체험해 본 적이 있나요?

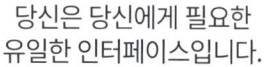

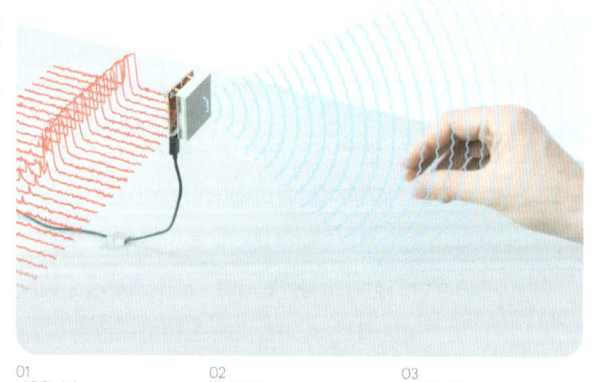

이미지 출처: 구글 솔리(Soli), atap.google.com/soli

모눈종이에 캐릭터 그리기

트위들 디와 트위들 덤은 어떻게 생겼을까요? 스크루블리에 직접 그림을 그리기 전에 아래의 모눈종이에 트위들 디와 트위들 덤의 캐릭터를 그려 보세요. 완성된 그림을 바탕으로 스크루블리에 그림을 그리면 좀 더 쉽게 그림을 완성할 수 있어요.

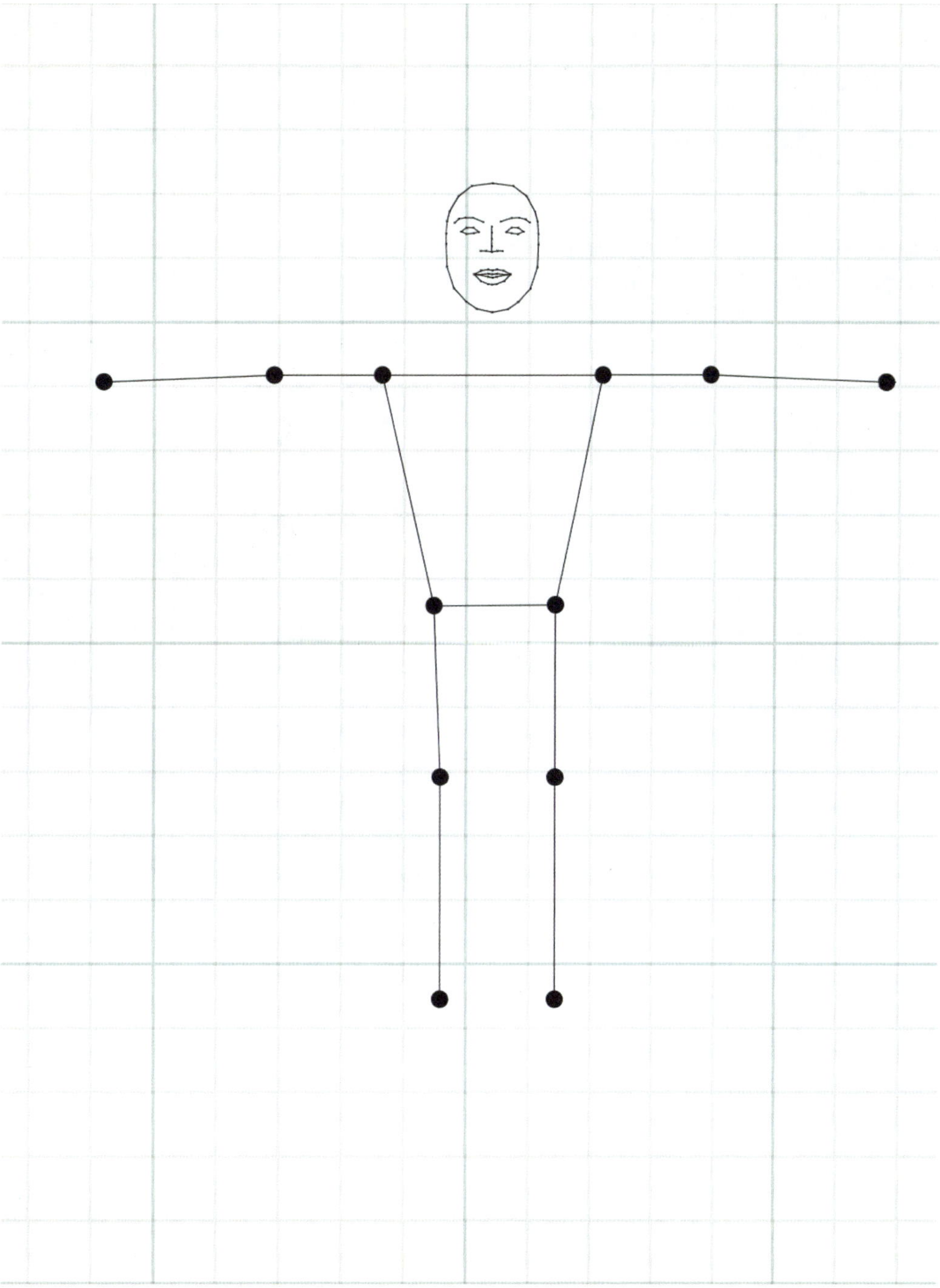

활동지

5. 나를 따라 해 봐요

세미컨덕터

6
푸른 애벌레에게 감동을 선물해요 1

나의 동작에 맞춰 속도와 크기를 달리하는 음악을 연주해 보세요.

미션 미리 보기

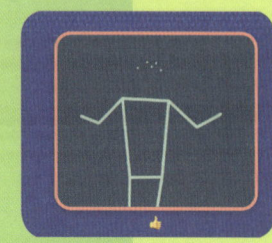

카메라가 나의 몸을 인식해서 움직이는 대로 화면이 따라 움직여요.

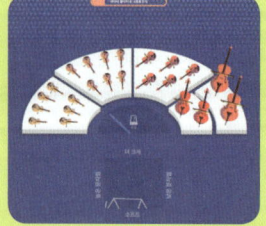

움직임을 인식해서 속도와 소리의 크기가 다른 연주를 해요.

인공지능의 눈, 컴퓨터 비전을 알아볼까요?

컴퓨터 비전(Computer Vision)은 인공지능에서 컴퓨터가 사람의 눈과 같이 이미지를 보고, 인식한 이미지를 이용해 다양한 정보를 만드는 기술 분야예요. 스마트폰에 내 얼굴을 인식해야 잠금장치가 풀리게 설정하는 것도 이 기술을 활용한 것이죠. 그리고 사람의 움직임을 인식하는 모션 인식 또한 컴퓨터 비전의 하나라고 할 수 있어요.

지휘자가 되어 푸른 애벌레에게 감동을 선사해요

세미컨덕터는 카메라를 통해 몸의 움직임을 인식해서 지휘자처럼 오케스트라를 지휘하는 경험을 할 수 있는 인공지능 프로그램이에요. '세미'에는 '반절', 또는 '~에 준하다'라는 뜻이 있어요. 그러니 '세미컨덕터'는 '반쯤은 지휘자'라는 의미로 보면 돼요. 이 프로그램으로 오스트리아의 작곡가 모차르트의 곡 <밤의 세레나데*>를 연주할 수 있죠. 팔을 움직여 음악의 템포, 볼륨, 악기를 변경할 수 있어요.

밤의 세레나데 모차르트의 13번째 세레나데로 그의 작품 중 가장 인기 있는 작품.

1 세미컨덕터 사이트로 이동해요.

semiconductor.withgoogle.com

> 세미컨덕터는 데스크톱 브라우저에서만 작동해요.

2 지휘하는 방법을 확인해요.

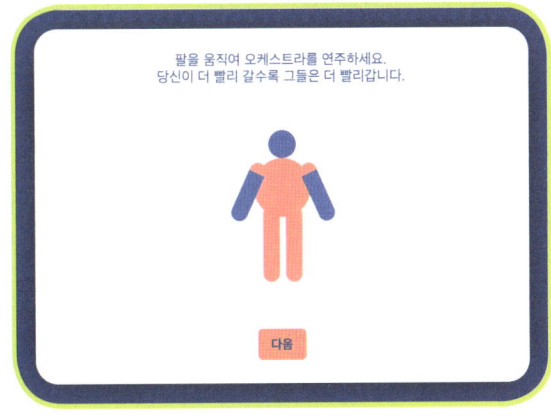

▲ 팔을 움직여 오케스트라 연주를 해요.

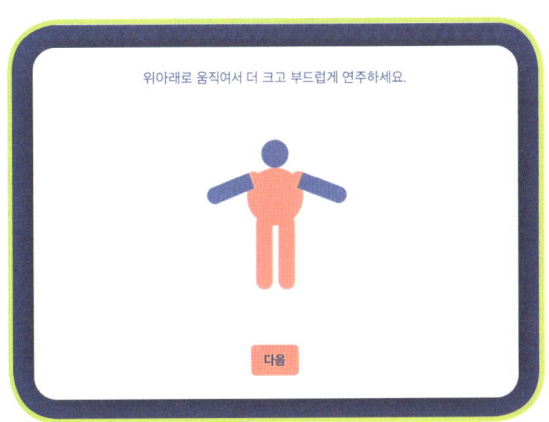

▲ 팔을 위아래로 움직이면 소리의 크기를 조절할 수 있어요.

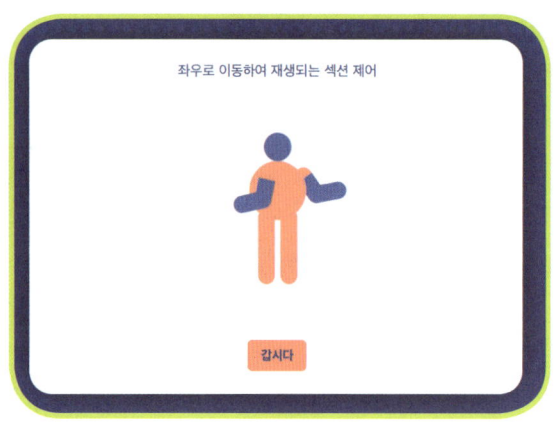

◀ 팔을 좌우로 움직이면 어떤 섹션을 연주할지 선택할 수 있어요. 왼쪽은 높은음의 관현악기, 오른쪽은 낮은음의 관현악기를 연주할 수 있어요.

팔의 위치를 인식해서 움직이는 인공지능이군요!

3 인공지능이 지휘자의 몸을 인식할 수 있도록 해요.

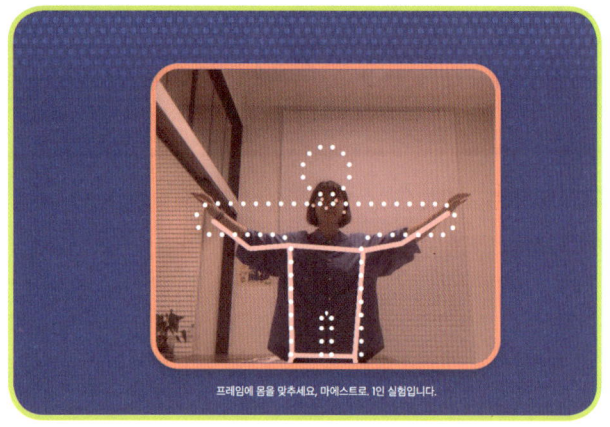

▲ 화면에 보이는 프레임에 몸을 맞춰요.

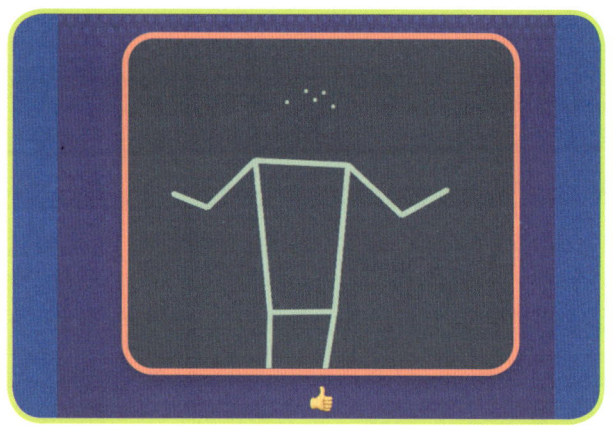

▲ 인식이 잘 되면 아래에 손이 나옵니다. 구웃~!

4 이제 푸른 애벌레에게 멋진 연주를 들려주세요.

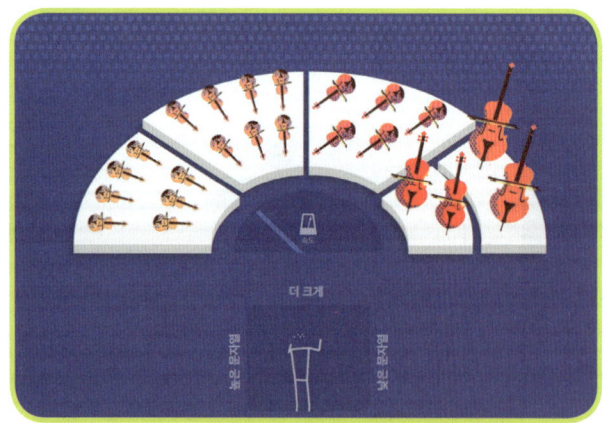

▲ 오른팔을 움직이면 낮은 음역대의 악기가, 왼팔을 움직이면 높은 음역대의 악기가 연주되어요.

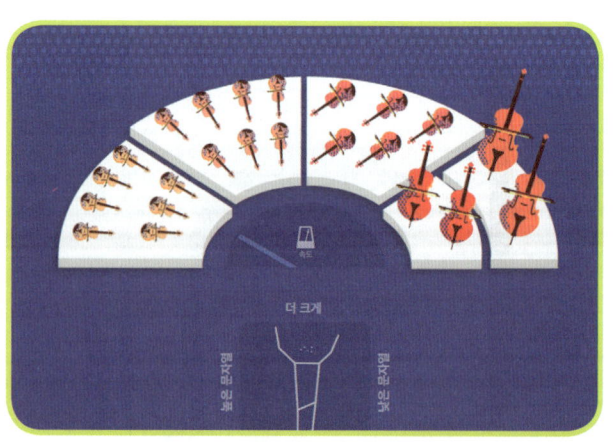

▲ 팔의 높이와 움직이는 속도를 달리하며 연주해 보세요.

5 화면 구성을 알아보아요.

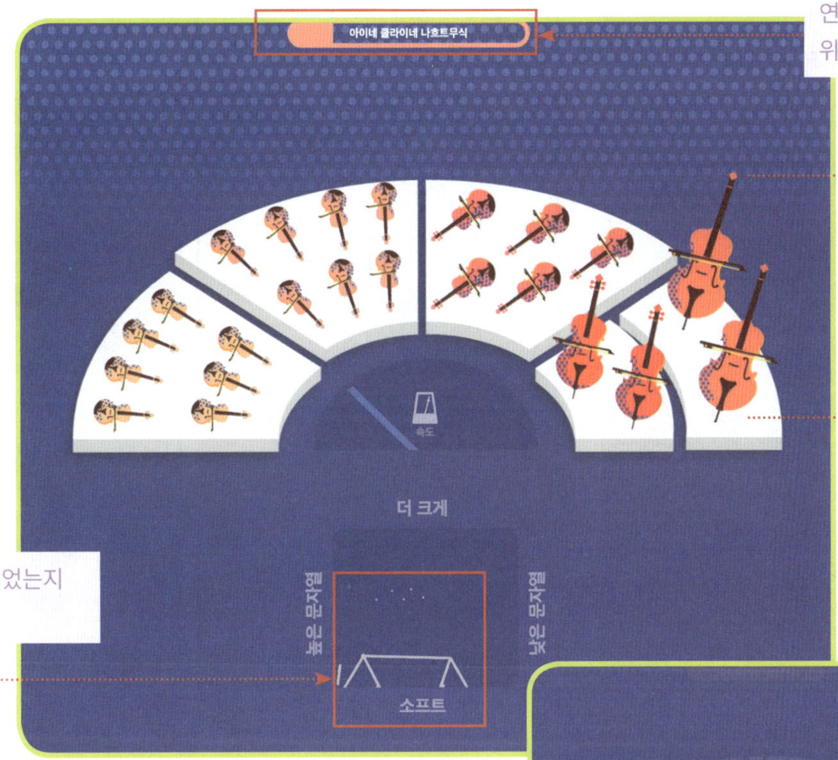

- 아이네 클라이네 나흐트무지크 → 연주가 얼마나 진행되었는지 위쪽에 표시되어 있어요.
- 연주 속도와 연주되는 악기가 무엇인지 표시되어 있어요.
- 몸의 어디가 인식되었는지 볼 수 있어요.
- 연주가 다 끝나면 '브라보!'라는 글자와 함께 꽃이 떨어져요. 다시 지휘하고 싶다면 [다시 재생]을 클릭해요.

인공지능 피아니스트가 인간 오케스트라와 협연을?!

2020년 우리나라에서는, 1982년 세상을 떠난 피아니스트 루빈스타인이 생전에 남긴 연주 기록 데이터를 인공지능 기술로 복원해 오케스트라와 협연을 했어요. 루빈스타인 연주법을 익힌 인공지능이 '자동 연주 피아노 언어'라는 것을 이용해 연주에 성공했다고 해요. 이날 연주한 곡은 차이콥스키의 피아노 협주곡 <피아노 콘체르토 No.1, B플랫 단조 Op. 23>이었어요. 인공지능 피아노와 오케스트라가 협연한 세계 최초의 공연이었다고 하네요.

출처: 상명대학교 웹진. <세계 최초 AI 피아니스트와 인간 오케스트라의 협연> 커뮤니케이션팀(서울) 2020.10.30.

바흐 두들

7

푸른 애벌레에게 감동을 선물해요 2

블롭 오페라

인공지능의 도움을 받아 바흐풍 음악을 작곡해 보세요.

미션 미리 보기

바흐풍 음악을 작곡해요.

인공지능 오페라 가수들을 이용해 멋진 오페라 음악을 만들어요.

바흐풍 음악을 작곡하여 애벌레에게 감동을 선물해요

바흐 두들은 독일의 작곡가 바흐의 탄생을 기념하여 구글 인공지능 팀에서 공개한 인공지능 서비스로, 사용자가 멜로디를 입력하면 인공지능이 자동으로 바흐풍으로 작곡을 해요. 인공지능이 바흐의 300여 곡을 학습하여 내가 멜로디를 정하면 적절하게 화음을 만들어 주죠. 내가 입력한 멜로디가 소프라노가 되고, 여기에 인공지능이 알토, 테너, 베이스를 넣어 4성부를 완성해요.

1 바흐 두들 사이트로 이동해요.

google.com/doodles/celebrating-johann-sebastian-bach

2 [▶]를 클릭해 바흐 두들을 시작해요.

3 프로그램에 대한 안내를 확인해요.

7. 푸른 애벌레에게 감동을 선물해요2 ···· **53**

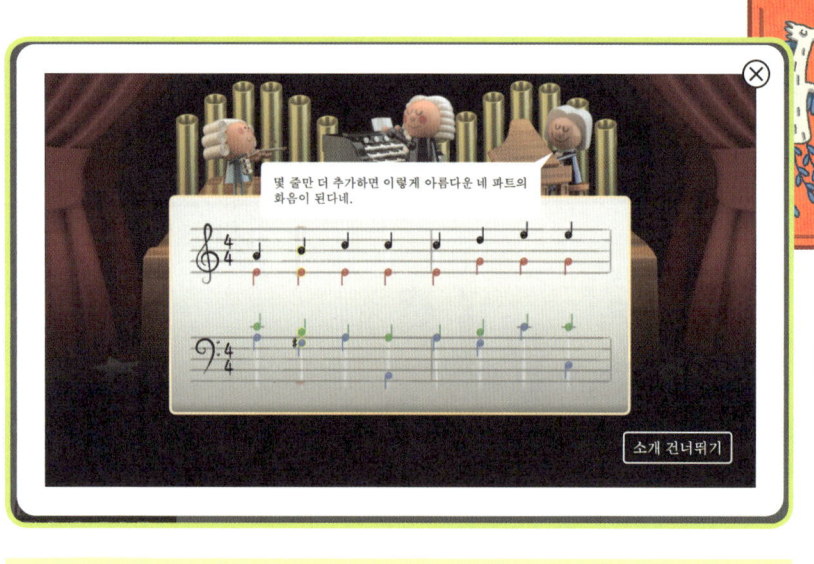

▲ 한 줄의 멜로디를 입력하면 인공지능이 화음을 만들어 악보에 표시해 줘요.

설명을 건너뛰고 싶다면 [소개 건너뛰기]를 클릭해요.

▲ 마우스로 오선보를 클릭하면 음표가 생겨요.

4 멜로디를 만들어요.

멜로디를 다시 만들려면 휴지통을 클릭해요. 멜로디를 들어 보려면 재생 단추를 클릭해요.

▲ [화음 넣기]를 눌러서 화음을 만들어요.

내가 만든 멜로디에 3개의 화음이 더해졌어요. 빨간색, 초록색, 파란색으로 만들어진 화음이 보이나요?

5 완성된 곡을 들어요.

앨리스, 아까 네가 대충 들었던 멜로디랑 차원이 다른 곡이 완성됐어!

▲ 만든 곡에 대해 바로 평가할 수 있어요.

7. 푸른 애벌레에게 감동을 선물해요2 ···· **55**

6 완성된 파일을 저장하거나 인터넷에 공유해요.

- midi 파일로 저장하기
- 인터넷에 공유하기
- 화음 다시 만들기
- 연주 일시 정지
- 멜로디 버리기
- 멜로디 입력 화면으로 돌아가기

만약 완성된 곡이 마음에 들지 않으면 화음을 다시 만들 수 있어요. 멜로디를 버리고 다시 시작하면 돼요.

전문가처럼 작곡하기

멜로디 입력창을 살펴보면 숨겨진 기능들이 있어요. 이 기능을 사용하면 좀 더 전문가처럼 작곡할 수 있어요.

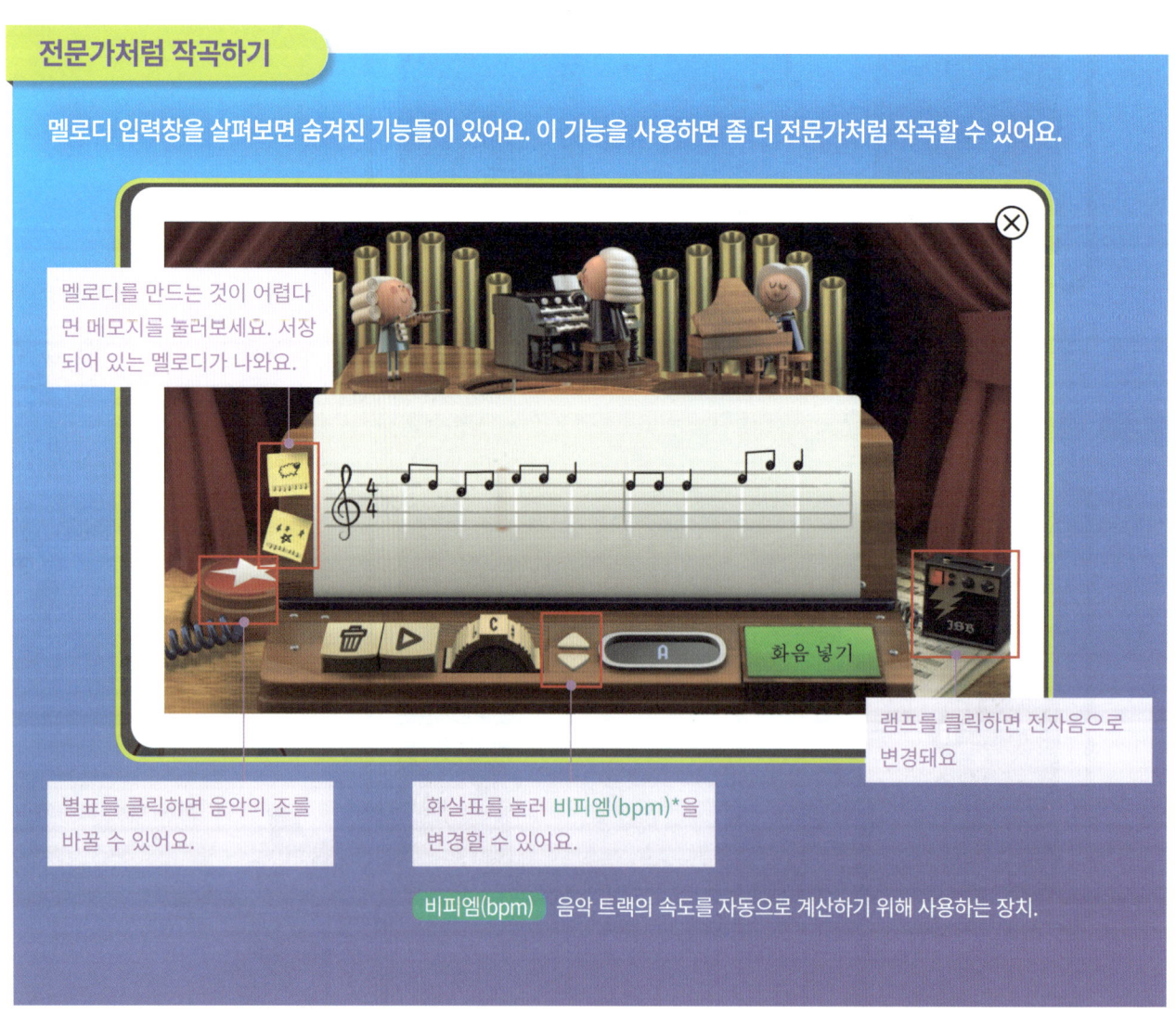

멜로디를 만드는 것이 어렵다면 메모지를 눌러보세요. 서장되어 있는 멜로디가 나와요.

별표를 클릭하면 음악의 조를 바꿀 수 있어요.

화살표를 눌러 비피엠(bpm)*을 변경할 수 있어요.

램프를 클릭하면 전자음으로 변경돼요

비피엠(bpm) 음악 트랙의 속도를 자동으로 계산하기 위해 사용하는 장치.

오페라 음악을 작곡하여 애벌레에게 감동을 선물해요

인공지능의 도움으로 학습한 4명의 오페라 가수와 함께 오페라 음악을 만들어 볼까요? 블롭* 오페라(blob opera)는 전문 오페라 가수 4인의 목소리를 인공지능으로 학습시킨 다음, 오페라 창법을 재현한 인공지능 서비스예요. 베이스, 테너, 메조소프라노, 소프라노를 담당하는 물방울들을 상하로 움직이면 음정을, 전후로 움직이면 '아에이오우' 모음 발성을 조정할 수 있어요.

> 블롭(blob) (작은) 방울, (작은) 색깔 부분.

1 블롭 오페라 사이트로 이동해요.

artsandculture.google.com/experiment/blob-opera/AAHWrq360NcGbw

2 [실험 실행]을 클릭해 블롭 오페라를 시작해요.

3 마우스로 물방울을 클릭하여 노래하는 방법을 익혀요.

▲ 분홍색 물방울을 드래그하여 앞뒤, 위아래로 움직이며 베이스를 부르게 해요.

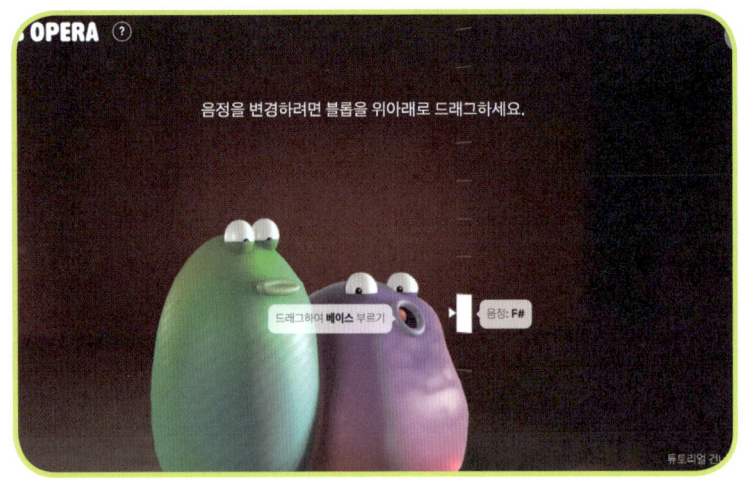

▲ 초록색 물방울을 드래그하여 테너를 부르게 합니다. 이때 베이스도 함께 화음을 맞춰 줘요.

▲ 파란색 물방울을 드래그하여 메조소프라노를 부르게 해요. 이때 다른 물방울들이 화음을 맞춰 줘요.

▲ 주황색 물방울을 드래그하여 소프라노를 부르게 해요. 이때 나머지 물방울들도 화음을 맞춰 줘요.

4 녹화 버튼을 누르고 오페라를 만들어 봐요.

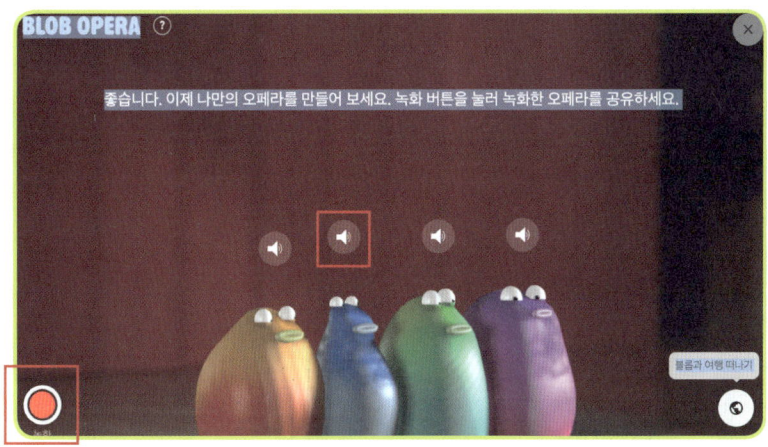

▲ 물방울 머리 위에 스피커 모양을 누르면 일부 소리를 음소거할 수 있어요. 왼쪽 아래에 녹화 버튼을 누르고 노래를 만들어요. 그리고 완성된 노래를 재생하거나 온라인에 영상을 공유할 수 있어요.

> 아름다운 이 노래를 들으면 푸른 애벌레는 감동받을 거야!

5 [블롭과 여행 떠나기]를 클릭하여 장소를 바꾸거나 해당 나라의 준비된 오페라를 부를 수 있어요.

> 마우스 포인터를 따라서 물방울들이 눈동자를 움직여요. 블롭의 귀여움도 함께 즐겨 보세요.

8
세상에 없는 식물을 만들어요

무한 식물 표본집

인공지능을 이용해
여러 식물의 이미지를
섞어 새로운 식물
이미지를 만들어 보세요..

미션 미리 보기

한 번도 본 적 없는
새로운 식물을 만들어요.

여러 식물을 합성하여 새로운 식물을 만들어 볼까요?

'Infinite Herbarium(무한 식물 표본집)'은 인공지능을 활용해 식물의 세계를 확장하여 새로운 식물을 조합해 보는 서비스예요. 이 프로그램은 'The National 2021: New Australian Art'의 일환으로 호주 현대미술관과 시드니 왕립 식물원에서 동시에 론칭했어요.

1 무한 식물 표본집 사이트로 이동해요.

infiniteherbarium.withgoogle.com

2 작동 원리를 알아봐요.

인공지능이 식물을 다르게 인식할 수도 있어요.

① 휴대전화 또는 태블릿에서 QR 코드를 열어요.

② 두 식물의 표본을 사진 촬영해요.

③ 식물이 변형되며 새로운 식물 모습으로 진화해요.

④ 스마트폰 또는 태블릿으로 다음 QR 코드를 스캔해요.

8. 세상에 없는 식물을 만들어요

3 **2개의 식물 사진을 촬영해 새로운 식물로 만들어요.**

  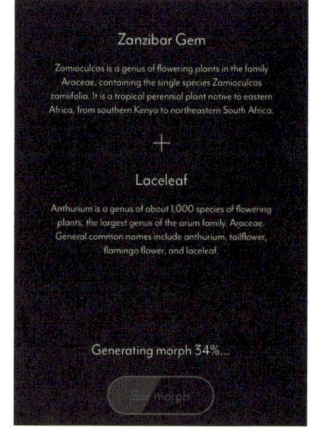

① 첫 번째 식물의 표본을 사진 촬영해요.

② 두 번째 식물의 표본을 사진 촬영해요.

③ 인식된 2개의 표본을 합성해요.

④ 완료되면 아래에 [See morph]를 클릭해요.

⑤ [Allow]를 클릭해요.

식물 이름이 영어라 어려울 수 있어요.

식물의 모습이 너무 신기해! 인공지능은 어떻게 이런 걸 학습한 걸까?

⑥ 완성된 사진을 터치하여 좌우로 움직이면 새롭게 합성된 식물을 확인할 수 있어요.

⑦ [저장하기]를 누르면 gif(움직이는 파일) 형태로 식물이 변화하는 모습을 저장할 수 있어요.

주변의 식물을 합성하여 새로운 식물 만들기

학교의 정원, 길가의 풀꽃 등 우리 주변에서 발견할 수 있는 식물이 아주 많아요. 주변에서 쉽게 볼 수 있는 식물을 두 가지 찾고, 이를 합성해 새로운 식물을 세밀화로 표현해 보세요.

활동지

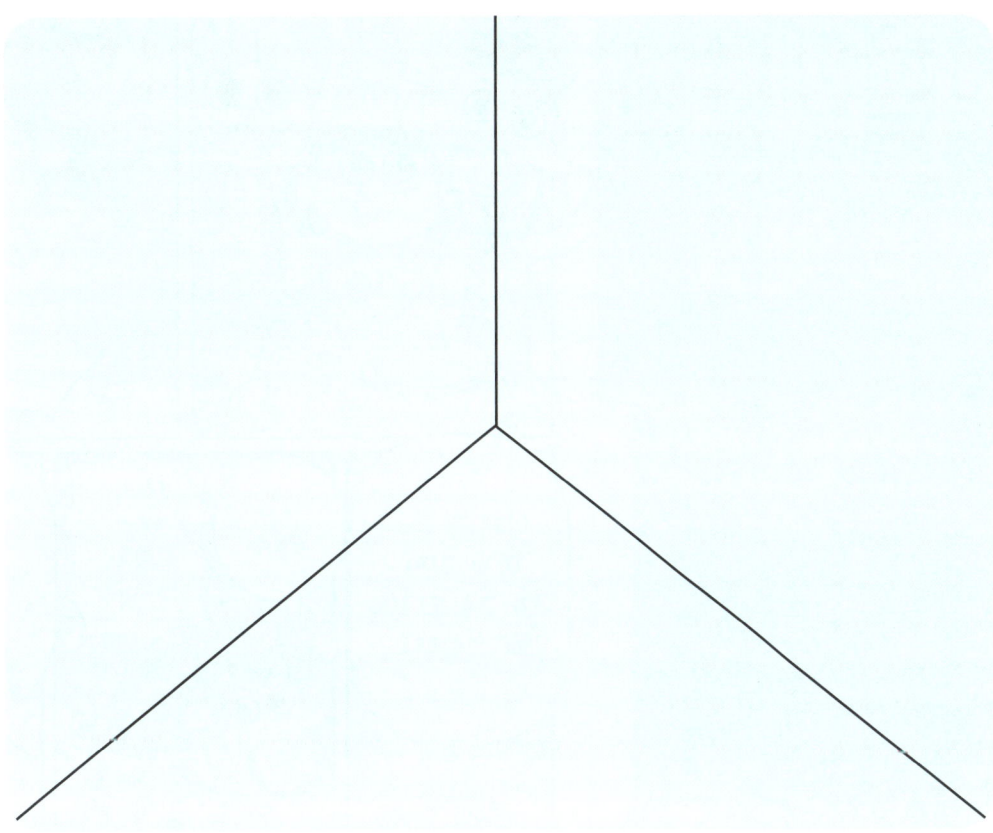

직업 탐구

스마트팜 구축가

스마트팜 구축가는 농업에 정보통신 기술을 접목하여 효율적으로 작물을 재배하거나 가축을 기르는 기술을 개발하는 사람을 말해요. 온도나 습도, 이산화탄소 등을 측정할 수 있는 감지기나 농작물 및 가축 상태를 점검할 수 있는 기술을 개발하고, 이것을 컴퓨터나 스마트폰으로 확인할 수 있도록 하죠. 스마트팜 구축가는 국가나 민간 연구소, 대학교, 스마트팜 관련 장치를 만드는 기업 등에서 활동할 수 있고 직접 스마트팜에서 농사를 지을 수도 있어요.

- 출처: 진로정보망 커리어넷, career.go.kr

8. 세상에 없는 식물을 만들어요

퀵 드로우

9
모자 장수의 다과회에서 핫겜을 해요

인공지능과 그림 맞히기 게임을 해 보세요.

미션 미리 보기

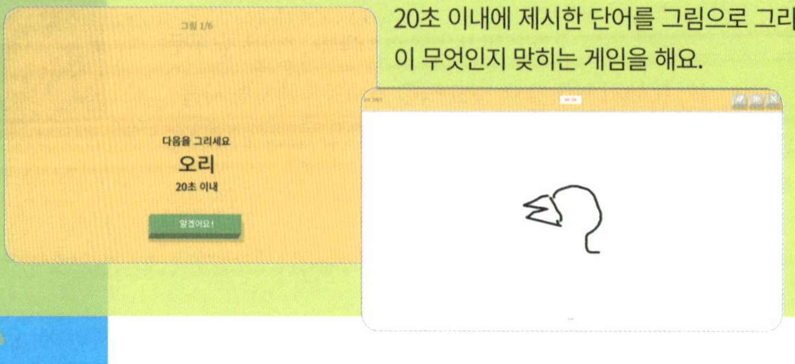

20초 이내에 제시한 단어를 그림으로 그리면 인공지능이 무엇인지 맞히는 게임을 해요.

누가 더 인공지능이 잘 맞히는 그림을 그릴까요?

퀵 드로우(Quick, Draw!)는 그림을 학습한 인공지능이 사용자가 그리는 그림을 인식해서 어떤 그림인지 맞히는 인공지능이에요. 20초 안에 제시어에 해당하는 그림을 빠르게 그리면 인공지능이 어떤 그림으로 인식했는지 알려 줘요. 퀵 드로우는 사람이 직접 그린 그림을 데이터로 배우기 때문에 사용자가 더 많이 사용할수록 더 잘 맞히게 돼요.

프로그램 시작 화면에는 간단한 소개와 함께 인공지능 학습에 사용된 데이터 세트*가 제시되어 있어요. 자, 그럼 게임을 시작해 볼까요?

데이터 세트 인공지능 학습에 사용되는 데이터의 모음.

1 퀵 드로우 사이트로 이동해요.

quickdraw.withgoogle.com

2 [시작하기]를 클릭해 퀵 드로우를 시작해요.

① [시작하기]를 눌러서 게임을 시작해요.

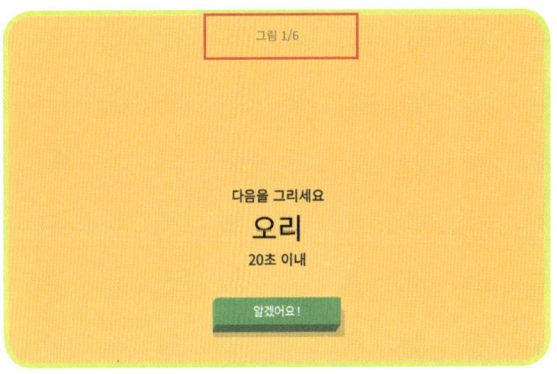

② 위쪽에 현재 문제 수 / 총 문제 수가 표시되어 있어요. 총 6개의 문제 중 1번째 문제임을 표시하고 있어요.

③ 문제가 단어로 제시되어 있고, 제한 시간도 표시되어 있어요.

④ [알겠어요!]를 누르면 게임이 시작돼요.

3 빈 공간에 그림을 그리고 인공지능이 답을 맞히는지 알아보세요.

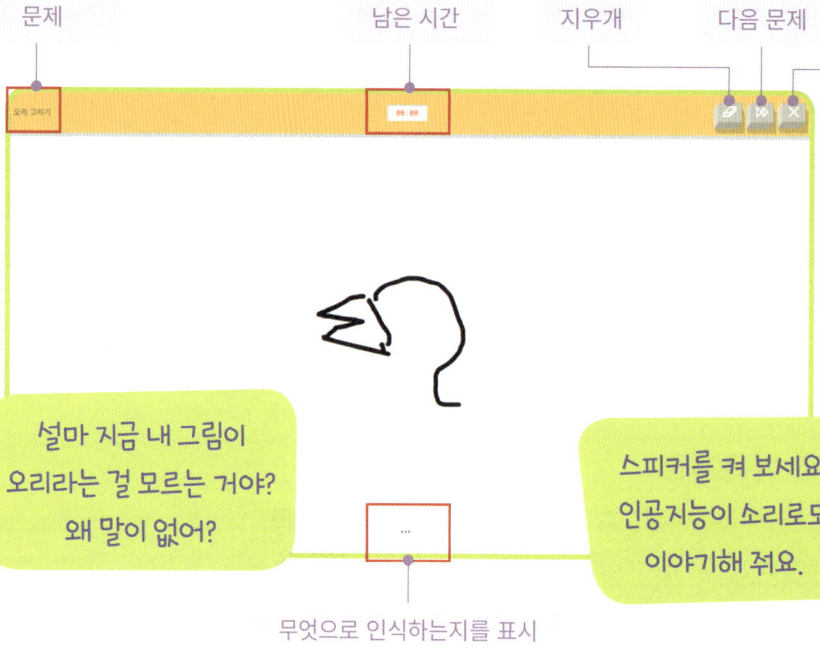

문제 / 남은 시간 / 지우개 / 다음 문제 / 그만하기

◀ 문제에 해당하는 그림을 그리세요. 20초가 되기 전에 인공지능이 그림을 맞히면 다음 문제로 넘어가요.

설마 지금 내 그림이 오리라는 걸 모르는 거야? 왜 말이 없어?

스피커를 켜 보세요. 인공지능이 소리로도 이야기해 줘요.

무엇으로 인식하는지를 표시

그만하시겠어요?

▲ 표현할 수 없거나 잘 모르는 문제가 나오면, 오른쪽 상단에서 다음 문제로 넘어가는 단추를 클릭해요.

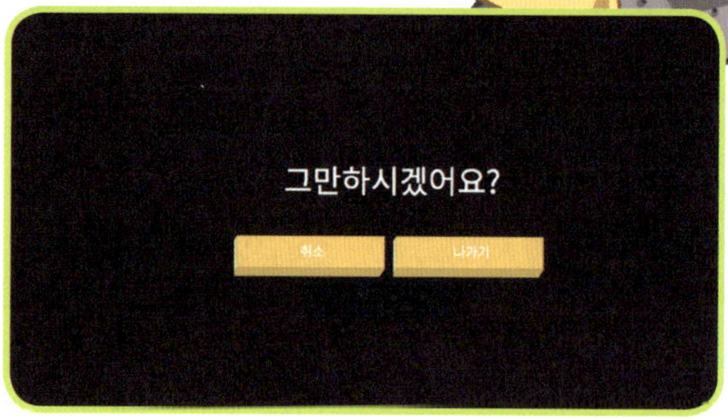

▲ 중간에 그만두려면 오른쪽 상단의 [그만하기]를 클릭해요. [취소]를 누르면 다시 게임 화면으로 돌아오고 [나가기]를 누르면 게임이 끝나요.

직업탐구

데이터 과학자

데이터 과학자는 데이터 분석과 관련된 일을 하는 사람이에요. 숫자, 문자, 영상, 소리 등 다양한 형태의 데이터를 모으고 분석해서 그 결과를 보기 좋게 안내해 주거나, 분석한 내용을 바탕으로 미래를 예측하는 데 도움을 줘요. 인터넷이 발달한 요즘에는 매일 만들어지는 데이터가 많기 때문에 이것을 이용한 다양한 일들을 하죠.

데이터 과학자는 분석에 필요한 데이터를 모으고 가공하는 데이터 처리, 분석에 필요한 모형을 만들고 결과를 도출하는 분석 능력, 해당 업무에 대한 깊이 있는 이해가 필요해요. 그리고 여러 분야의 사람들과 협업을 해야 하는 직업이라 의사소통 능력, 협업 능력, 리더십, 창의력, 준법정신, 열정도 필요해요.

4 문제가 모두 끝나면 최종 결과를 알려 줘요.

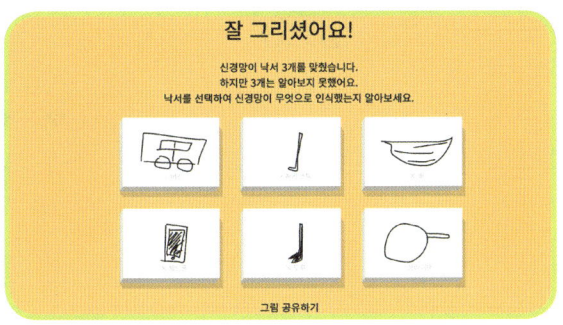

▲ 6개의 그림과 그림 인식 결과를 보여 줘요. 각 그림을 클릭하면 인공지능이 그림을 어떻게 인식했는지를 알려 주지요.

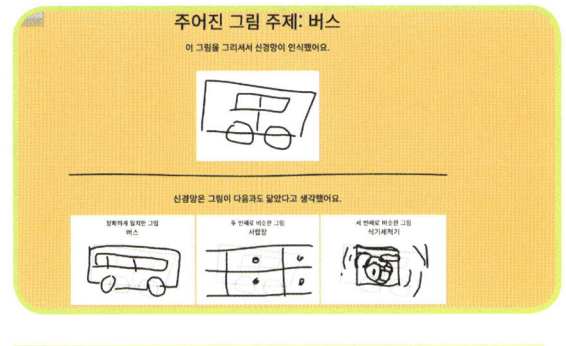

▲ 인식을 잘하면 '이 그림을 그리셔서 인공지능이 인식했어요.'라는 글자가 나와요.

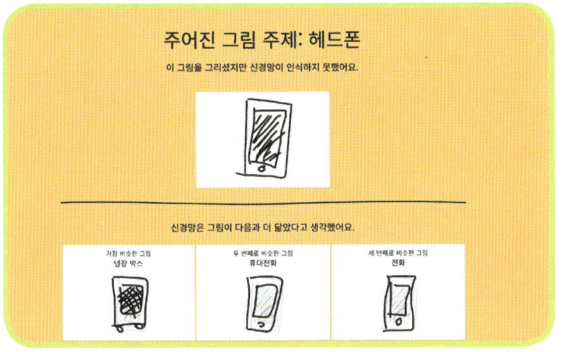

▲ 인식을 못하면 '이 그림을 그리셨지만 인공지능이 인식하지 못했어요.'라는 글자가 나오고 가장 비슷한 그림을 안내해 줘요.

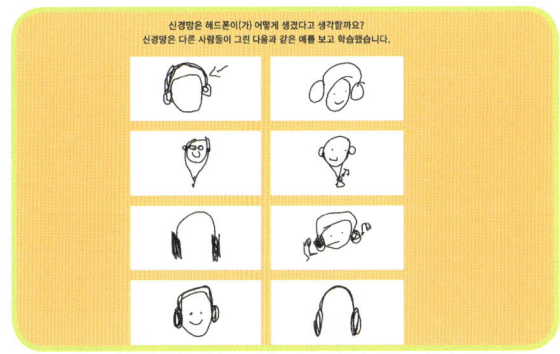

▲ 화면을 아래로 스크롤 하면 다른 사람들은 문제를 어떻게 그렸는지 보여 줘요.

▲ 트위터와 페이스북으로 내가 그린 그림을 공유할 수 있어요.

같은 단어라도 나이, 성별, 나라, 문화에 따라 다르게 표현할 수 있어요.

인공지능이 다양한 표현을 이해하려면 데이터가 많이 필요하겠네요.

9. 모자 장수의 다과회에서 핫겜을 해요

퀵 드로우가 학습한 다양한 그림

사용자들이 그렸던 낙서가 어떻게 퀵 드로우의 학습에 활용되었는지 살펴볼까요? 첫 화면에 '세계 최대의 낙서 데이터 세트'라는 노란색 글자의 링크를 발견할 수 있어요. 이곳을 클릭해 보세요. 정말 많은 그림이 학습 데이터로 사용되고 있네요.

① 도면 중 하나를 선택해 보세요.

② 그림 위에 마우스를 올리면 그림을 어떻게 그렸는지 보여 줘요.

③ 적절하지 못한 그림이 있다면 마우스를 클릭해 [부적절한 것으로 표시]를 눌러 보아요. 인공지능의 정확성을 높이는 데 도움을 줄 수 있어요.

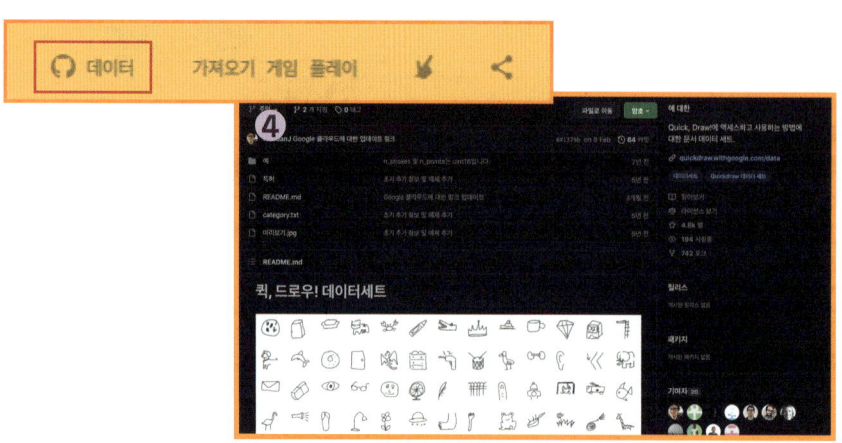

④ 오른쪽 상단에 [데이터]를 누르면 퀵 드로우로 수집된 데이터를 활용해 새로운 연구를 할 수 있도록 데이터를 공유해 놓았어요.

몸으로 말해요 게임하기

같은 단어도 서로 다르게 표현할 수 있음을 이해하고, 빈 카드에 단어를 쓰고 친구들과 '몸으로 말해요!' 게임을 해 보세요.

게 임 방 법

❶ 빈 카드를 오려서 5개씩 나누어 각각 다른 주제의 단어를 적어요.

❷ 2개의 모둠으로 나누어 가위바위보로 주제를 고르고 게임 순서를 정해요.

❸ 문제를 맞힐 모둠은 일렬로 뒤돌아서요.

❹ 사회자(없으면 상대 팀에서 1명)가 제일 앞에 있는 모둠원만 돌아보게 하고 카드에 쓰인 제시어를 보여 줘요.

❺ 카드를 본 모둠원은 뒤돌아 다음 모둠원에게 몸으로 설명하고, 이 과정을 줄 끝까지 진행해요. 한 사람당 30초 이내로 설명해요.

❻ 제일 마지막에 서 있는 친구가 생각하는 제시어를 말하고, 문제와 비교하여 맞으면 1점을 줘요.

활동지

9. 모자 장수의 다과회에서 핫겜을 해요

오토 드로우

10 모자 장수에게 새 모자를 선물해요

인공지능의 도움을 받아 새로운 모자를 디자인해 보세요.

미션 미리 보기

▲ 모자 장수의 새 모자

새로운 모자를 디자인해요.

모자 장수에게 어떻게 디자인한 모자를 선물할까요?

오토 드로우(Auto Draw)는 그림을 잘 그리지 못하는 사람이 그린 그림도 인공지능이 어떤 그림인지 인식해서 비슷한 그림을 찾아 추천해 주는 인공지능 서비스예요. 미리 학습한 데이터를 바탕으로 사용자의 그림이 어떤 의미인지 예측해서 비슷한 그림을 추천해 줘요.

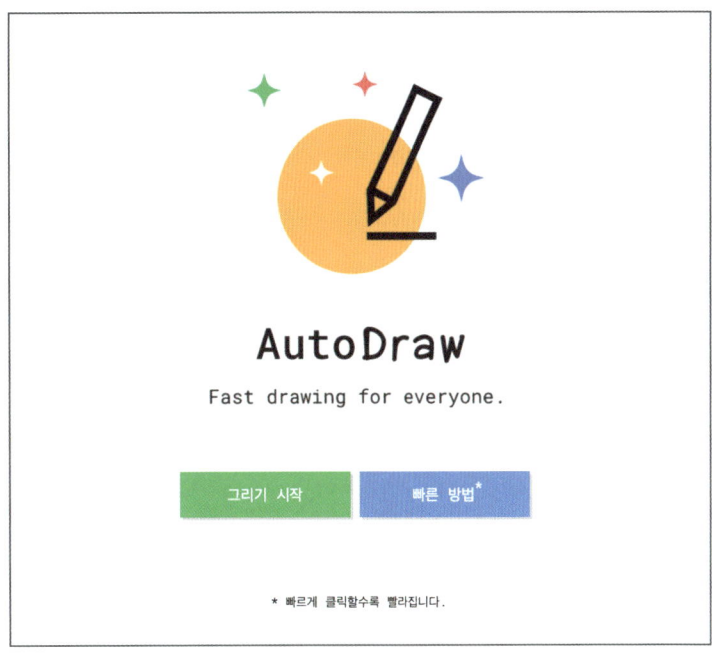

1 오토 드로우 사이트로 이동해요.

autodraw.com

스마트패드나 스마트폰으로 접속해서 그림을 그릴 수 있어요.

2 [빠른 방법]을 클릭해 사용 방법을 살펴보세요.

▲  (자동 그리기)를 클릭하고 빈 공간에 그림을 그리면 인공지능이 어떤 그림인지 자동으로 추측하여 알려 줘요.

▲ (그리기)를 클릭하면 빈 공간에 자유롭게 그림을 그릴 수 있어요.

10. 모자 장수에게 새 모자를 선물해요 · · · · **71**

▲ (글자)를 클릭하고 원하는 곳에 마우스를 클릭하면 글자를 쓸 수 있어요.

▲ (채우기)를 클릭하고 색깔을 골라서 색칠한 부분을 클릭하면 색이 채워져요.

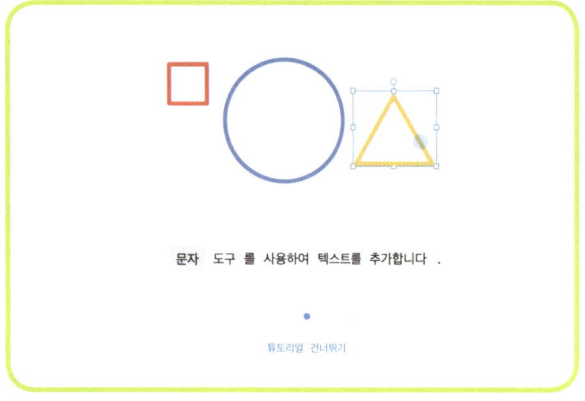

▲ (모양)을 클릭하고 원하는 도형을 선택해 그림을 그릴 수 있어요.

▲ (선택 도구)를 클릭하면 그림의 위치나 크기를 조절할 수 있어요.

3 메뉴의 위치와 화면 구성을 알아보세요.

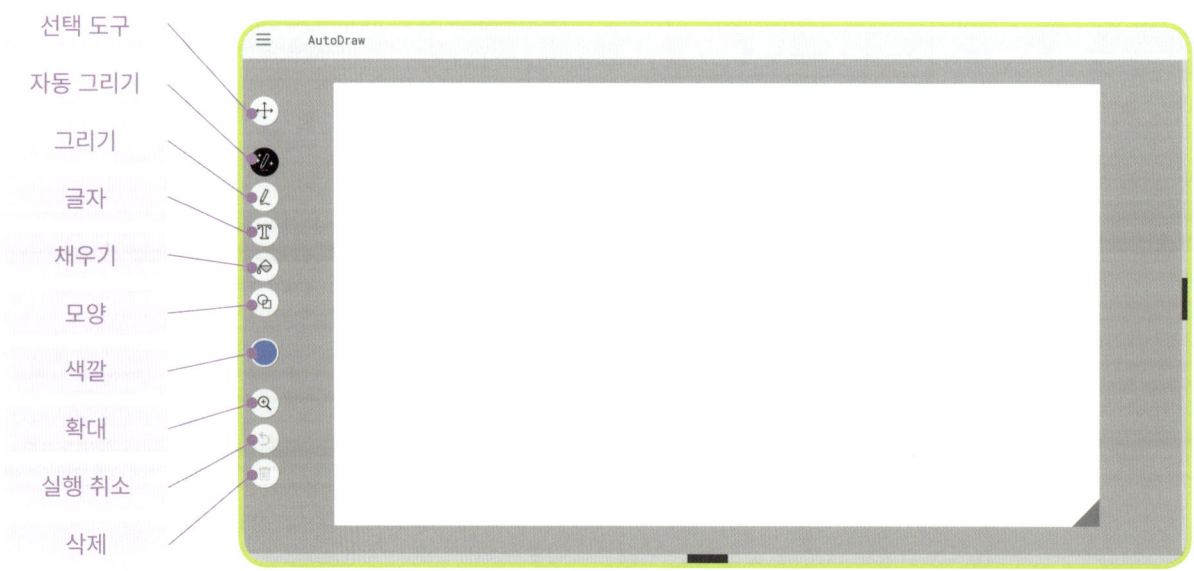

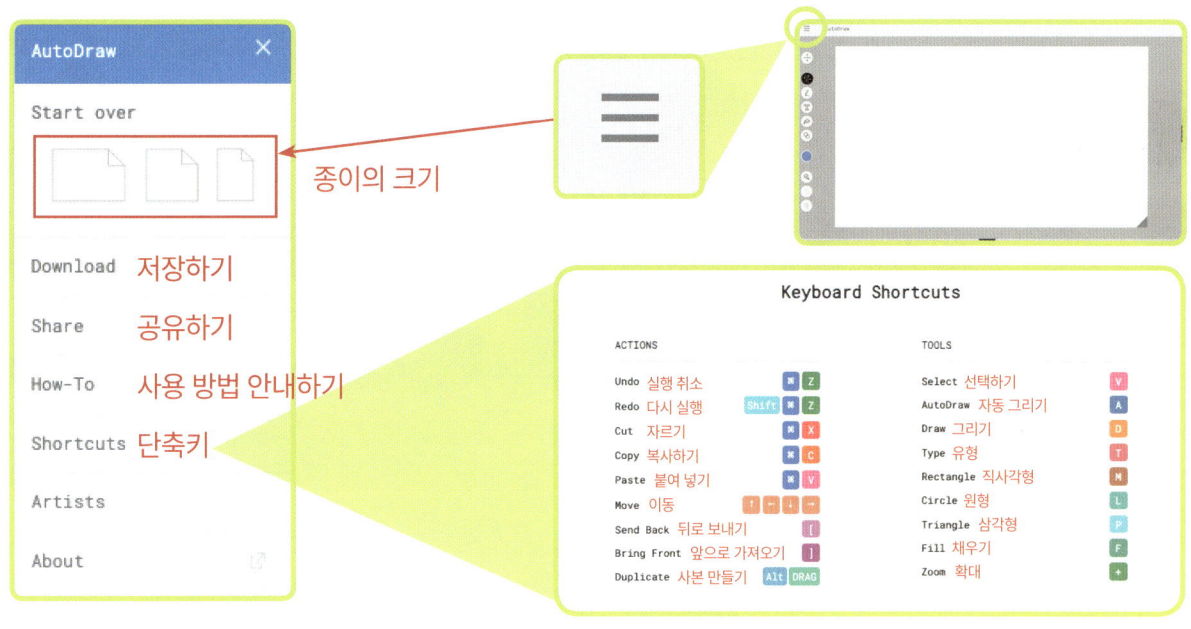

4 자동 그리기를 이용해서 모자 장수에게 어울리는 모자를 디자인해 봐요.

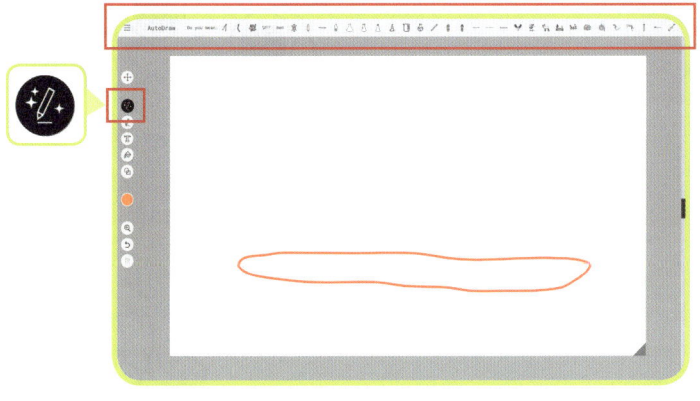

① [자동 그리기]를 선택하고 모자를 그려요. 위쪽에 인공지능이 추천해 주는 그림 중에 적절한 것을 고르세요.

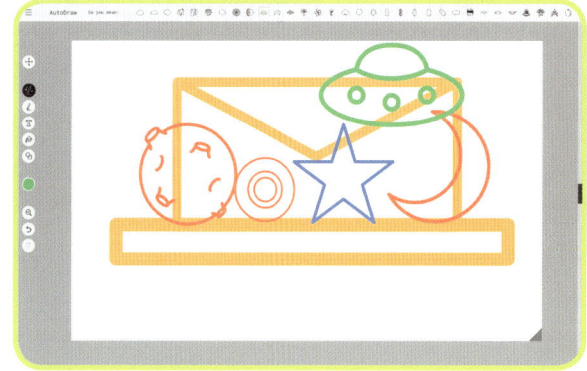

② 모자를 다양하게 꾸며 보세요.

③ [채우기]를 누르고 원하는 색을 골라 모자를 색칠하세요.

④ 모자를 다 색칠했나요? 색은 덧칠하여 바꿀 수 있어요.

⑤ 글자를 누르고 적절한 색을 골라 아래쪽에 '모자 장수의 새 모자'라고 적어 보세요.

⑥ [모양]에서 원하는 도형을 골라 글자의 앞을 꾸며요.

⑦ 모양을 색칠하여 완성하고 메뉴에서 [다운로드]를 눌러 완성된 모자 그림을 저장해요.

상상력을 발휘하여 새로운 모자를 완성해 보아요.

직업 탐구

패션 디자이너

패션 디자이너는 가죽, 직물, 비닐 등 여러 가지 재료를 이용해 다양한 제품을 디자인하는 사람이에요. 패션 디자이너는 재료에 대해 연구하고, 창의력을 길러야 할 뿐만 아니라 문화와 패션의 변화와 흐름을 잘 알고 있어야 해요. 예전에는 디자인과 제품을 만드는 모든 일을 사람이 했어요. 하지만 인공지능이 발달하면서 데이터 분석에 인공지능을 이용해 세계적인 패션 흐름을 분석하기도 하고, 디자인에 활용하기도 해요. 앞으로 패션 디자이너는 인공지능도 잘 다룰 줄 알아야 할지 몰라요.

픽셀로 모자 디자인하기

컴퓨터에 사용되는 이미지는 비트맵 방식과 벡터 방식이 있어요. 비트맵은 픽셀이라는 아주 작은 네모 모양이 모여서 이미지를 만드는 방식이에요. 벡터 방식은 그림을 수식으로 나타내는 방식이고요. 픽셀처럼 그려진 모눈종이 위에 모자 장수에게 선물할 모자를 디자인해 볼까요?

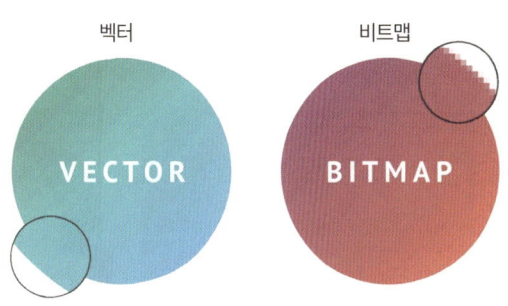

10. 모자 장수에게 새 모자를 선물해요 · · · · 75

11 체셔가 감쪽같이 사라져요

인페인트

인공지능 이미지 편집 서비스로 숲속의 고양이 이미지를 삭제해 보세요.

미션 미리 보기

사진 속 고양이를 감쪽같이 지워요.

체셔가 배경 속으로 사라질 수 있도록 도와 볼까요?

인페인트(inpaint)는 오래되어 알아볼 수 없는 사진을 복원하거나 사진 속의 일부분을 자연스럽게 삭제해 주는 인공지능 이미지 편집 서비스예요. 우리가 사용하는 스마트폰의 사진 앱에도 비슷한 기술이 활용되고 있어요.

1 인페인트 사이트로 이동해요.

theinpaint.com

2 고양이 이미지가 배경 속으로 사라지게 만들어 보세요.

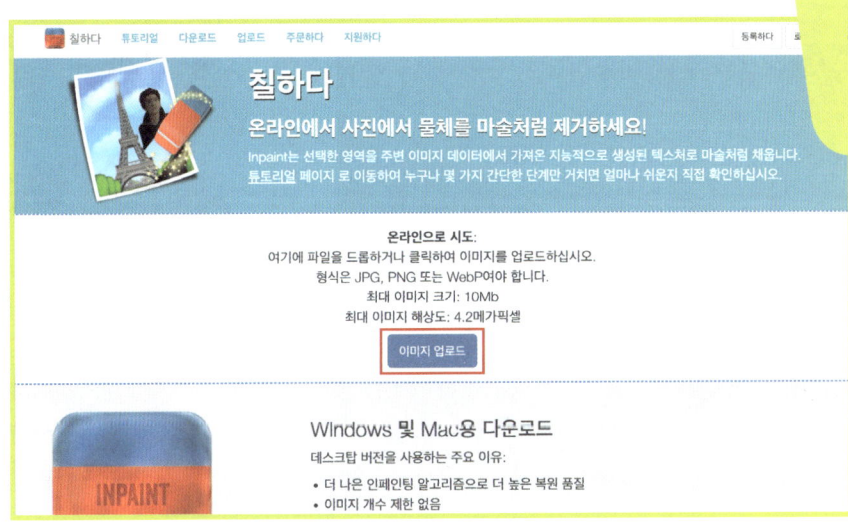

> 프로그램을 다운받아 설치하지 않아도 온라인으로 이미지를 수정할 수 있어요.

① '온라인으로 시도' 아래에 있는 [이미지 업로드]를 클릭해요.

> 그림판이랑 비슷한 모양이에요.

② 준비한 사진을 업로드하면 편집 화면으로 이동해요.

11. 체셔가 감쪽같이 사라져요 · · · · 77

③ 지울 부분을 선택해요.

왼쪽의 연필, 올가미, 다각형 툴을 이용해서 지울 부분을 선택할 수 있어요.

④ 상단 메뉴의 [삭제] 버튼을 클릭해요.

⑤ 고양이가 뿅~하고 사라졌어요.

78 •••• 앨리스의 AI월드 탐험기

물음표 [?] 버튼을 클릭하면 인페인트로 할 수 있는 다양한 기능을 안내해 줘요.

⑥ [다운로드]를 클릭해 완성된 파일을 다운로드할 수 있어요. 저해상도는 무료예요.

고양이가 사라진 자리가 어색하지 않고 감쪽같아!

 직업 탐구

컴퓨터 그래픽 디자이너

컴퓨터 그래픽 디자이너는 컴퓨터를 이용해 광고, 영화, 드라마, 애니메이션 등에 사용하는 특수 효과 등 입체 영상이나 도형, 공간, 자막, 그림 등을 설계하고 표현하는 일을 담당해요. 색채와 조형 감각이 필요하며 트렌드에도 민감해야 해요. 그리고 컴퓨터 그래픽에 사용되는 프로그램을 원활하게 사용할 줄 알아야 하죠.

컴퓨터 그래픽이 널리 활용되는 요즘에는 게임 제작에 필요한 디자인을 개발하는 게임 그래픽 디자이너, 빅데이터를 분석하여 적절한 형태로 표현해 주는 인포그래픽 디자이너, 움직임을 인식하여 그래픽으로 처리해 주는 모션 그래픽스 디자이너 등 세분화되어 있어요.

▲ 게임 그래픽 디자인

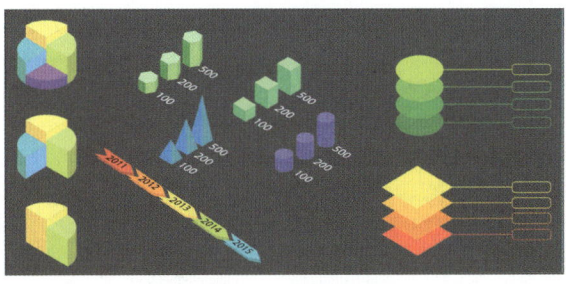
▲ 인포그래픽 디자인

11. 체셔가 감쪽같이 사라져요 · · · · 79

12 여왕님의 취향을 맞춰요

딥 드림

인공지능으로 그림을 원하는 스타일로 바꿔 보세요.

 미션 미리 보기

장미 그림을 고흐의 <별이 빛나는 밤에> 스타일로 바꿔요.

여왕님에게 고흐풍의 장미를 선물할까요?

딥 드림 제너레이터(Deep Dream Generator)는 사용자가 업로드한 이미지를 이용하여, 원하는 스타일의 그림으로 인공지능이 바꾸어 주는 프로그램이에요. 구글 엔지니어가 영화 '인셉션'에서 영감을 받아 만들었다고 해요.

우리도 딥 드림 제너레이터를 이용해 장미 사진을 업로드해서 고흐풍으로 바꾸어 볼까요?

1 딥 드림 제너레이터 사이트로 이동해요.

deepdreamgenerator.com

2 회원 가입을 해요.

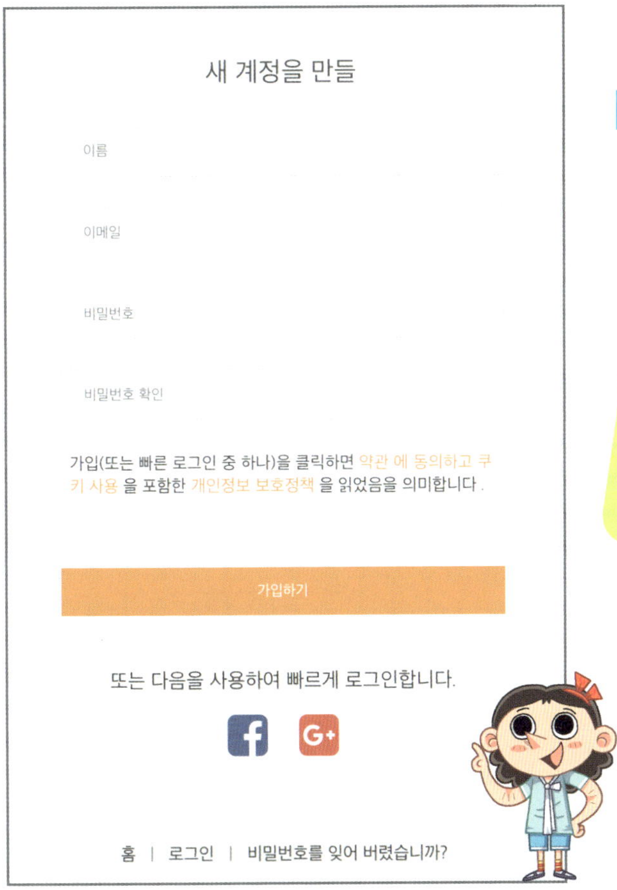

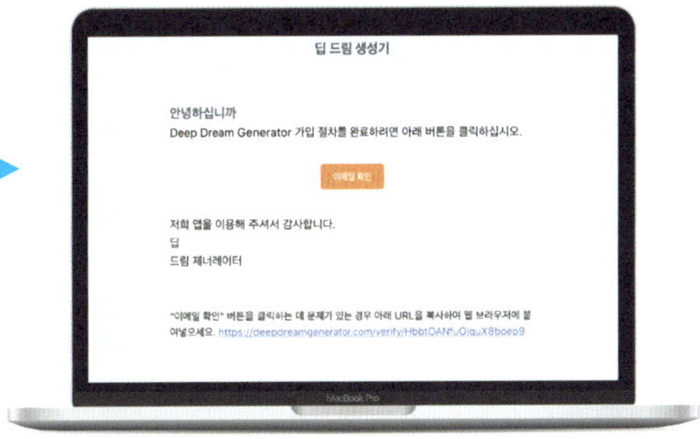

나의 이메일에서 [이메일 확인]을 클릭하면 회원 가입이 완료돼요.

딥 드림은 회원 가입을 해야 사용할 수 있어요.

12. 여왕님의 취향을 맞춰요

3 장미를 고흐풍으로 바꿔 보아요.

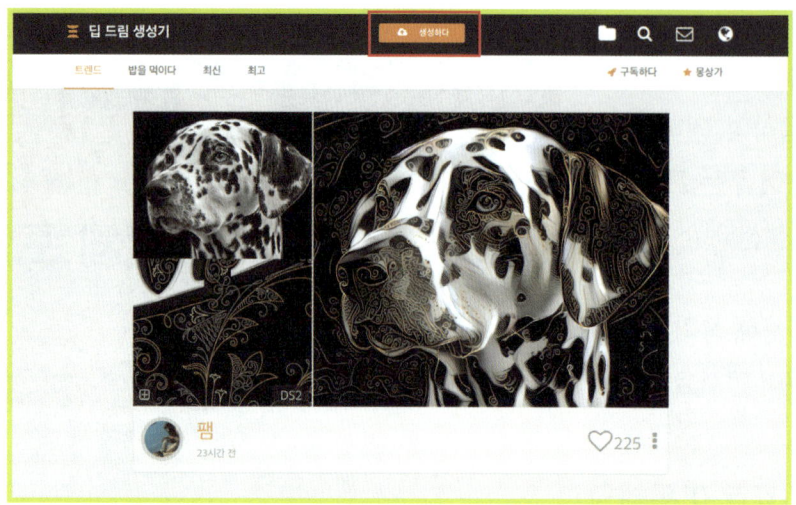

① 로그인을 하고 [생성하다]를 클릭해요.

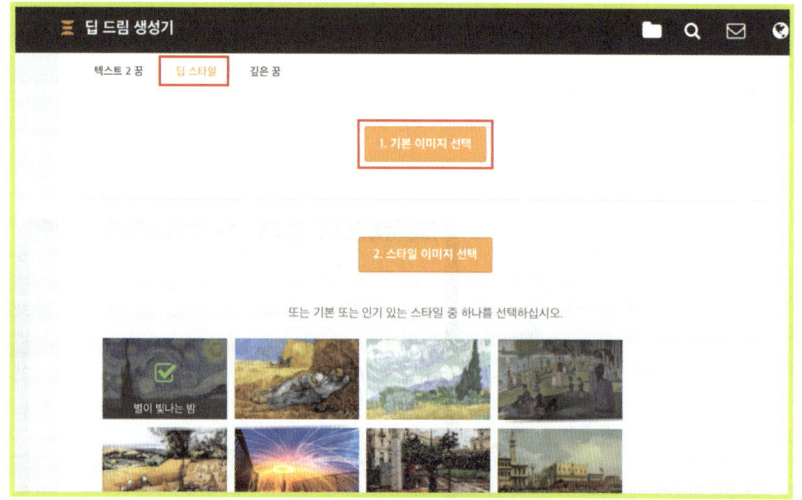

② [딥 스타일] - [1. 기본 이미지 선택]을 클릭해요.

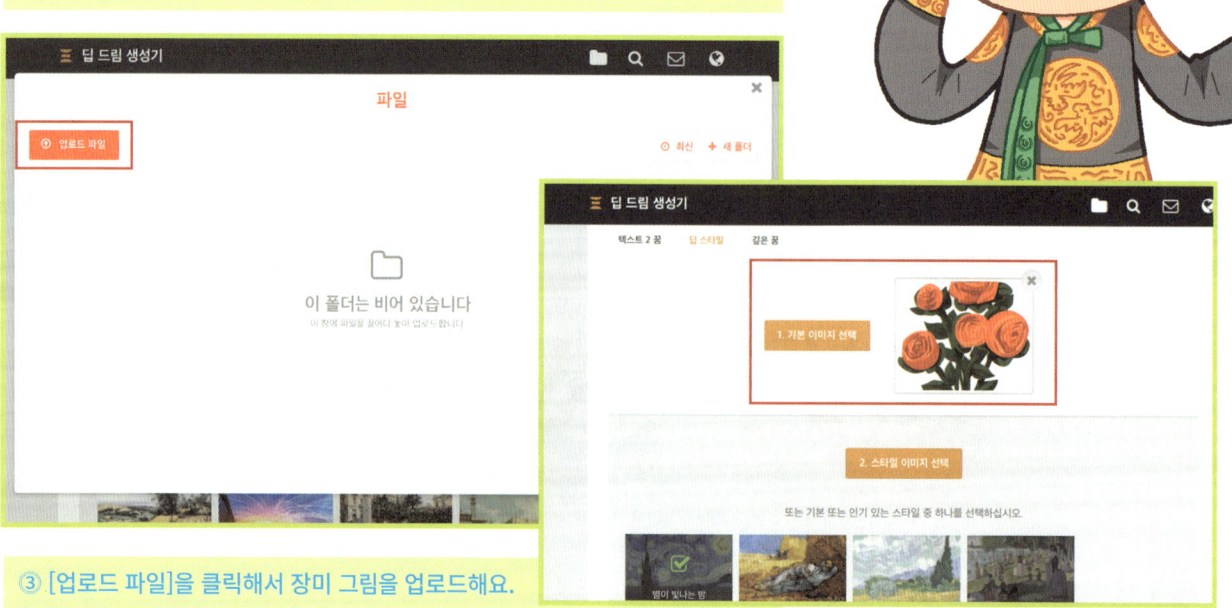

③ [업로드 파일]을 클릭해서 장미 그림을 업로드해요.

딥 드림 제너레이터는 세 가지 스타일의 효과를 제공해요.

딥 스타일은 그림의 이미지 자체를 변화시켜 줘요.

Deep Style 안에도 Default Styles(기본 스타일), Popular Styles(인기 스타일), My style(내 스타일)이 있어요.

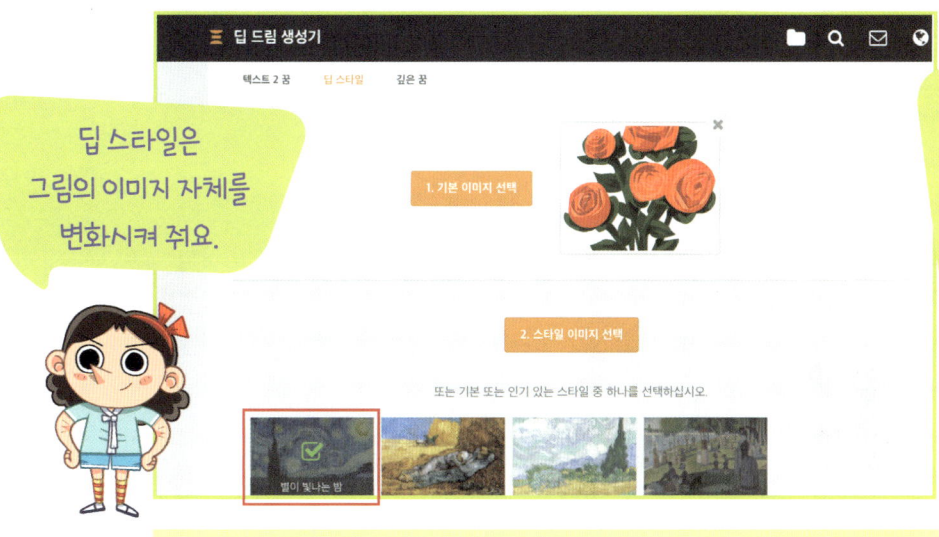

④ [2. 스타일 이미지 선택]에서 그림의 스타일을 골라요.

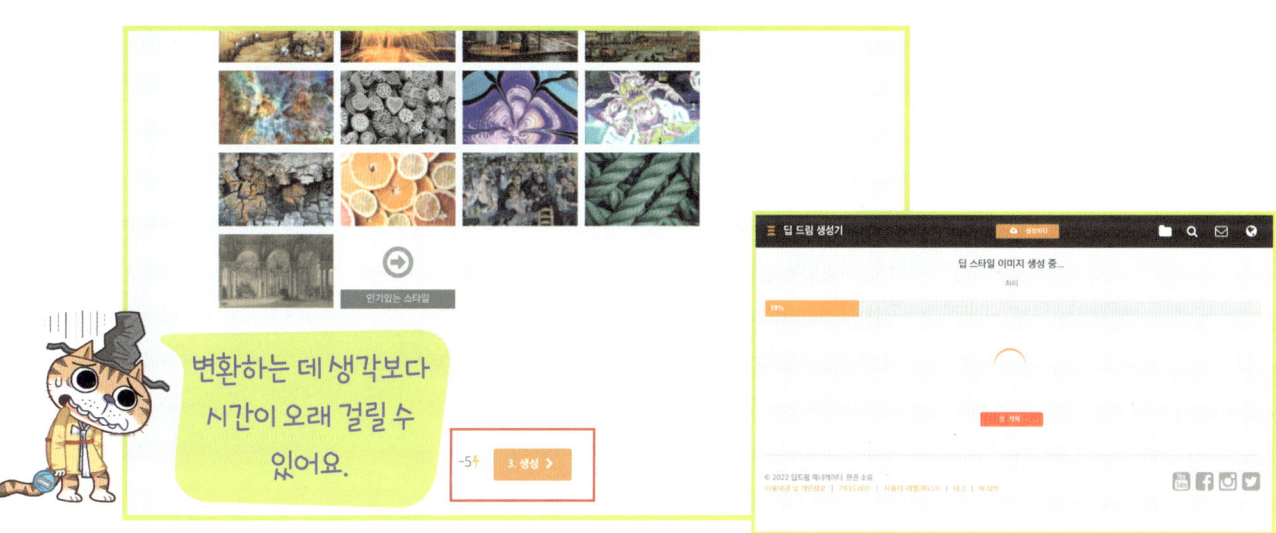

변환하는 데 생각보다 시간이 오래 걸릴 수 있어요.

⑤ [생성] 버튼을 클릭하면 새로운 스타일의 이미지가 생성돼요.

▲ 원본 이미지

완전히 새로운 느낌의 장미가 탄생했어! 인공지능, 너 아티스트였구나.

⑥ 완성된 그림을 원본 이미지와 비교해 보세요.

12. 여왕님의 취향을 맞춰요 **83**

4 딥 드림에서 제공하는 다양한 스타일을 좀 더 살펴보아요.

① 텍스트 2 꿈(Generating Text 2 Dream): 텍스트 프롬프트에 입력된 텍스트와 기본 이미지를 조합하여 새로운 이미지를 만들어요.

- 결과물의 파일 크기를 정해요.
- 강도가 클수록 결과 이미지가 부드럽고 노이즈가 없어요.
- 적용한 스타일을 반복하여 재적용해요.
- 숫자가 작을수록 원본 이미지와 유사하고 숫자가 클수록 적용한 스타일에 유사해요.
- 적용한 스타일 이미지에서 추출한 패턴의 크기를 더 작게 또는 더 크게 만들어 줘요.
- 기존 색상을 유지할지 적용한 스타일에 맞출지 선택해요.

② 딥 스타일(Deep Style)의 설정: 원하는 결과물이 나올 수 있도록 설정해 줘요.

◀ 스타일이 적용된 장미

③ 깊은 꿈(Deep Dream): 새로운 스타일의 이미지를 적용해 줘요.

> 인공지능 네트워크의 레이어를 클릭하면 25가지의 스타일을 확인할 수 있어요.

내가 그린 그림 채색하기

인공지능 기술의 발달로 인물화, 정물화에서 추상화에 이르기까지 인공지능이 그릴 수 있는 그림이 점점 많아지고 있어요.
그리고 인공지능이 내가 그린 그림을 파악해서 자동으로 색칠해 주는 'AI PAINTER'도 있어요.
사이트에 방문해서 직접 그린 그림을 채색해 볼까요? [채색하기]를 눌러 안내에 따라 그림을 색칠해 보세요.

ai.webtoons.com/ko/painter

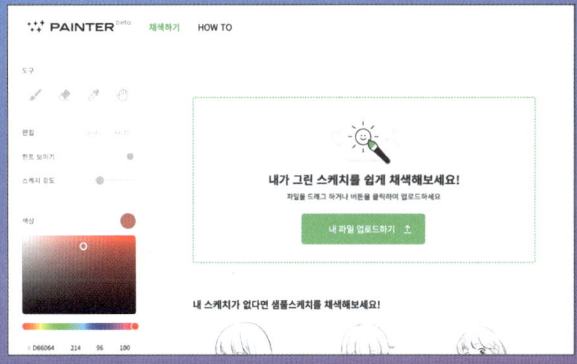

직업탐구

인공지능과 협업하는 화가

AI 아트 화가 '이메진AI'와 극사실주의 화가 '두민 작가'가 만나 '독도'를 주제로 함께 작업한 <Commune with…>는 독도 이미지를 수면을 경계로 지상 독도는 두민 작가가 서양화 기법으로 표현하고, 수면에 비치는 독도는 이메진AI가 동양화 기법으로 표현했어요. 교차하는 수면의 경계선은 두민 작가가 동서양 혼합 표현을 한 다음 크리스털 레진을 이용하여 실질적인 수면의 질감이 느껴지도록 코팅 작업을 더해 최종 완성했어요.

ⓒ펄스나인 pulse9.net/ai-art-gallery

두민 작가는 "미술에서 AI 작가라는 존재의 등장은 과거에 사진기의 등장과 같다고 본다. AI 작가가 인간이 그리는 그림의 존재 가치를 밀어내는 것이 아니라 서로의 공존을 통해서 예술가의 노동력을 대신하고 예술가로서 사회적 지성과 창조적 지능을 개발할 수 있는 여건을 마련해 줄 것이다. 작품 <Commune with…>가 그 시작이 되기를 바란다."라고 이야기했어요.

13

사진으로 만들어 줘요

고갱 2

영역을 표시한 대로 사진을 만들어 주는 인공지능 서비스로 꽃을 만들어 보세요.

미션 미리 보기

내가 표시한 부분을 인공지능이 알아서 이미지로 바꿔 줘요.

GauGAN2의 사용 방법을 알아볼까요?

NVIDIA의 고갱2(GauGAN2)는 후기 인상파 화가인 고갱의 이름을 따서 만들어진 인공지능 서비스예요. 사이트 상단에 있는 붓과 연필 등의 도구로 하늘, 땅, 바다, 식물 등이 있는 장면을 그리면, 인공지능이 그림을 인식해 사실적인 이미지로 바꿔 줘요.

1 고갱2 사이트로 이동해요.

gaugan.org/gaugan2

2 튜토리얼*(tutorial)을 실행해 사용 방법을 알아보세요.

튜토리얼 소프트웨어나 하드웨어를 움직이는 데 필요한 사용 지침 등의 정보를 알려 주는 시스템.

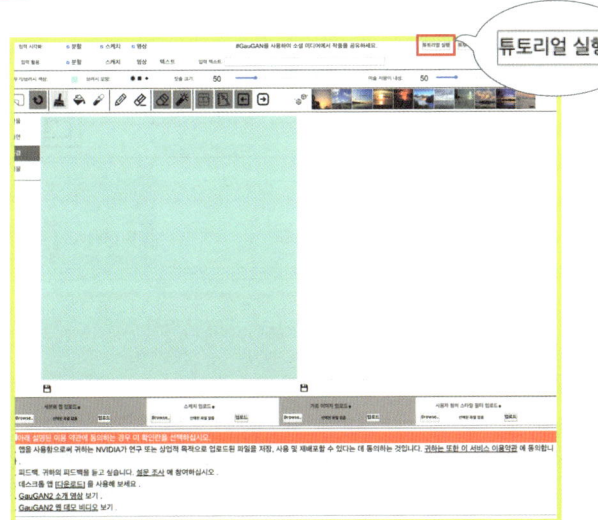

▲ 화면 상단의 [튜토리얼 실행]을 클릭해요.

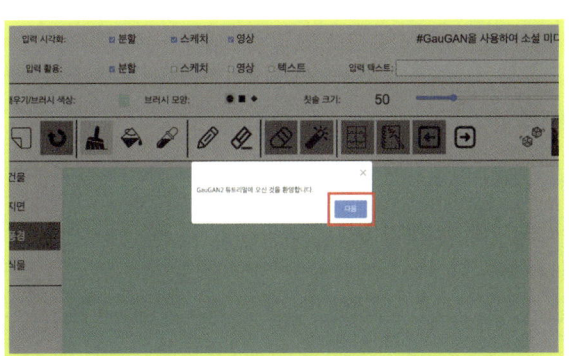

▲ [다음] 버튼을 클릭해요.

13. 사진으로 만들어 줘요 87

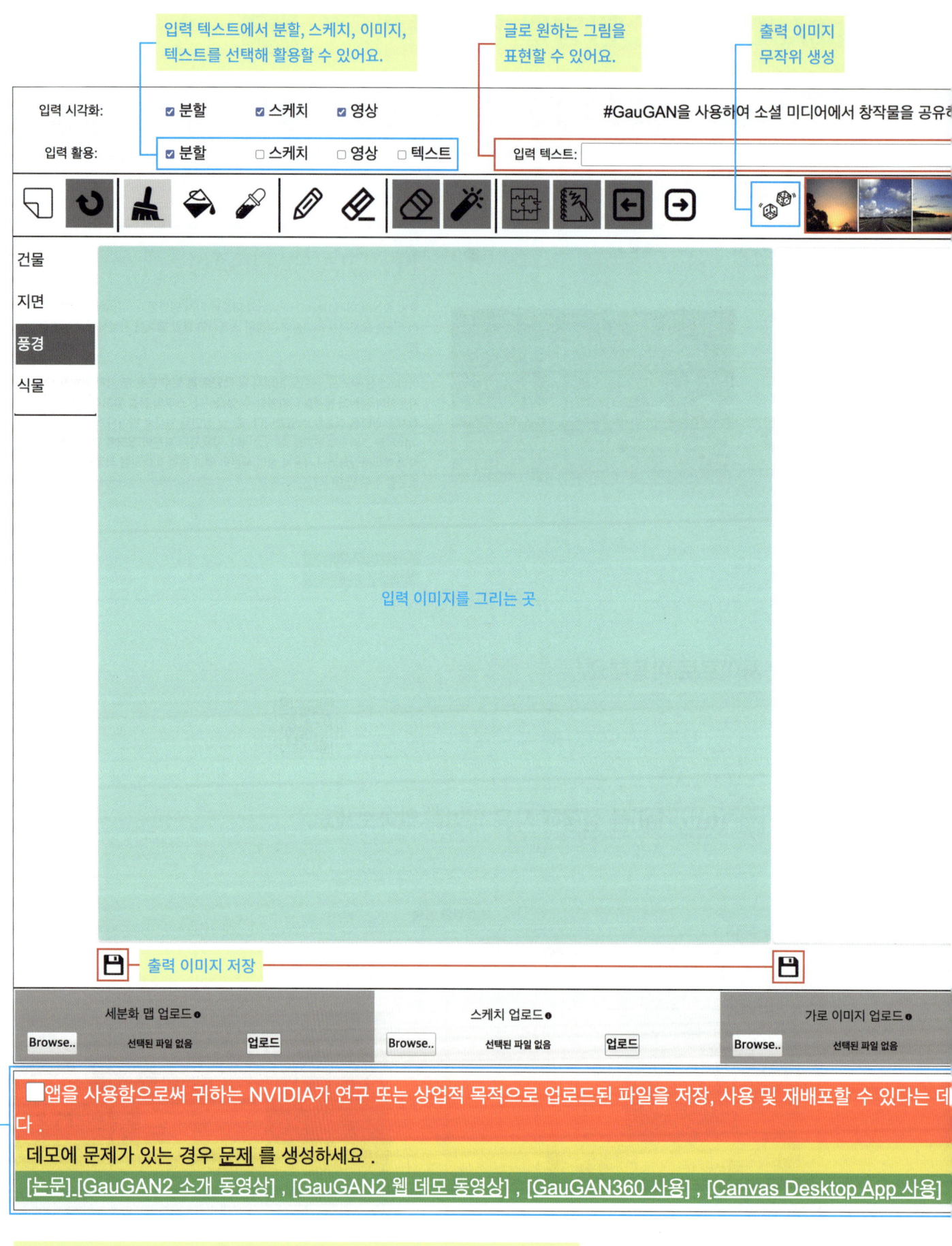

3 그림을 실물 이미지로 만들어요.

■아래 설명된 이용 약관에 동의하는 경우 이 확인란을 선택하십시오.
1. 앱을 사용함으로써 귀하는 NVIDIA가 연구 또는 상업적 목적으로 업로드된 파일을 저장, 사용 및 재배포할 수 있다는 데 동의하는 것입니다. 귀하는 또한 이 서비스 이용약관 에 동의합니다.
2. 피드백. 귀하의 피드백을 듣고 싶습니다. 설문 조사 에 참여하십시오.
3. 데스크톱 앱 [다운로드] 을 사용해 보세요.
4. GauGAN2 소개 영상 보기.
5. GauGAN2 웹 데모 비디오 보기.

① 프로그램 아래 부분의 약관을 확인하고 동의해야 프로그램을 사용할 수 있어요.

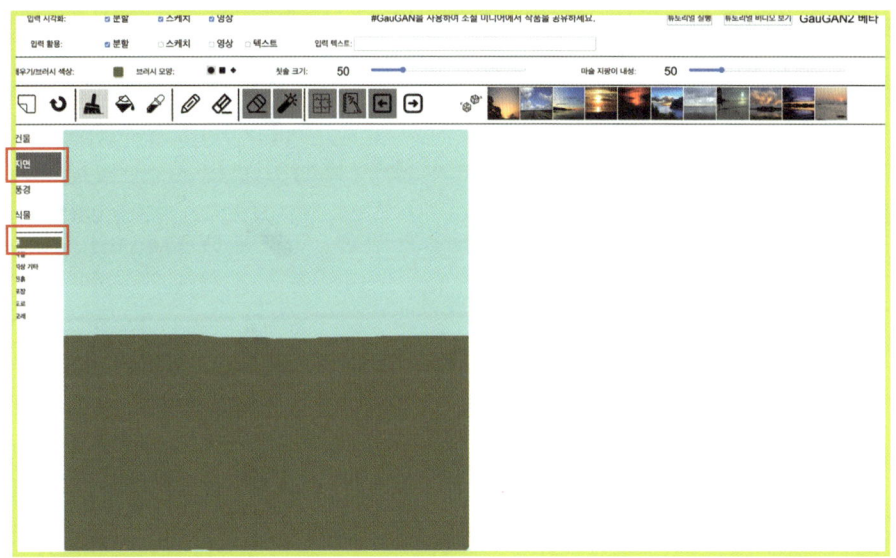

② 화면 왼쪽에 브러시 종류가 크게 네 가지가 있어요. 그중 [지면]을 정해 아래 부분에 [흙]을 깔아 보세요. 붓과 채우기 도구를 이용하면 쉽게 그릴 수 있어요.

이제부터 꽃을 그려 볼게요. 여러분도 따라 그려 보세요.

③ 꽃을 그리기 위해 [식물] 중에 [꽃]을 선택한 다음, 꽃이 생길 부분을 붓으로 표시해요.

90 ···· 앨리스의 AI월드 탐험기

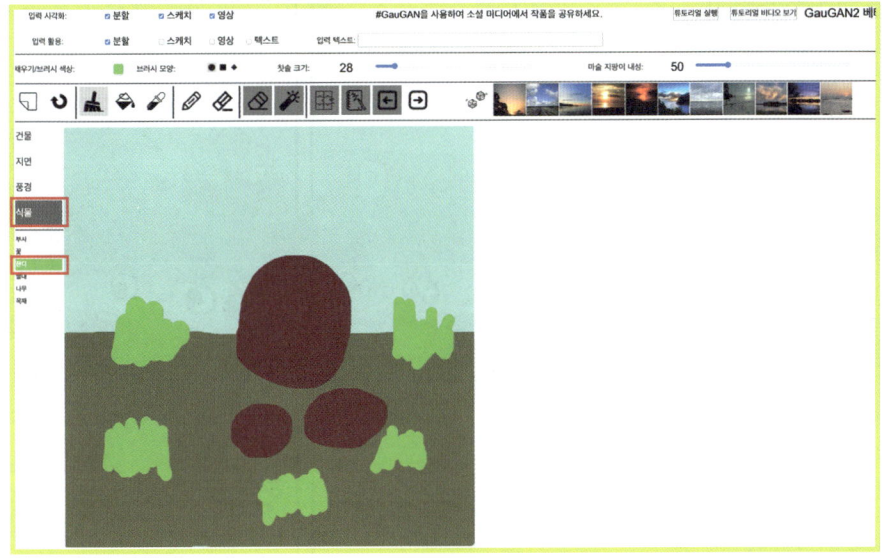

④ 꽃 주변에 잔디도 깔아 볼까요? [식물]-[잔디]를 선택한 다음, 꽃 주변을 붓으로 표시해요.

인공지능이 만든 사진은 뭔가 이상해요. 인공지능은 사람처럼 자연을 그대로 학습한 것이 아니라서 그런가 봐요.

좀 더 많은 데이터를 학습하면 사진이 자연스러워질 거예요. 인공지능은 계속 발전하고 있으니까요.

⑤ →를 클릭해서 인공지능이 그림을 완성하도록 해요.

인공지능이 만든 인물 사진

인공지능이 사람의 모습을 합성하여 사진을 만들 수 있다는 것을 알고 있나요? 다음의 사이트를 방문해 보세요.

무작위로 만들어지는 사진 속 인물은 실제로는 없는 사람이에요. 인공지능이 사람의 얼굴을 학습하여 현실에 없는 인물을 만들어 낸 것이죠. [새로 고침]을 하면 연령, 성별, 나이가 다른 새로운 사람들을 볼 수 있지요. 진짜 사람 같아서 구분하기 힘든 걸 보면 인공지능 기술이 많이 발전한 것을 알 수 있어요.

thispersondoesnotexist.com

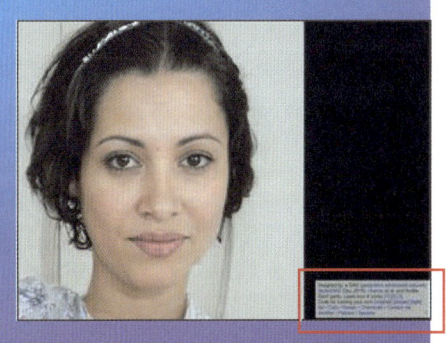

이미지 정보

14

눈으로 말해요

룩 투 스피크

시소

아이트래킹 기술을 이용해 친구들과 눈으로 이야기해 보세요.

미션 미리 보기

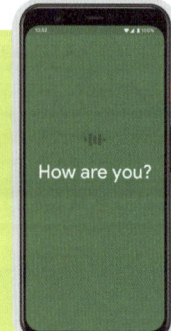 친구들과 눈으로 이야기해요.

 내가 사이트의 어느 곳을 주로 보는지 분석해요.

아이트래킹이란 무엇인가요?

아이트래킹은 근적외선 센서와 고화질 카메라를 이용해 눈의 움직임을 이해하여 어느 곳을 보고 있는지 알아내는 기술이에요. 인공지능과 결합한 아이트래킹 기술을 이용해 소통해 볼까요?

내가 무엇을 말하고 싶어 하는지 친구는 알 수 있을까요?

룩 투 스피크(Look to Speak)는 음성으로 대화하기 어려운 경우에 대화를 할 수 있도록 도와주는 인공지능 서비스예요. 눈을 사용하여 미리 작성된 문구를 선택하면 소리로 말해 주지요. 이 기능은 안드로이드 앱에서만 설치가 가능해요. 앱을 설치하고 친구들과 아이트래킹을 체험해 보아요.

1 구글 플레이에서 '룩 투 스피크' 앱을 찾아 설치해요.

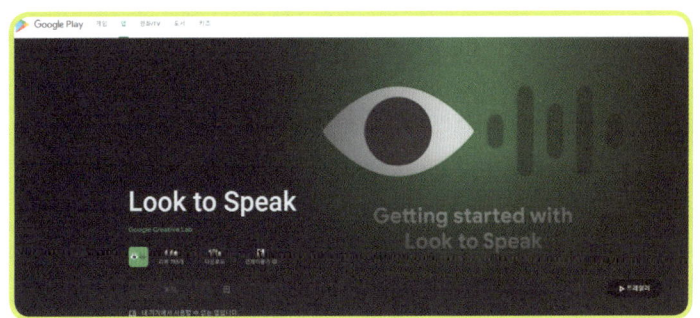

2 앱을 실행하고 화면에서 내가 말하고 싶은 글자를 골라 눈으로 말해요.

▲ 화면에서 내가 말하고 싶은 글자를 찾아요.

▲ 선택한 글자가 음성으로 안내되어요.

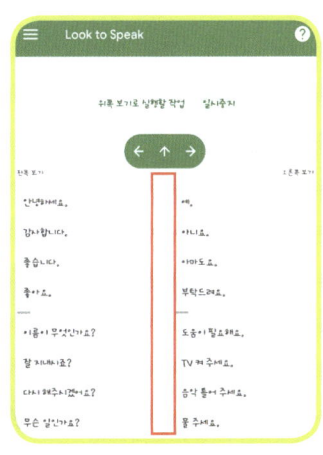

▲ 가운데 긴 세로선을 기준으로, 내가 원하는 글자가 왼쪽에 있는지 오른쪽에 있는지 확인하여 시선을 이동해요.

나의 관심사를 눈으로 알 수 있을까요?

시소(SeeSo)는 인공지능 기반의 시선 추적 프로그램이에요. 스마트폰, 태블릿, 노트북 등을 사용할 때 우리가 화면의 어느 곳을 자주 보는지 추적할 수 있어요. 사용자의 움직임과 집중 정도를 확인하여 데이터로 만들어 주지요. 카메라가 설치된 사이트나 스마트폰으로 사이트에 접속하여 <국립현대미술관> 사이트에서 나는 주로 어떤 작품에 눈길을 주는지 알아볼까요?

1 시소(SeeSo)를 개발한 회사 비주얼캠프 사이트로 이동해요.

visual.camp/ko

2 시소(SeeSo)의 사용 방법을 확인해요.

▲ 오른쪽 윗부분의 ≡를 클릭하고 제품을 클릭해요. 그리고 왼쪽의 사진을 클릭해요.

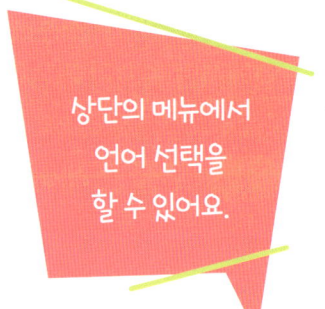
상단의 메뉴에서 언어 선택을 할 수 있어요.

▲ 화면 왼쪽에 있는 동영상을 확인해요.

▲ 화면 오른쪽에 있는 [데모 체험하기]를 클릭해요.

▲ 안드로이드와 iOS에서 제공하는 내용이 조금 달라요. 자신의 스마트 기기에 맞는 QR 코드를 인식해 앱을 다운로드하세요.

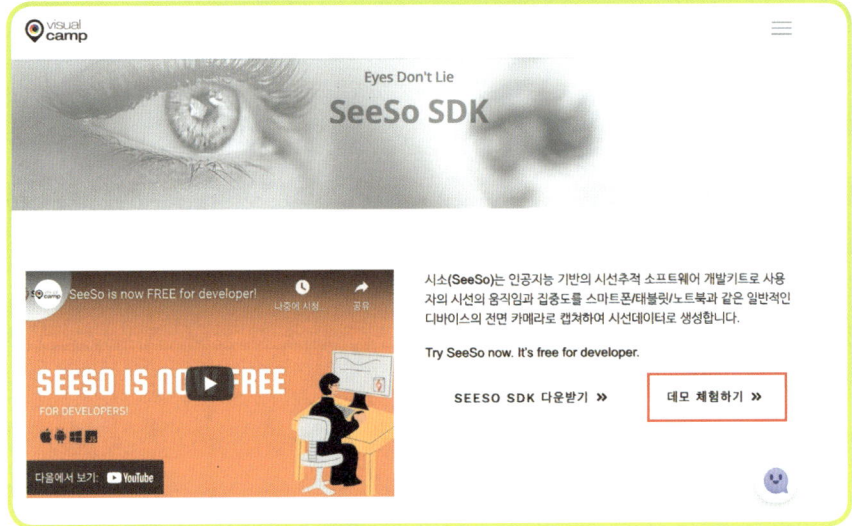

나는 iOS를 선택할래요.

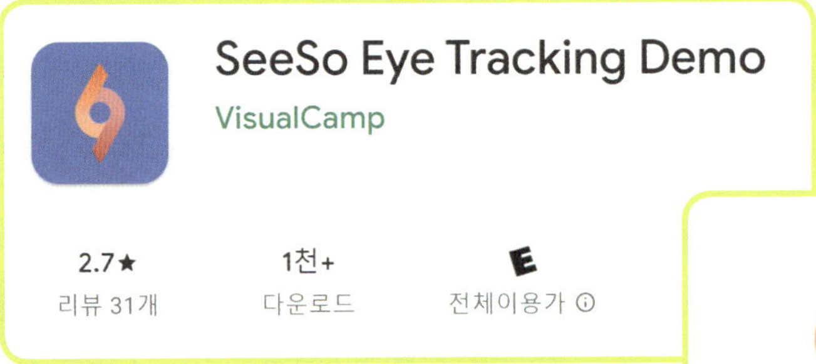

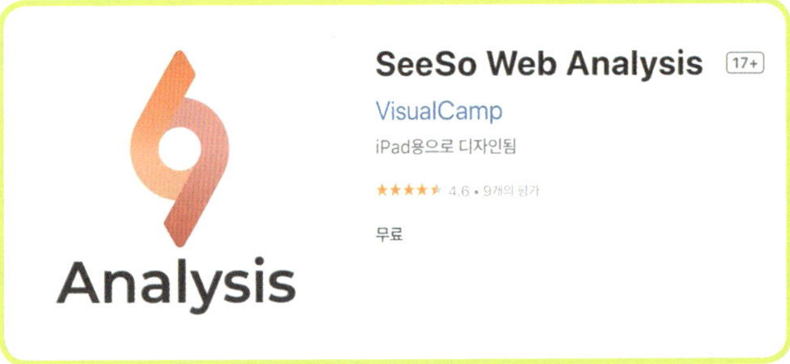

14. 눈으로 말해요 · · · · 95

3 앱을 실행하여 <국립현대미술관> 사이트에 방문해요.

국립현대미술관: mmca.go.kr

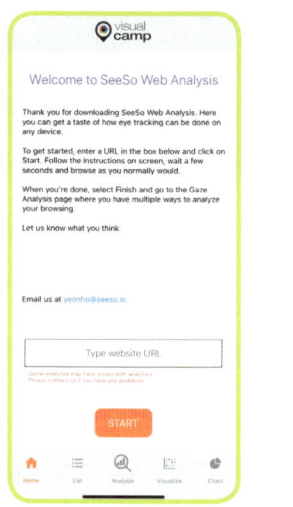

① 앱을 실행해요.

② [Type website URL]을 클릭하여 현대미술관 url을 쓰고, [START]를 클릭해요.

③ 눈동자의 위치를 확인하기 위해 가운데 원이 나와요. 스마트 기기를 정면에 놓고 원을 바라보세요.

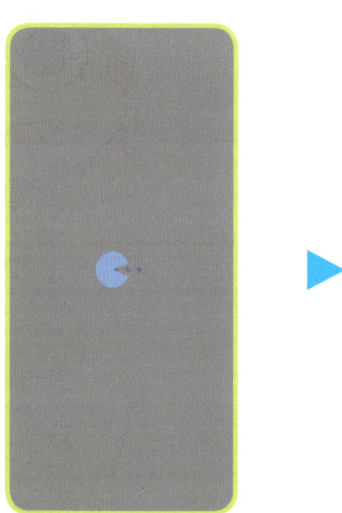

④ 눈의 위치가 인식되면 사이트로 이동해요.

⑤ 눈동자의 위치가 붉은색 원으로 나타나요. 눈을 움직이면 바라보는 곳으로 원이 이동해요. 왼쪽 아래의 [Cursor]를 클릭하면 붉은색 원이 보이지 않아요.

⑥ 드래그하면서 국립현대미술관 사이트를 구경해요. 이때 다른 페이지로 클릭하여 넘어가면 상단의 [page]가 바뀌어요.

트래킹이 잘되면 상단의 Tracking에 Good이, 잘 되지 않으면 Bad가 나와요.

···· 앨리스의 AI월드 탐험기

4 분석 결과를 알아보아요.

 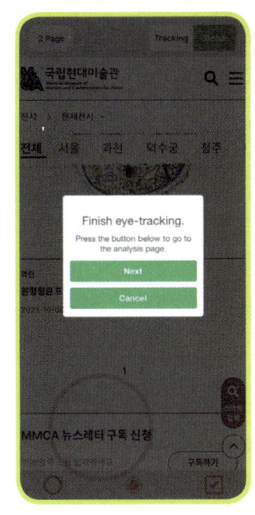 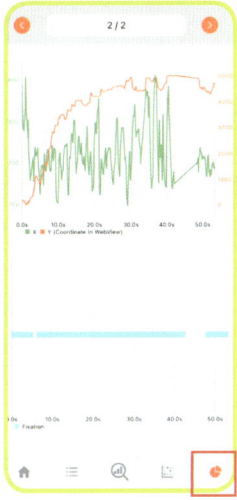

① 사이트를 모두 봤다면 오른쪽 아래의 [Finish]를 클릭해요.

② 아이트래킹을 끝낼지, 계속할지를 선택해요. [Next]를 누르면 분석 화면으로 이동해요.

③ 사이트의 시선을 분석한 결과가 나와요. 기록 시간, 고정 시간, 시선 기록 횟수, 고정된 횟수를 안내해요.

④ 아래쪽의 [Visualize]를 클릭하면 시선이 어느 곳에 얼마나 오래 머물러 있는지 색으로 나타나요. 오래 머물러 있을수록 붉은색을 띠어요.

⑤ [Heatmap]을 클릭하면 시선 기록 횟수로 시선의 흐름이 보여요.

⑥ 아래쪽의 [Chart]를 클릭하면 시선의 x, y 좌표와 시선 고정 시간이 그래프로 나와요.

친구들과 SNS에 들어가서 어떤 부분에 관심이 있는지 아이트래킹으로 분석해 보면 재미있을 것 같아요!

⑦ 아래쪽의 [List]를 클릭하면 분석했던 기록이 남아 있어요.

14. 눈으로 말해요

내 눈을 따라 움직이는 시소(SeeSo) 웹 버전

[데모 체험하기]에서 스크롤을 아래로 내리면 시소 웹 버전이 있어요.
[웹 데모 체험하기]를 클릭해서 확인해 보세요.

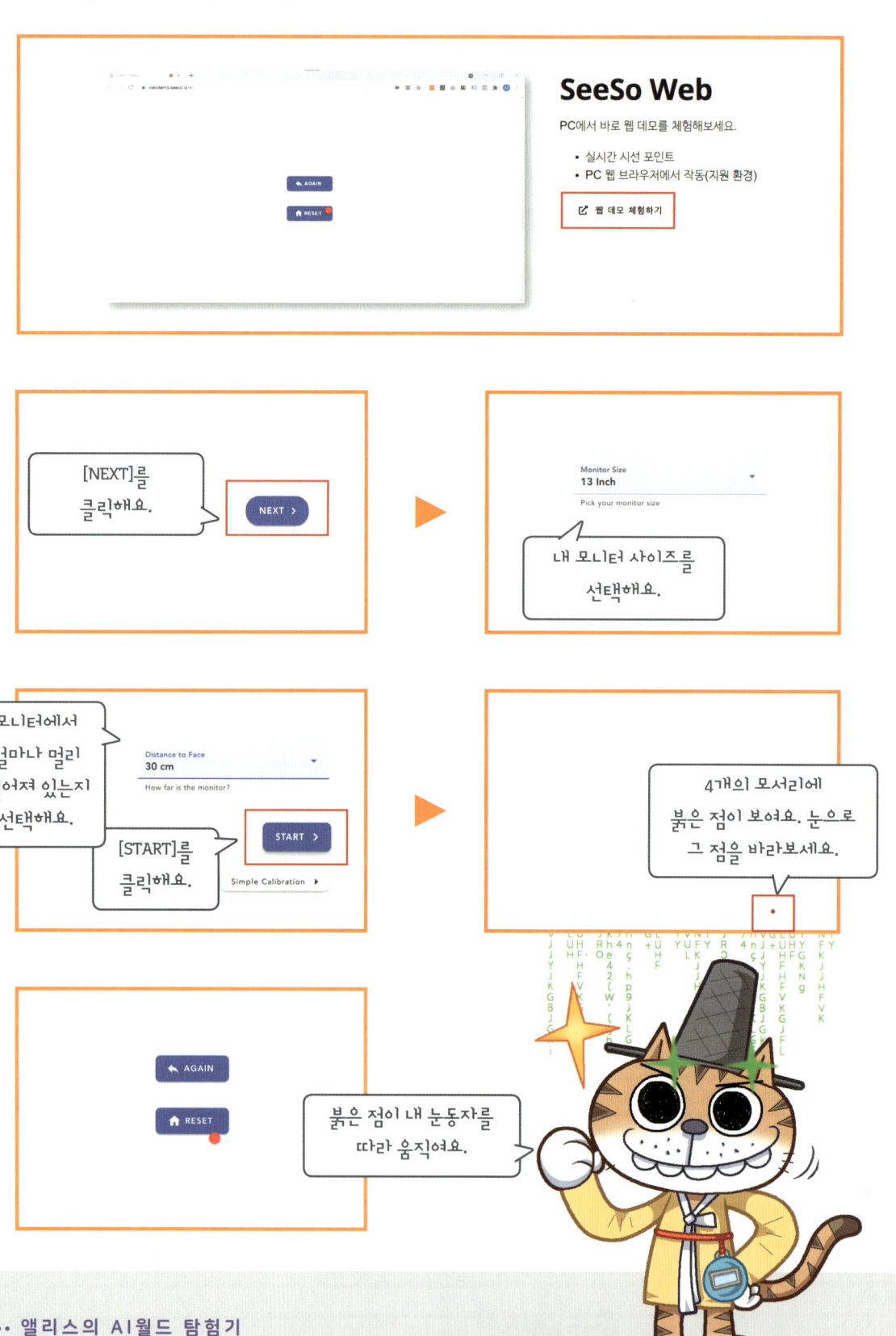

98 •••• 앨리스의 AI월드 탐험기

15

체셔의 몽타주를 그려요

이미지 투 이미지

인공지능을 이용해 내가 스케치한 그림을 사진으로 표현해 보세요.

미션 미리 보기

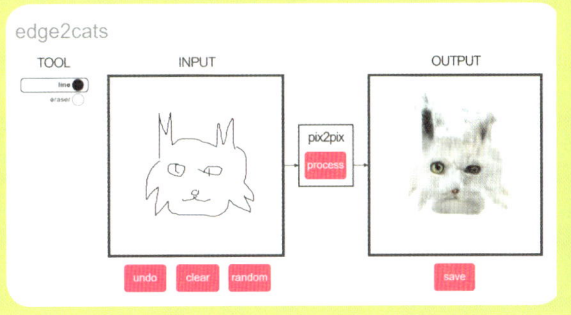

펜으로 고양이의 모습을 스케치하면 인공지능이 알아서 고양이 사진으로 바꿔 줘요.

이미지 투 이미지를 알아볼까요?

이미지 투 이미지는 GAN(Generative Adversarial Network)이라는 인공지능 기술을 이용한 것으로, 스케치를 하면 스케치와 비슷한 형태의 사진이 출력되는 인공지능 서비스예요. 그려 볼 수 있는 이미지로는 고양이, 건물, 신발, 핸드백이 있지요. 체셔의 얼굴을 펜으로 그려 사진으로 만들어 보세요.

1 **이미지 투 이미지 사이트로 이동해요.**

affinelayer.com/pixsrv

2 **edge2cats의 사용 방법을 알아보세요.**

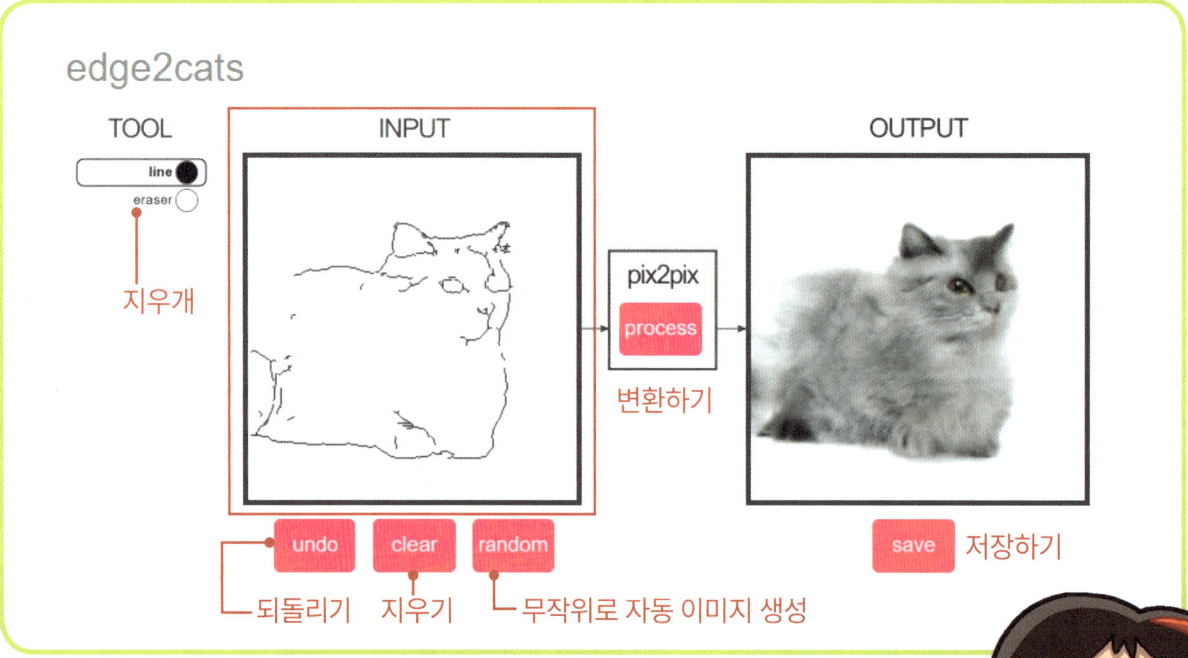

▲ 왼쪽 [INPUT]에 그림을 그리고 가운데 [process]를 클릭하면 [OUTPUT]에 결과가 나와요.

> 내 얼굴을 그릴 수 있다고? 어림없지. 나만의 독특한 개성은 인공지능이 학습할 수 없을 걸? 나는야, 미묘~냥~

> 인공지능의 능력을 얕보지 마.

3 고양이 그림을 그려요.

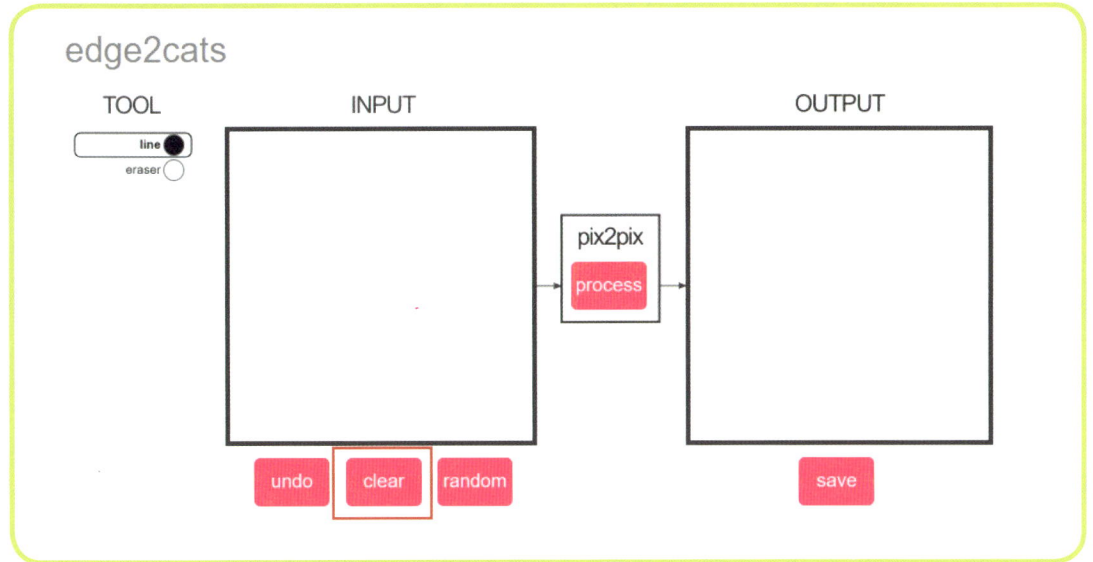

① [clear]를 눌러 이미지를 모두 지워요.

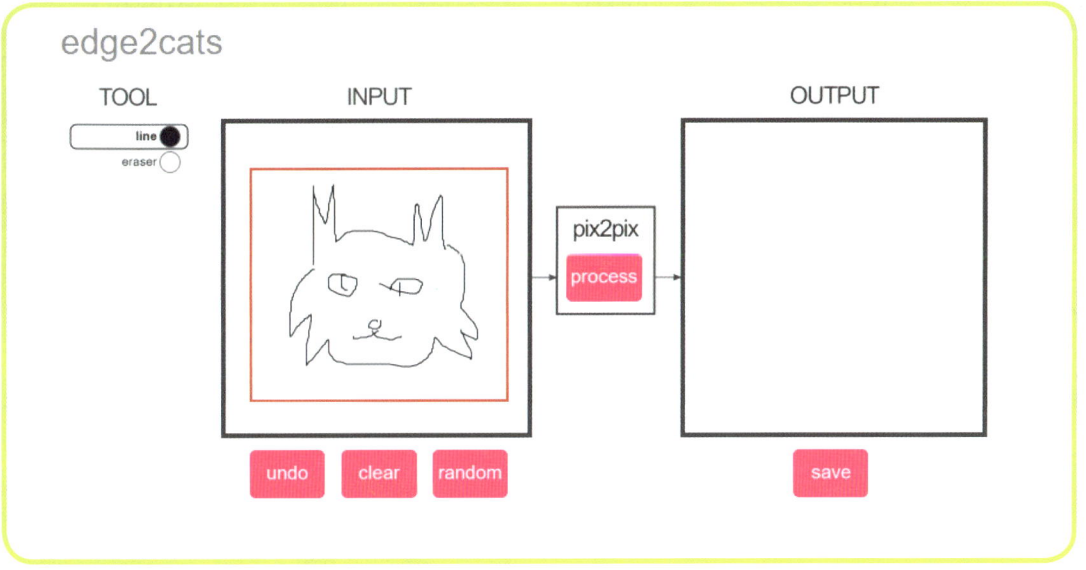

② 고양이의 특징을 살려 선으로 그림을 그려요. 지우개로 지우거나 [undo], [clear] 버튼을 이용해서 수정하며 완성해요.

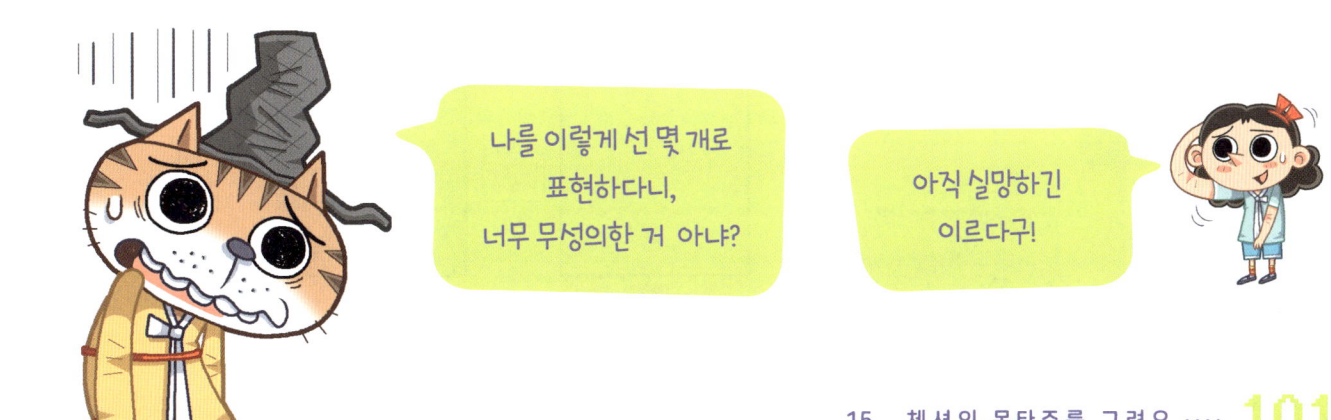

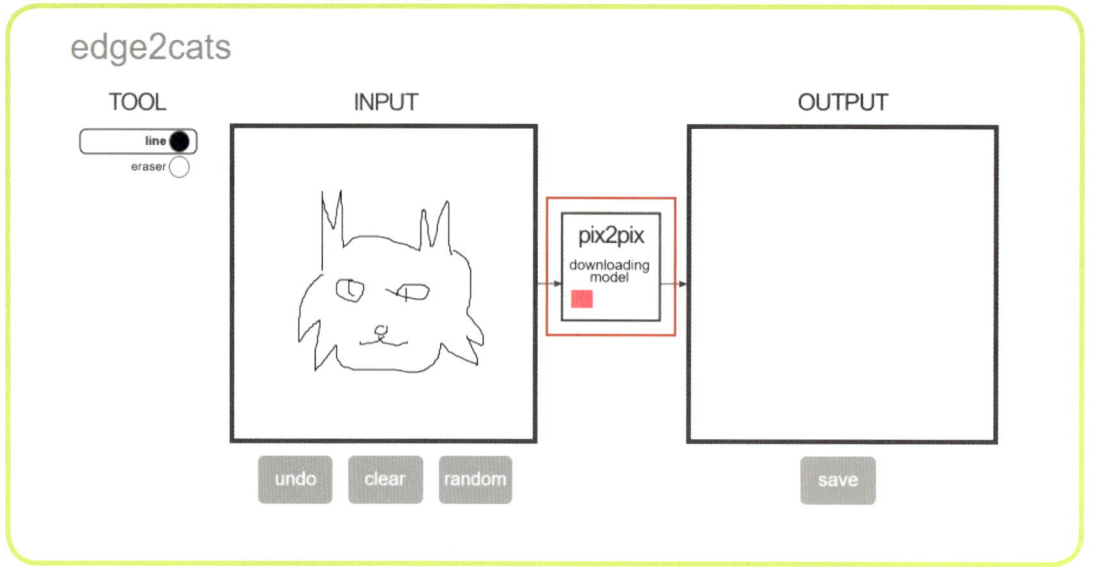

③ 고양이 그림이 완성되면 [process]를 클릭해요. 그러면 인공지능이 그림을 인식하고 처리해요.

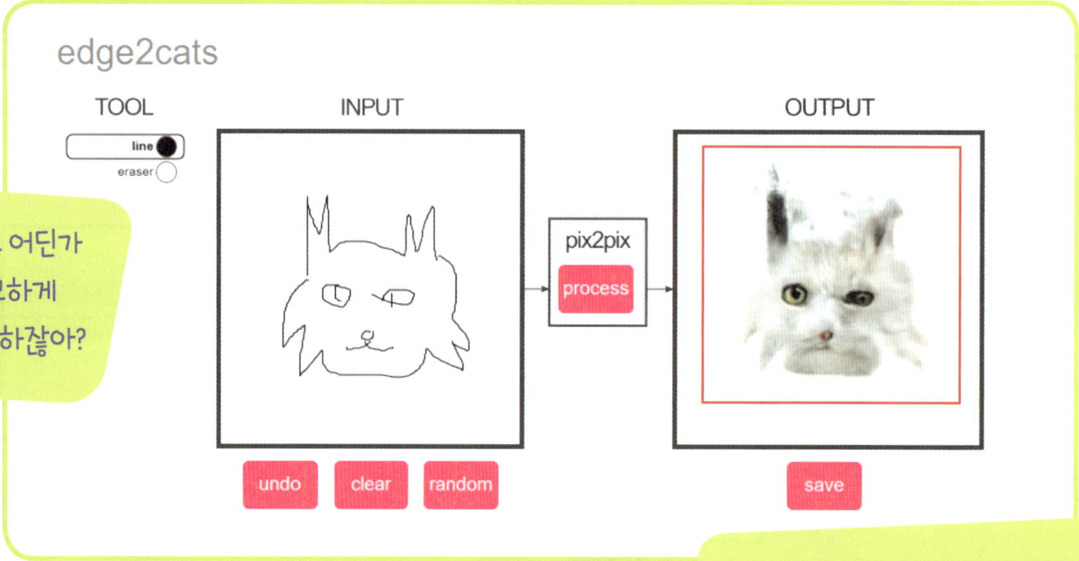

▲ 완성된 그림을 확인해요.

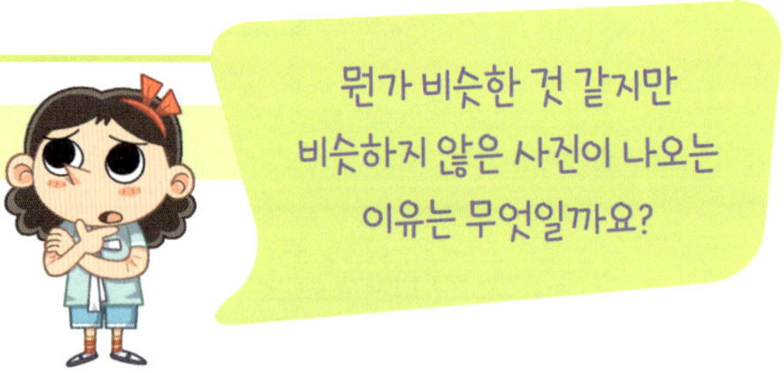

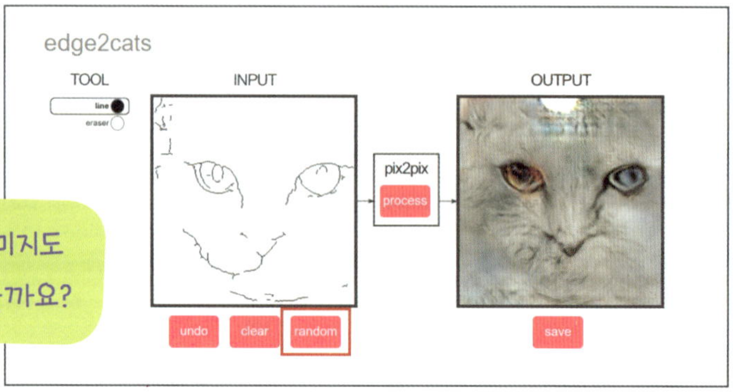

이미지 투 이미지로

건물과 구두, 가방 그리기

건물에는 세부적으로 설정할 수 있는 부분이 많이 있어요. 왼쪽에 배경, 벽, 문, 창문 등 건물의 구성 요소를 구분하여 스케치하면 인공지능이 이해할 수 있지요.

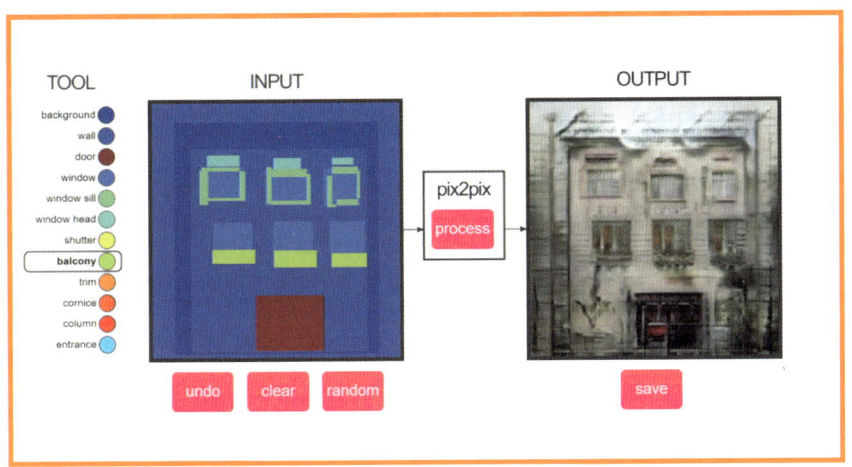

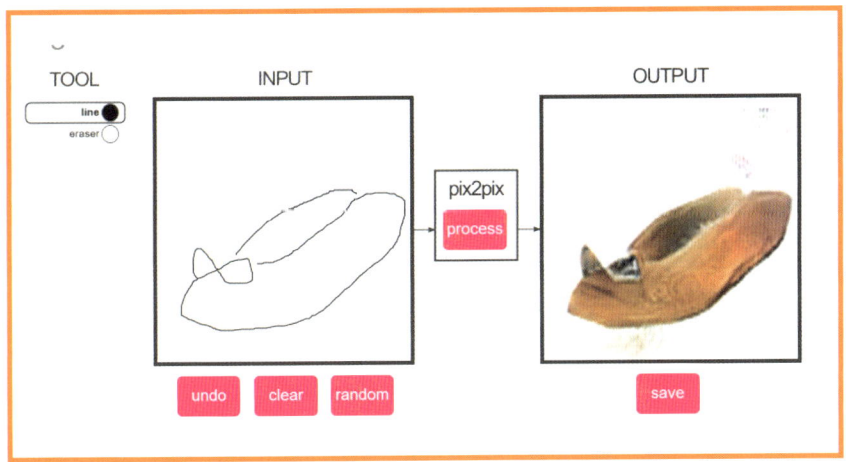

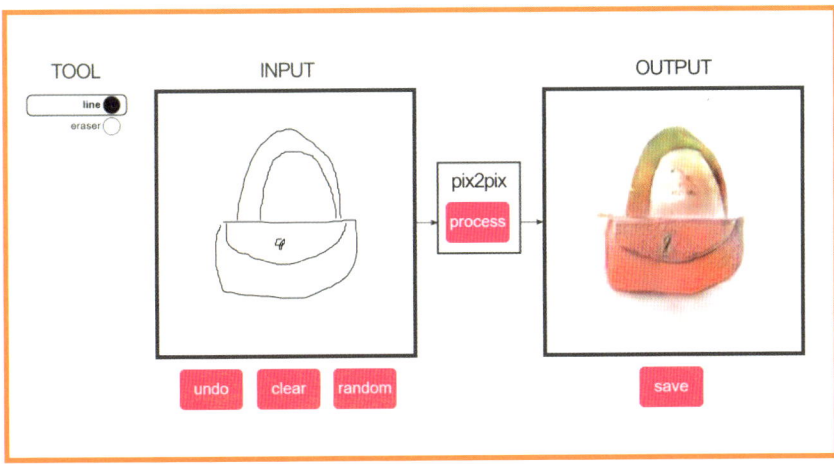

15. 체셔의 몽타주를 그려요 · · · · 103

티처블 머신 ①

16
체셔와 시계 토끼를 구분해요

이미지 프로젝트

고양이와 토끼의 이미지를 학습하여 분류하는 인공지능 모델을 만들어 보세요.

미션 미리 보기

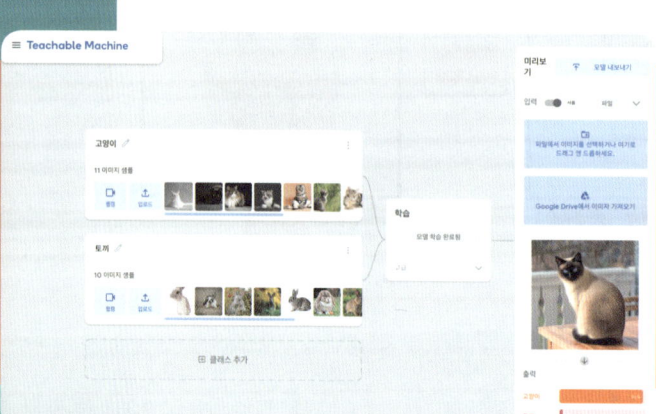

고양이와 토끼를 분류하는 인공지능 모델을 만들어, 새로운 사진을 입력하면 고양이인지 토끼인지 인공지능이 자동으로 인식하여 분류해 줘요.

티처블 머신을 알아볼까요?

티처블 머신(Teachable Machine)은 코딩을 모르더라도 인공지능의 한 분야인 머신러닝을 쉽게 배우고 체험할 수 있도록 만든 학습 도구예요. 이미지 샘플을 모아 클래스를 나누고, 학습에 필요한 데이터를 추가하여 인공지능을 학습시킬 수 있지요. 아래의 학습 단계를 따라하며 우리도 인공지능 모델을 만들어 봐요.

1 티처블 머신 사이트로 이동해요.

teachablemachine.withgoogle.com

2 학습 단계를 확인해요.

학습 단계는 [모으기]-[학습시키기]-[내보내기]로 이루어져 있어요.

모으기 인공지능을 학습시킬 데이터를 모아서 클래스별로 학습 데이터를 분류해요.	**학습시키기** 모은 데이터를 분류하도록 학습을 시켜요. 학습 후에는 제대로 분류하는지 테스트를 해요.	**내보내기** 학습이 끝나면 결과가 나와요. 완성된 인공지능 모델을 사용할 수 있도록 사이트나 앱에 공유해요.

3 티처블 머신에서 학습할 수 있는 모델을 알아봐요.

	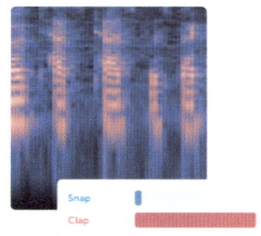	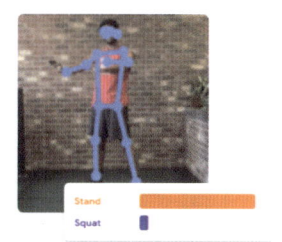
이미지 이미지 파일을 이용하거나 웹캠(컴퓨터에 연결하여 사용하는 카메라)으로 사진을 찍어 이미지를 분류하는 모델을 만들어요.	**사운드** 오디오 파일을 사용하거나 마이크로 짧은 사운드 샘플을 녹음하여 음성을 분류하는 모델을 만들어요.	**자세** 파일에서 가져온 이미지, 또는 웹캠에서 자세를 취해 몸의 자세를 분류하는 모델을 만들어요.

고양이과 토끼를 구분하는 모델을 만들어 볼까요?

1 [시작하기]를 클릭해요.

2 새 프로젝트 중 [이미지 프로젝트]를 선택해요.

3 [표준 이미지 모델]을 선택해요.

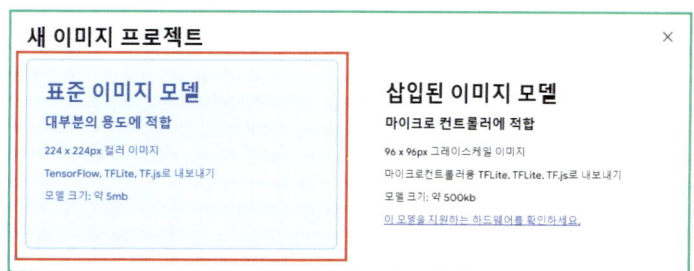

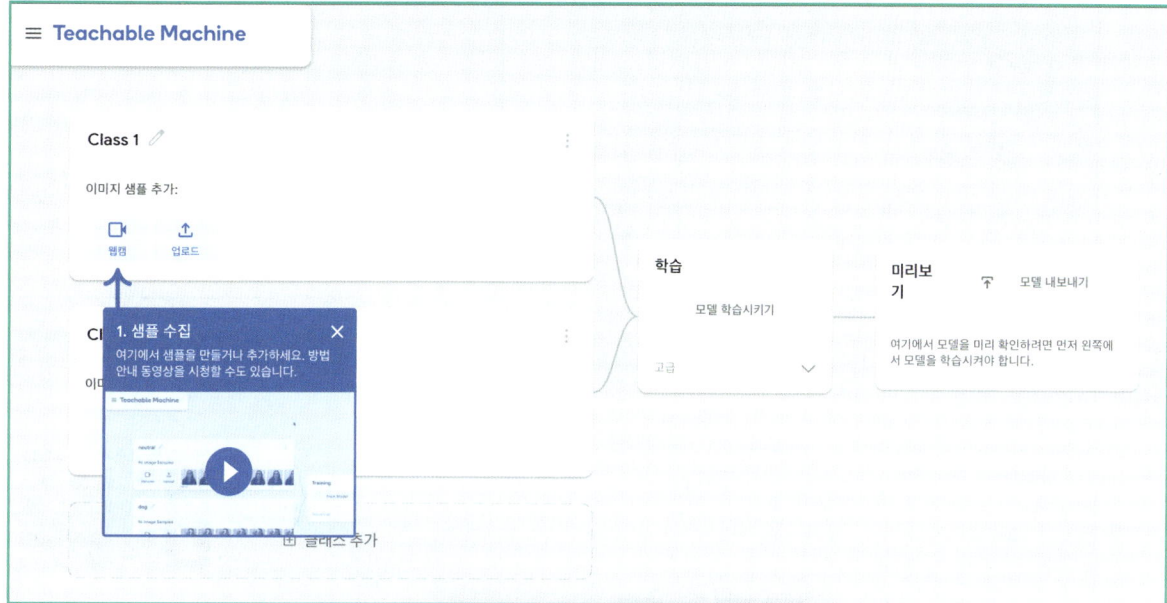

4 고양이와 토끼로 클래스를 나누어요.

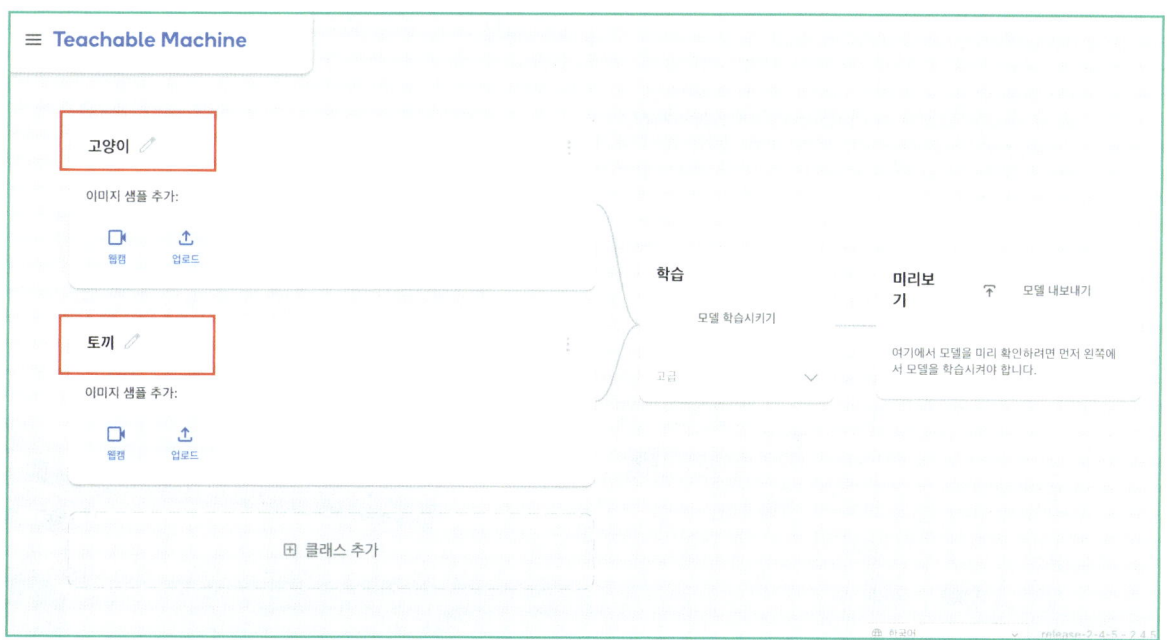

5 각각의 클래스에 준비한 이미지를 업로드해요.

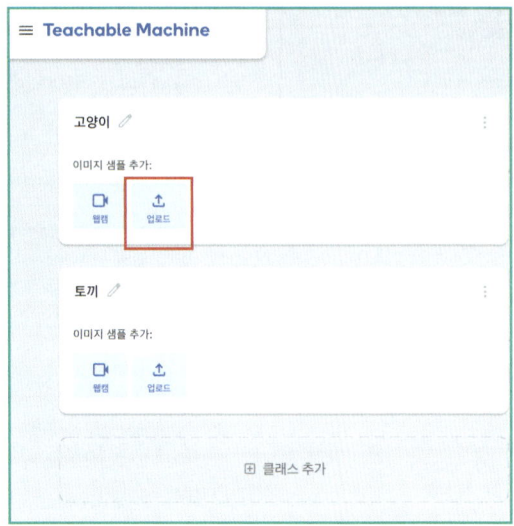

▲ 고양이 클래스의 [업로드]를 클릭해요.

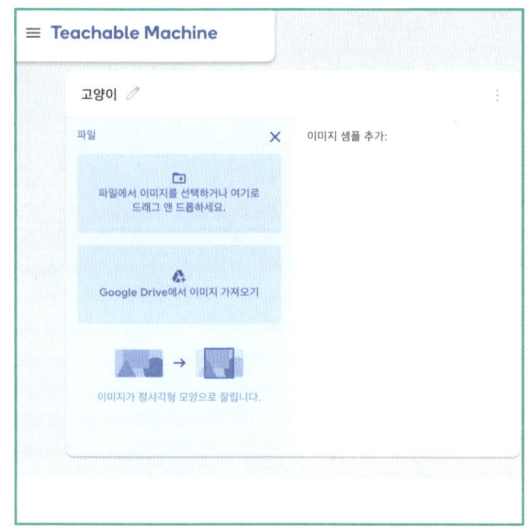

▲ 준비한 고양이 이미지를 고양이 클래스에 드래그해요.

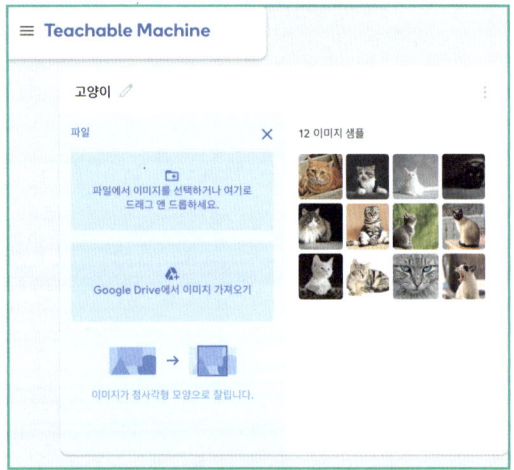

▲ 업로드한 고양이 이미지를 [이미지 샘플]에서 확인할 수 있어요.

▲ 스크롤을 아래로 내려 토끼 클래스의 [업로드]를 클릭해요.

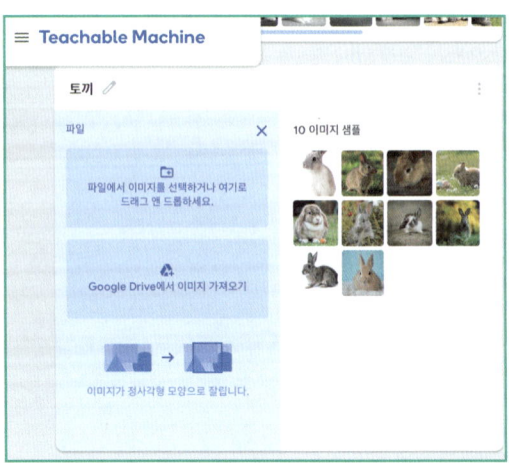

이미지를 수집할 때는 저작권에 신경 써야 해요. 픽사베이와 같은 무료 이미지 사이트를 이용하면 좋아요!

◀ 준비한 토끼 이미지를 토끼 클래스에 드래그해요. 업로드된 토끼 이미지를 [이미지 샘플]에서 확인할 수 있어요.

6 [모델 학습시키기]를 클릭해서 인공지능 모델을 만들어요.

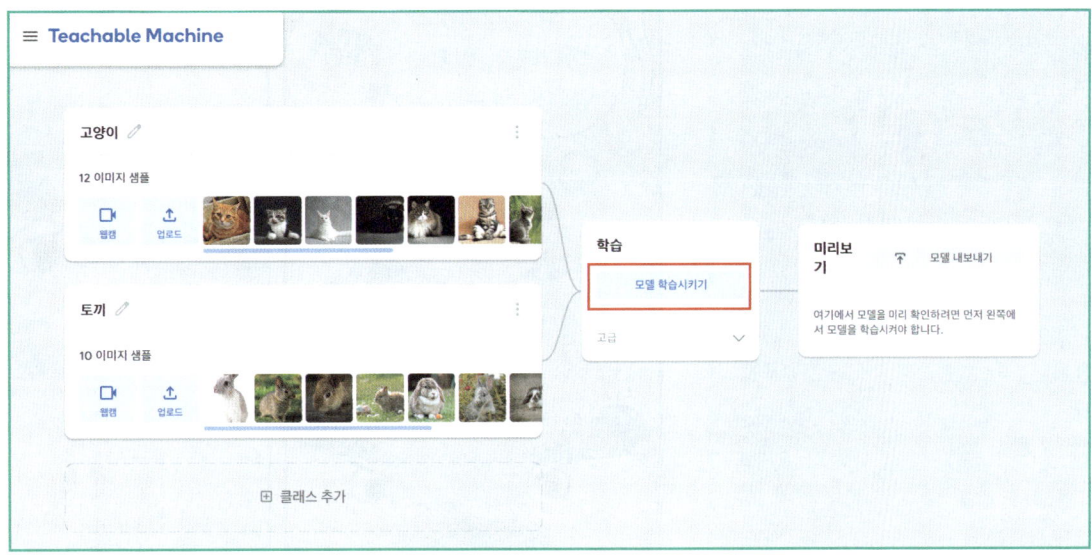

7 학습이 완료되면 [미리 보기]를 통해 새로운 이미지를 잘 분류했는지 확인해요.

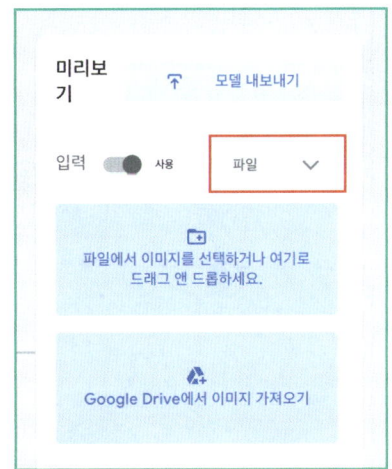

▲ 웹캠과 파일 중 준비한 이미지를 업로드하려면 [파일]을 선택해요.

◀ 학습에 사용하지 않은 새로운 고양이 데이터를 준비해 업로드하면 예측 결과가 하단에 확률로 나와요.

[모델 내보내기]를 클릭하면 완성된 인공지능 모델을 다른 프로그램에 활용할 수 있어요.

학습 데이터가 충분하지 않으면 특이한 자세의 고양이를 맞게 예측할 확률이 줄어들어요.

티처블 머신 ②

17 거기, 숨어 있는 자 누구요

오디오 프로젝트

오리, 앵무새, 도도새의 목소리를 학습하여 분류하는 인공지능 모델을 만들어 보세요.

미션 미리 보기

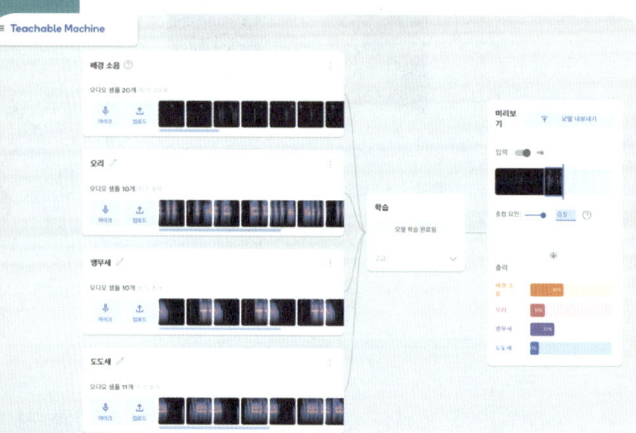

오리, 앵무새, 도도새의 목소리를 학습하여 분류하는 인공지능 모델을 만들고 새로운 목소리가 누구의 목소리인지 예측해 보아요.

소리를 구분하는 인공지능 모델을 만들어 볼까요?

1 티처블 머신 사이트로 이동해요.

teachablemachine.withgoogle.com

오디오 프로젝트는 입력되는 소리의 파장에 따라 여러 종류의 소리를 구분할 수 있어요.

2 새 프로젝트 중 [오디오 프로젝트]를 선택해요.

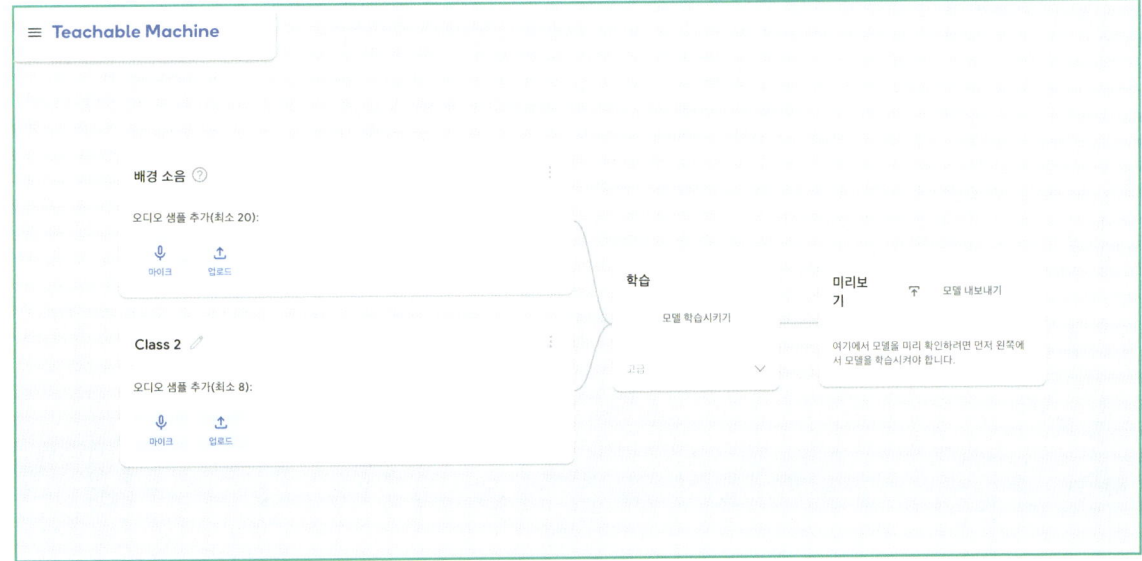

17. 거기, 숨어 있는 자 누구요

3 마이크를 켜서 배경 소음을 최소 20초 이상 녹음해요.

> 음성 인식이 잘 되려면 현재 내 주변에 어떤 소리가 들리는지 먼저 파악해야 해요.

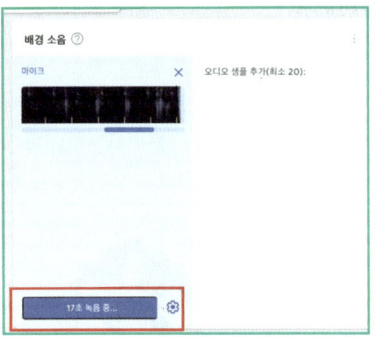

▲ [20초 녹화]를 눌러 오디오 샘플을 만들어요.

▲ 20초 녹화가 끝나면 [샘플 추출]을 클릭해요.

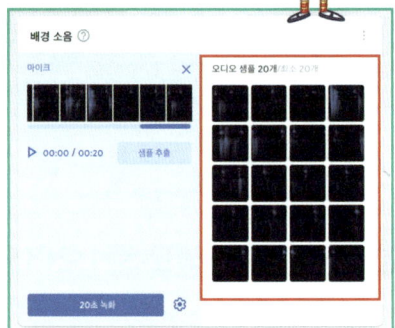

▲ 추출된 오디오 샘플을 확인할 수 있어요.

4 [클래스 추가하기]를 클릭해서 클래스를 오리, 앵무새, 도도새로 나누어요.

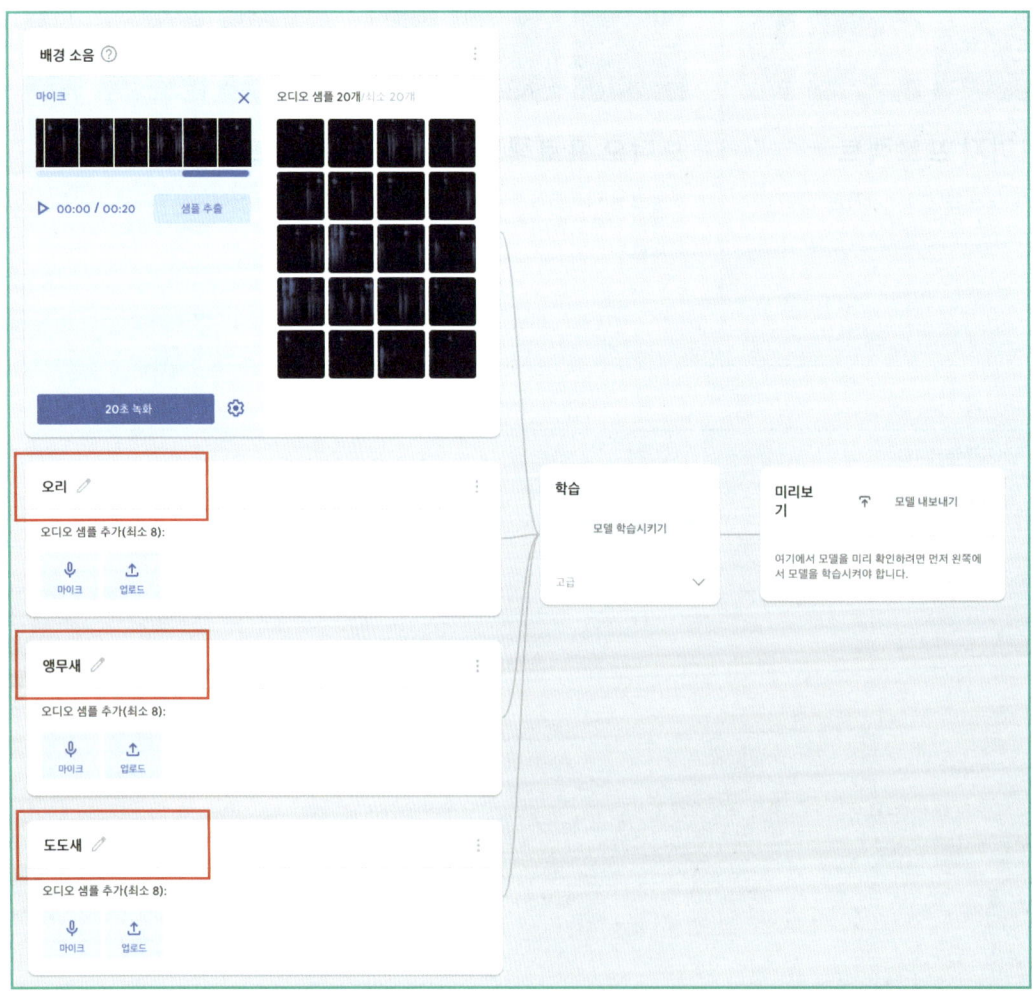

5 각각의 클래스에 들어갈 음성을 생각해요.

실제 새소리를 녹음해 이용해도 되지만, 우리는 새소리를 흉내 내서 녹음할 거예요.

동물의 특성을 생각하며 녹음할 음성을 정해 보세요.

오리 예) 꽥꽥, 쿠엑, 꿱	앵무새 예) 높은 톤으로 "앵무~ 앵무~ 앵~"
도요새 예) 도도도도~ 도~ 도~~	

6 [마이크]를 클릭해서 각 클래스에 들어갈 음성 학습 데이터를 녹음해요.

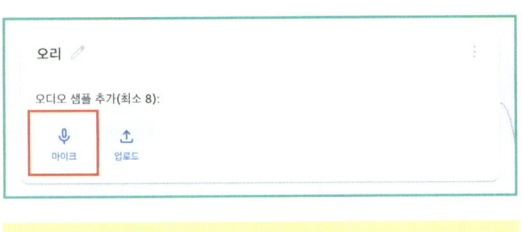

① [마이크]를 클릭해요.

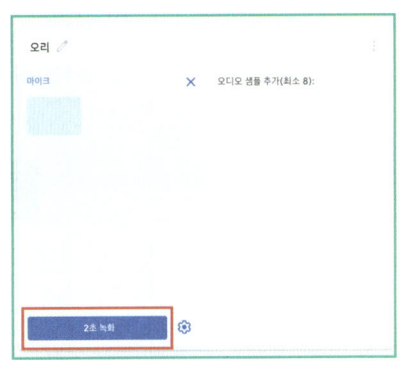

② 아래에 2초 녹화를 클릭해요.

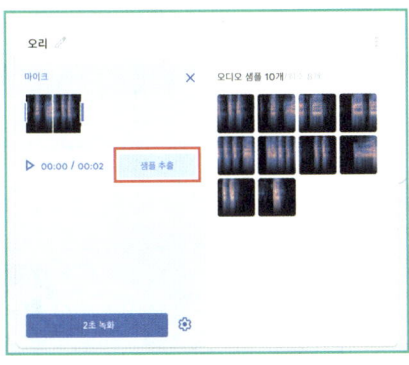

③ 샘플 추출을 클릭해서 오디오 샘플에 추가해요.

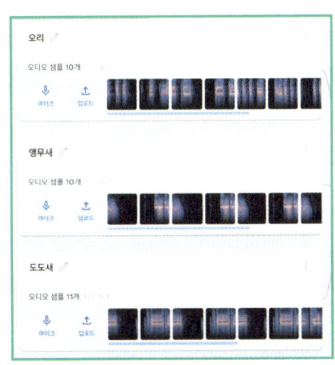

④ 앵무새와 도도새도 동일하게 학습 데이터를 준비해요.

7 [모델 학습시키기]를 클릭해서 인공지능 모델을 만들어요.

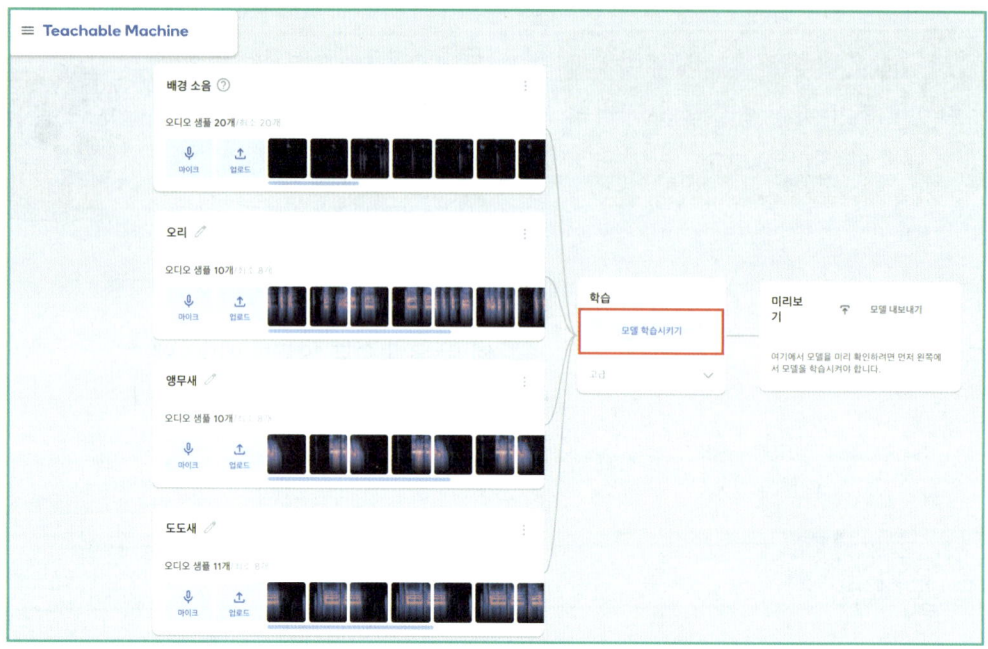

8 학습이 완료되면 [미리 보기]를 통해 새로운 음성을 잘 예측하는지 확인해요.
입력에 마이크가 계속 켜 있으므로 여러 가지 소리를 내어 학습 결과를 확인해요.

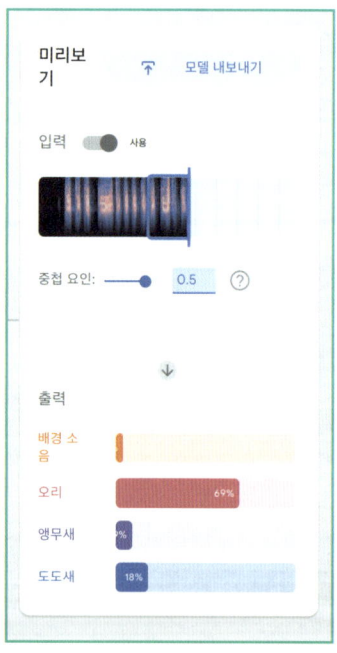
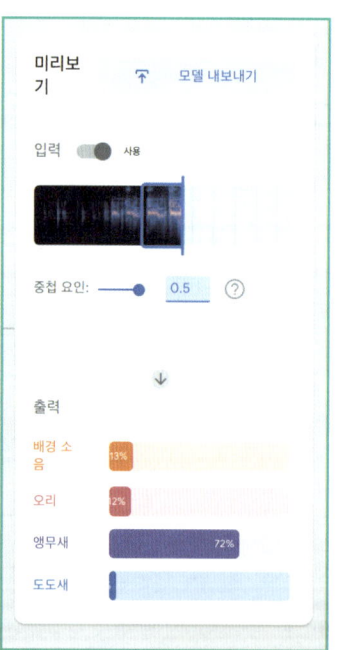
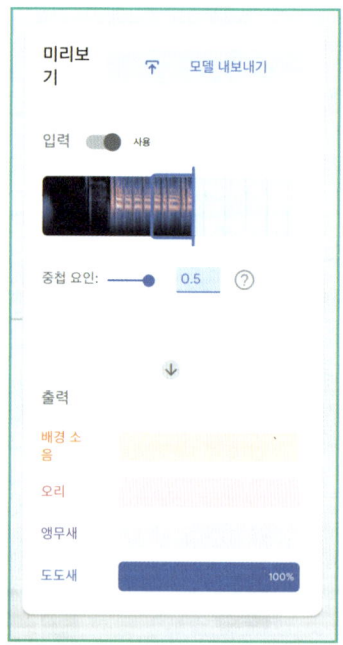

각 클래스에 들어가게 했던 소리를 생각해서 흉내 내어 보세요.

앵무앵무~~애앵~무.
아무래도 두 글자 이상이 되면 인식이 쉽지 않네. 잘 되지 않는 건 [학습 데이터]를 늘려서 다시 모델을 만들어야겠다!

인공지능으로 혹등고래 찾기

2018년, 미국해양대기협회(NOAA)는 인공지능을 이용해 방대한 음향 데이터 가운데 혹등고래의 노랫소리를 구별하여 고래의 위치를 파악하는 데 성공했어요. 구글 AI의 생물음향학 팀과 협력하여 인공지능 모델을 만들고, 음성 데이터 속에서 고래 소리를 구별하여 찾은 것이죠. 혹등고래의 위치는 눈으로 찾기 어렵기 때문에 수중에서 수백 킬로미터까지 들리는 독특한 소리로만 찾을 수 있대요. 이를 통해, 혹등고래의 서식지로 기록되지 않았던 '킹맨 암초 지대'에서 고래의 소리를 감지할 수 있었지요.

ⓒ Getty Images

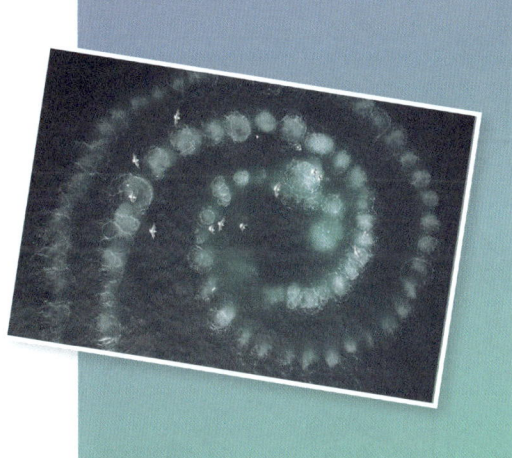

14년 동안 약 19만 시간이 녹화된 음향 데이터에서 사람이 고래의 소리를 찾는 것은 거의 불가능한 일이에요. 이는 인공지능이 있어 가능했던 일이랍니다. 데이터 결과를 토대로 서식지와 개체수를 파악하여 해양보호생물종인 혹등고래를 보호할 수 있게 되었어요.

· 출처: 국립해양대기청, 미국 상무부 https://www.fisheries.noaa.gov/science-blog/ok-google-find-humpback-whales
· 출처: 뉴스트리. <코알라, 침팬지, 고래까지... AI로 야생동물 보호한다> 김나윤 기자 2022.02.23. https://www.newstree.kr/newsView/ntr202202230008

티처블 머신 ③

18 모자 장수, 도와줘요

포즈 프로젝트

동작을 인식하여 분류하는 인공지능 모델을 만들어 보세요.

미션 미리 보기

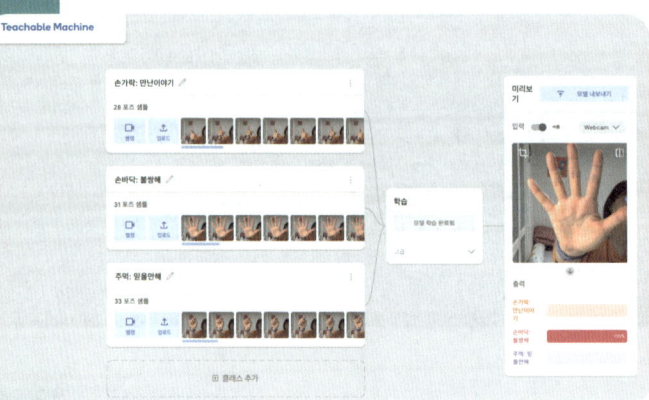

수신호를 학습한 인공지능이 사용자의 입력 수신호를 인식해 분류해요.

수신호를 분류하는 인공지능 모델을 만들어 볼까요?

1 티처블 머신 사이트로 이동해요.

teachablemachine.withgoogle.com

2 새 프로젝트 중 [포즈 프로젝트]를 선택해요.

포즈 프로젝트는 파일이나 컴퓨터에 연결된 카메라를 이용해요. 자세를 취하여 동작을 분류하도록 모델을 만들 수 있지요.

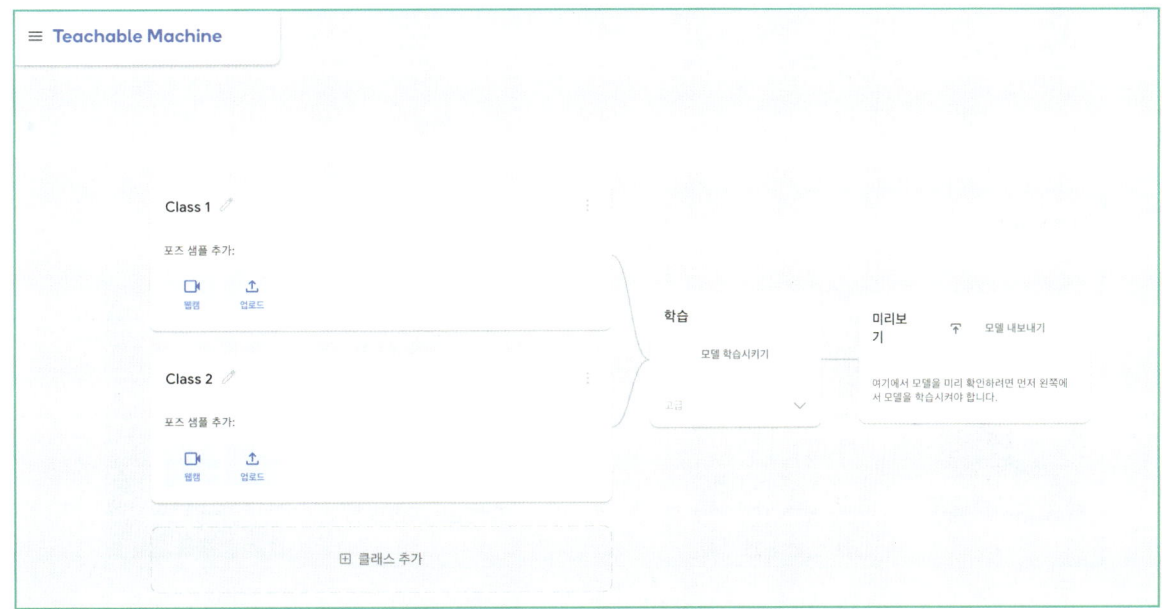

18. 모자 장수, 도와줘요

3 수신호에 라벨*을 붙여 종류별로 클래스를 나누어요.

> **라벨** 파일의 관리나 처리의 편의를 위하여 파일에 붙이는 특별한 항목 표시 기록.

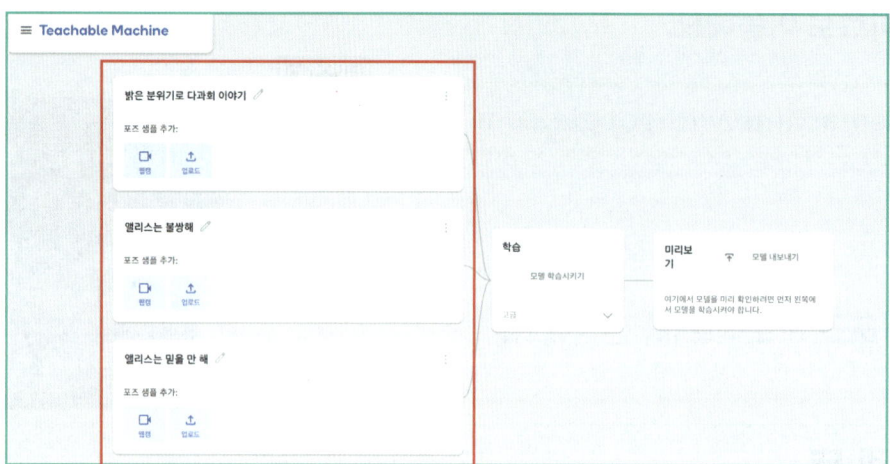

4 클래스별로 학습에 필요한 데이터를 만들어요. [웹캠]을 클릭해서 포즈 데이터를 만들어요.

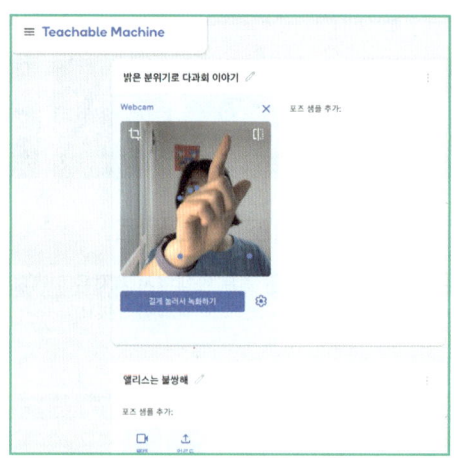

① 카메라에 수신호가 잘 잡히는지 확인하여 위치를 정해요.

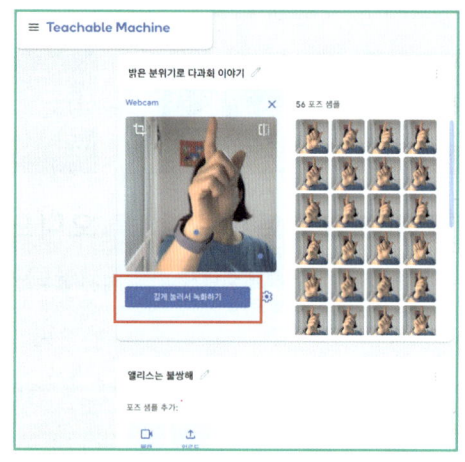

② [길게 눌러서 녹화하기]를 클릭하면 자동으로 여러 개의 데이터가 추출돼요. 인공지능이 여러 각도를 인식할 수 있도록 손을 돌려 움직이며 포즈 데이터를 만들어요.

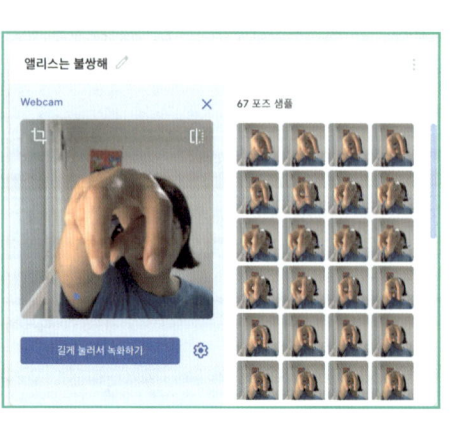

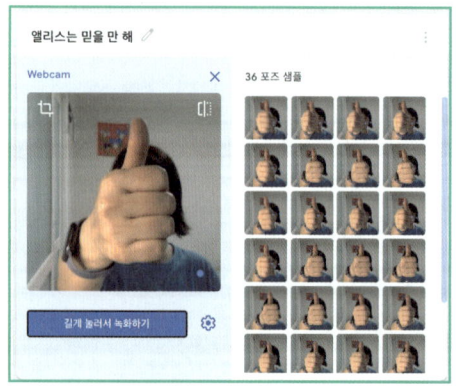

③ 다른 클래스에서도 같은 방법으로 포즈 데이터를 만들어요.

5 [모델 학습시키기]를 클릭해서 인공지능 모델을 만들어요.

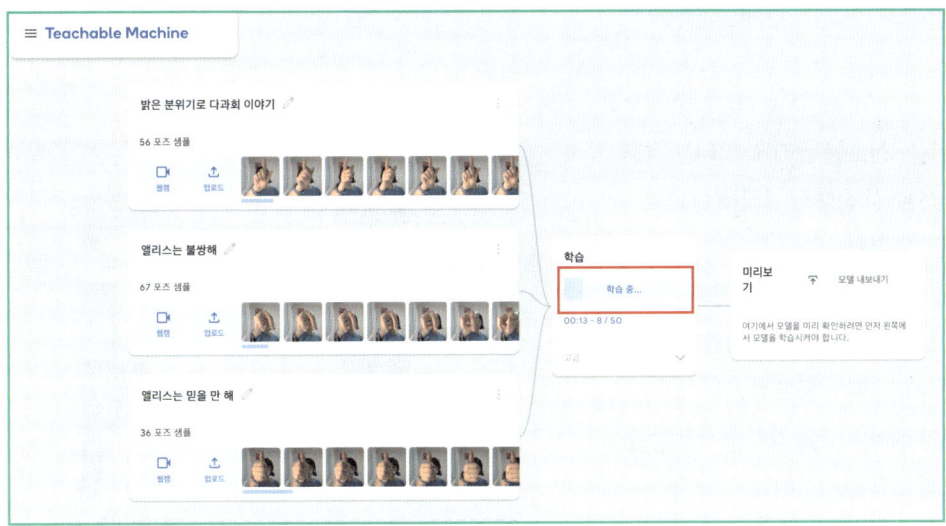

6 학습이 완료되면 [미리 보기]를 통해 새로운 이미지를 잘 예측하는지 확인해요. 입력에 카메라가 계속 켜 있으므로 여러 가지 수신호를 제시하여 학습 결과를 확인해요.

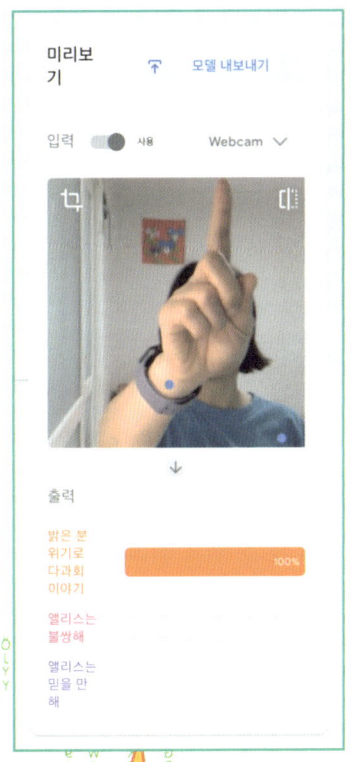 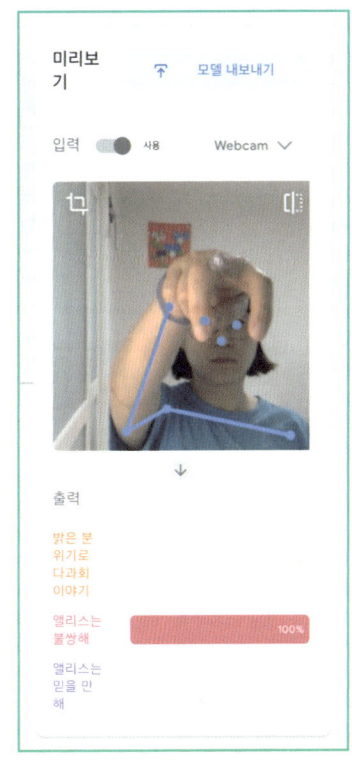 

손뿐만이 아니라 몸 전체로 포즈를 만들 수 있어요.

나의 기분을 동작으로 파악하여 알려 주는 인공지능 모델을 만들면, 친구들이 내 동작만 봐도 내 기분이 어떤지 알 수 있겠네?

18. 모자 장수, 도와줘요 · · · · **119**

우리 주변에서 볼 수 있는 다양한 수신호

수신호는 손으로 표현하는 신호를 말해요. 우리는 말을 하거나 들을 수 없는 상황에서 정해진 규칙을 손으로 표현해서 이야기할 때가 있어요.
우리 주변에서 볼 수 있는 수신호에는 어떤 것이 있을까요? 복잡한 도로에서 교통경찰을 본 기억이 있나요? 신호등에 문제가 생기거나 교통사고나 행사 등으로 자동차가 원활하게 이동하지 못할 때에는 교통 경찰관이 상황을 파악해 수신호로 도로의 흐름을 조절해요. 이때에는 신호등의 신호보다 경찰관의 수신호를 먼저 따라야 해요.

출처: 대한민국 경찰청 블로그
m.blog.naver.com/polinlove2/221371635987

ⓒ Pixabay

우리가 운동 경기를 하거나 볼 때에도 다양한 수신호를 볼 수 있어요. 야구나 축구, 농구 경기를 보다 보면 심판이 다양한 수신호로 경기의 진행, 선수들의 규칙 위반, 경기의 시작과 끝을 안내해요.

청각 장애인이 사용하는 언어인 수화 또한 수신호의 한 형태라고 할 수 있어요. 물론 수화는 손뿐만 아니라 팔, 얼굴, 머리 등 다른 부분을 함께 사용해서 표현하는데, 3,000개가 넘는 동작을 만들 수 있다고 해요. 이밖에 어떤 수신호가 더 있을까요?

우리만의 수신호 정하기

운동 경기에서는 심판이 다양한 수신호로 경기를 진행하고 규칙에 대해 안내를 해요. 야구 경기에서는 투수와 포수가 손으로 수신호를 하는 장면을 쉽게 볼 수 있죠. 상대 팀은 그 의미를 모르게 같은 팀의 팀원들끼리만 의미를 공유해요. 모자 장수만 알 수 있는 수신호를 만들어 볼까요?

동작	의미
예) ☝	밝은 분위기로 우리가 처음 만난 다과회 이야기를 해요.

활동지

18. 모자 장수, 도와줘요

에이아이 포 오션스

19
여왕님과 AI 윤리를 공부해요

데이터 편향의 문제점과 인공지능이 사회에 미치는 영향을 알아보세요.

> 나는 쟤가 마음에 안 들어. 짜증 나! 화가 나! 저 아이의 머리를 베라!

> 아무래도 여왕님이 윤리를 배우지 못해서인 것 같아. 내가 도와줘야지!

우~우~우
누가 감히
아 짜증
무슨 그런...

휘리리리릭

> 여왕님, 화가 날 땐 게임 어때요? 여길 보세요.

> 바닷속 게임? 물고기 잡는 게임인가?

따라 오세요

미션 미리 보기

물고기와 쓰레기를 구분하도록 학습시켜요.

학습 결과를 확인하고 데이터의 편향성에 대해 생각해요.

오션스(oceans)를 알아볼까요?

우리는 앞에서 인공지능의 한 분야인 머신러닝을 활용한 다양한 프로젝트를 해 보았어요. code.org의 오션스(oceans)는 머신러닝을 좀 더 쉽게 정리해 주고, 인공지능의 학습에 사용된 데이터가 한쪽으로 편향될 경우 발생할 수 있는 문제, 인공지능이 사회에 미치는 영향 등을 쉽게 시뮬레이션으로 설명해 줘요.

1 오션스 사이트로 이동해요.

code.org/oceans

2 여왕님과 함께 인공지능의 바다로 떠나 볼까요?

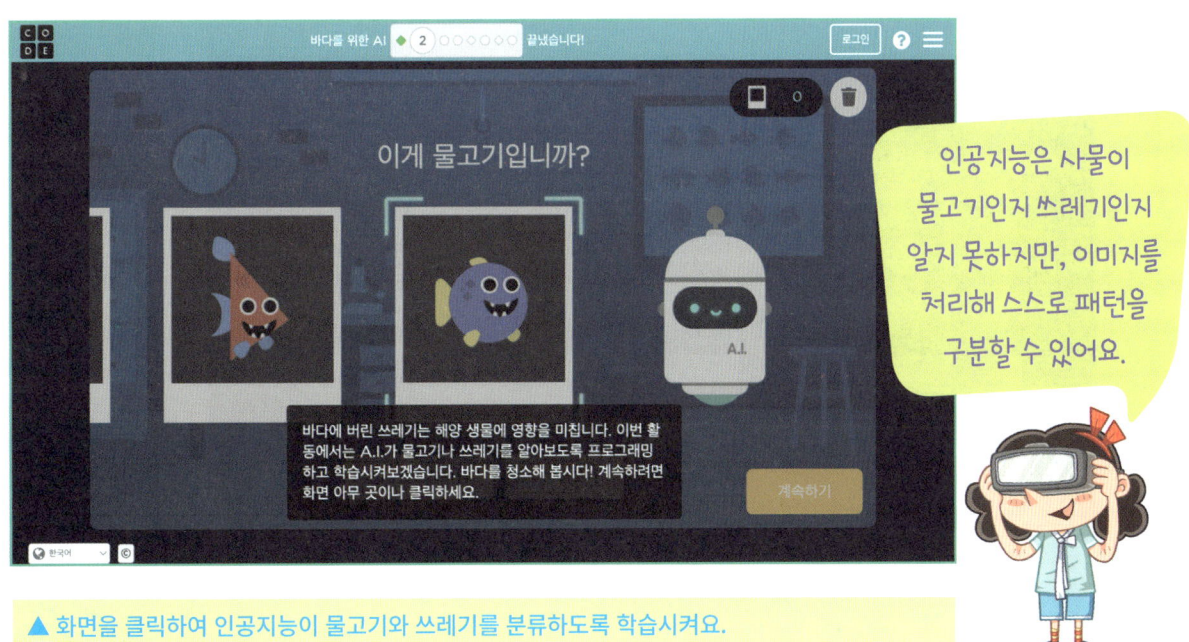

▲ [지금 해 보기]를 클릭하면 나오는 머신러닝에 대한 동영상을 확인하고 [계속하기]를 클릭해요.

> 사용 언어를 한국어로 바꾸면 동영상에 번역된 자막이 나와요.

> 인공지능은 사물이 물고기인지 쓰레기인지 알지 못하지만, 이미지를 처리해 스스로 패턴을 구분할 수 있어요.

▲ 화면을 클릭하여 인공지능이 물고기와 쓰레기를 분류하도록 학습시켜요.

19. 여왕님과 AI 윤리를 공부해요

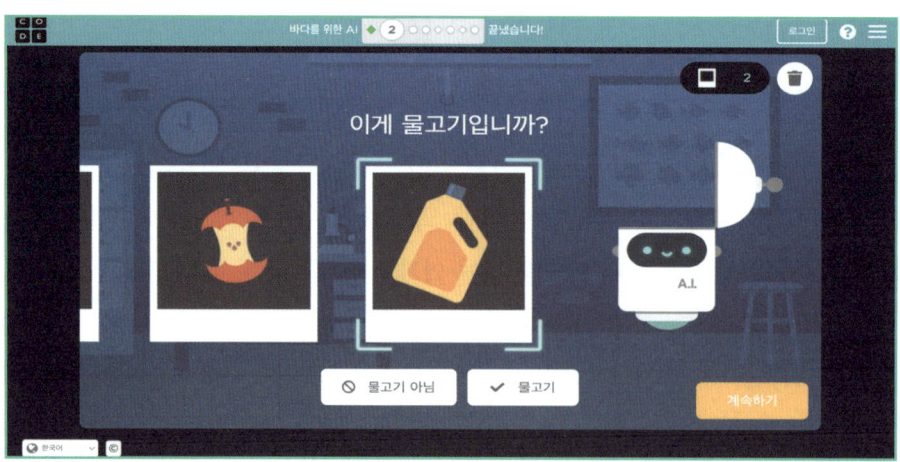

▲ 이미지가 물고기면 [물고기]를, 물고기가 아니면 [물고기 아님]을 클릭해 인공지능이 패턴을 인식할 수 있도록 해요.

▲ 학습 중간에 해양 오염과 관련된 다양한 정보를 안내해 줘요.

▲ 인공지능은 더 많은 데이터를 학습할수록 정확도가 올라간다는 안내가 나와요. 학습이 끝났다고 생각하면 오른쪽 하단의 [계속하기]를 클릭하세요.

인공지능에게 잘못된 데이터의 답을 가르쳐 주면 인공지능은 잘못된 답을 혼동해서 실수를 하게 돼요.

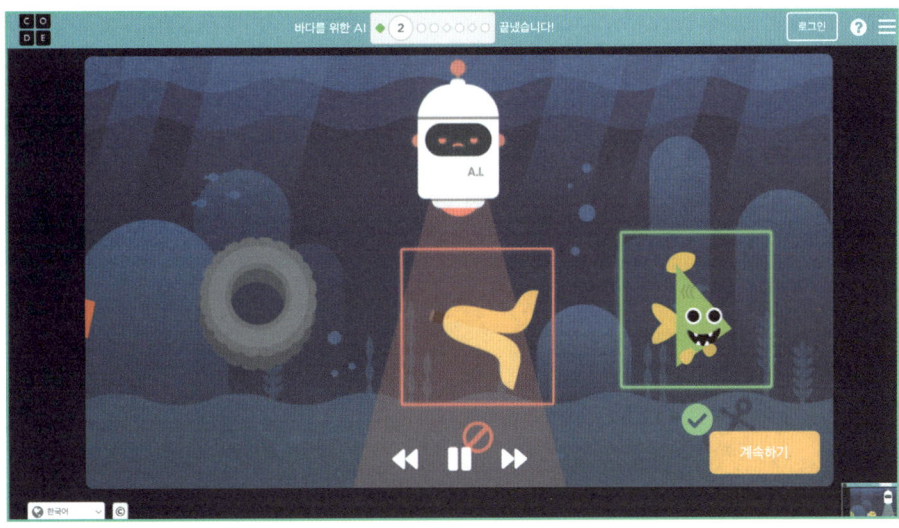

▲ [계속하기]를 클릭하면 학습한 내용에 따라 인공지능이 물고기를 잘 분류하는지 확인할 수 있어요.

▲ 인공지능이 좀 더 학습을 해야 하면 [학습 더 하기]를 클릭하고, 분류가 잘된다면 [계속하기]를 클릭해요.

▲ [실행]을 클릭해요.

19. 여왕님과 AI 윤리를 공부해요 · · · · 125

▲ 인공지능을 다시 학습시키기 위해 [계속하기]를 클릭해요.

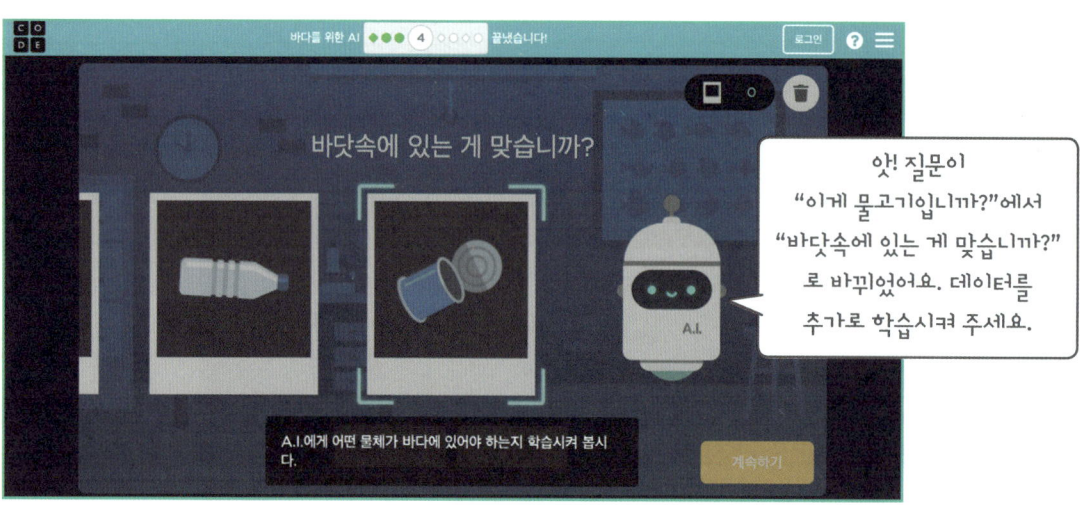

▲ 이미지가 해양 생물이면 [예], 해양 생물이 아니면 [아니요]를 클릭해 인공지능이 해양 생물도 분류할 수 있도록 학습시켜요. 학습이 끝나면 [계속하기]-[실행]을 클릭해서 결과를 확인해요.

3 인공지능의 학습 데이터가 한쪽으로 편향된다면 어떤 일이 발생할지 알아보아요.

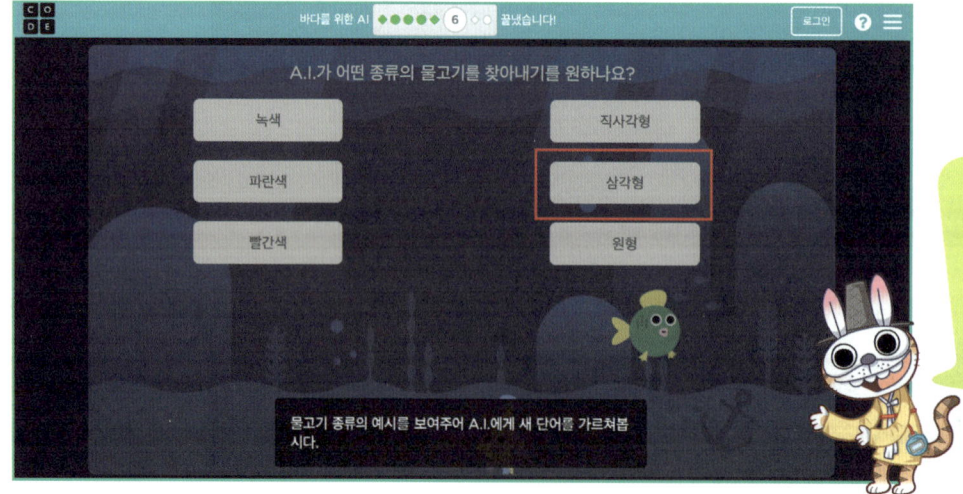

▲ 녹색, 파란색, 빨간색, 직사각형, 삼각형, 원형 등 다양한 모습의 물고기를 학습시켜요. 삼각형을 클릭해 보아요.

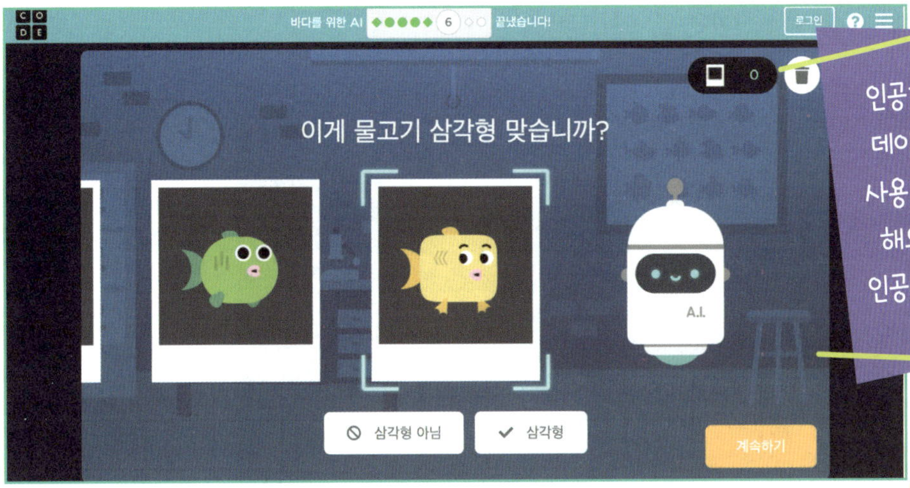

인공지능을 학습시키는 사람은 데이터가 편향되지 않고 모든 사용자를 대변하는지 고민해야 해요. 학습 데이터가 좋아야 인공지능의 학습 내용이 좋아요!

▲ 물고기가 '삼각형'인지 '삼각형 아님'인지 분류하도록 학습시켜요. 학습이 끝났다고 생각하면 오른쪽 하단의 [계속하기]를 클릭하세요.

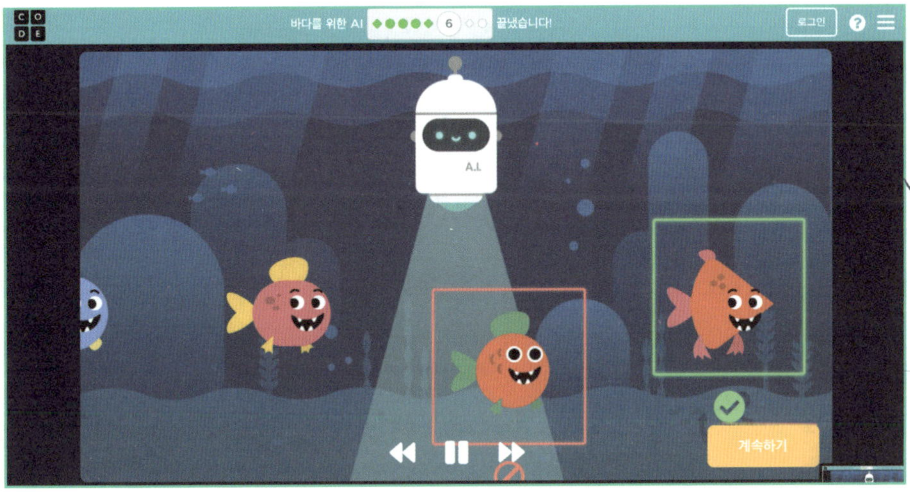

▲ [실행]을 클릭하면 학습한 내용에 따라 인공지능이 삼각형 물고기를 잘 분류하는지 확인할 수 있어요.

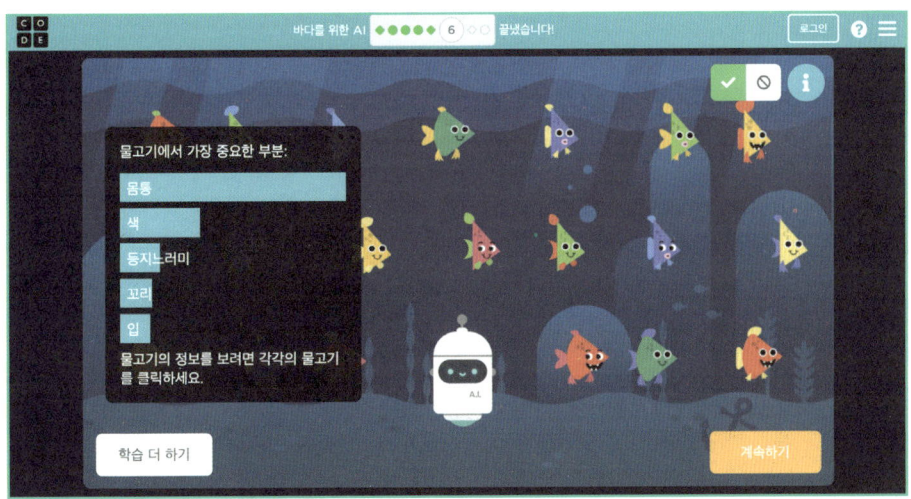

▲ [계속하기]를 클릭하면 다음 화면으로 넘어가요. 바뀐 화면의 오른쪽 상단에 있는 ⓘ(정보) 버튼을 클릭하면 인공지능이 물고기를 분류할 때 무엇을 중요하게 여기는지를 알려 줘요.

19. 여왕님과 AI 윤리를 공부해요

4 인공지능이 사회에 끼치는 영향을 알아봐요.

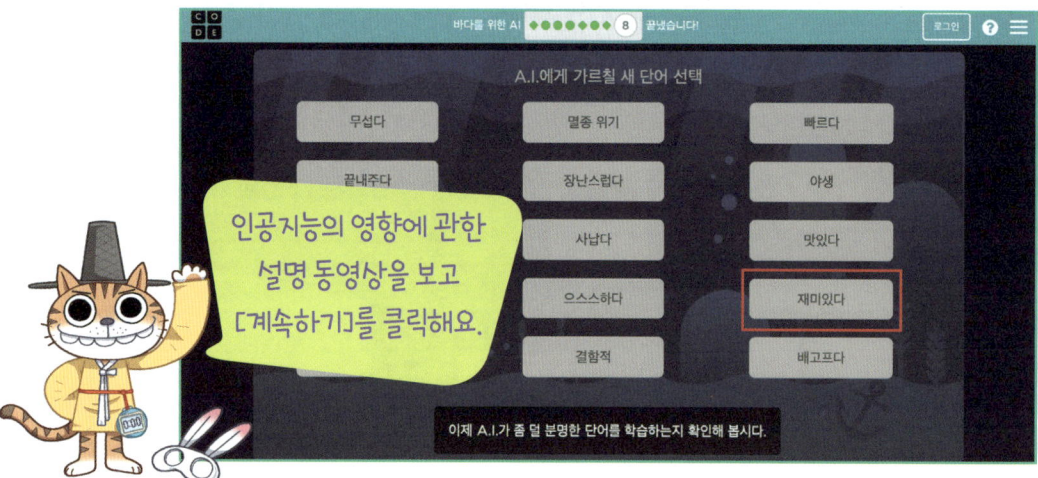

▲ 인공지능에게 분명하지 않은 단어를 학습시켜요. [재미있다]를 클릭해요.

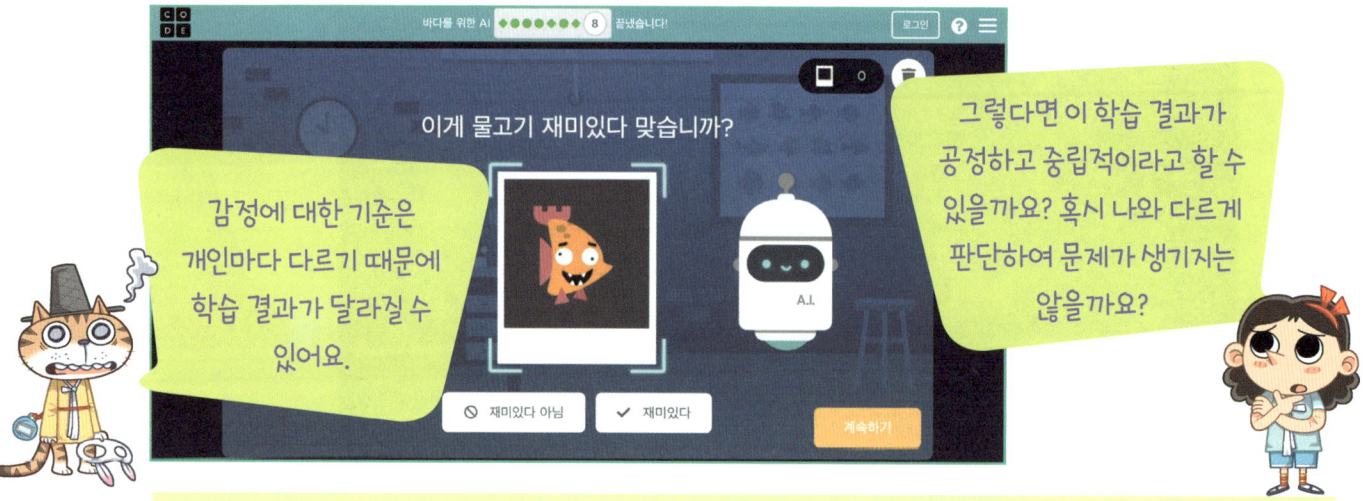

▲ 물고기가 '재미있다'인지 '재미있다 아님'인지 분류하도록 학습시켜요. 그리고 학습 중간에 나오는 질문으로 인공지능의 영향을 생각해 보아요. 학습이 끝났다고 생각하면 오른쪽 하단의 [계속하기]를 클릭해요.

▲ 인공지능이 분류한 결과를 한눈에 살펴보고, 학습이 더 필요하면 [학습 더 하기], 새로운 단어를 학습하고 싶으면 [새 단어], 학습을 끝내려면 [마침]을 클릭해요.

5 모든 학습을 마치면 수료증을 받을 수 있어요.

자율 주행차를 설계할 때 어떤 것을 고려해야 할까요?

자율 주행차를 설계할 때 생명을 지키는 기준에 대한 문제가 크게 대두되고 있어요. 이것을 '인공지능의 윤리적 딜레마'라고 하지요. 모럴머신은 자신의 생각을 시뮬레이션으로 확인해 보고 다른 사람들과의 생각 차이를 확인할 수 있는 사이트예요. [시작하기]를 클릭해서 두 가지의 극단적인 상황 중에 하나를 선택해 보세요.

moralmachine.net

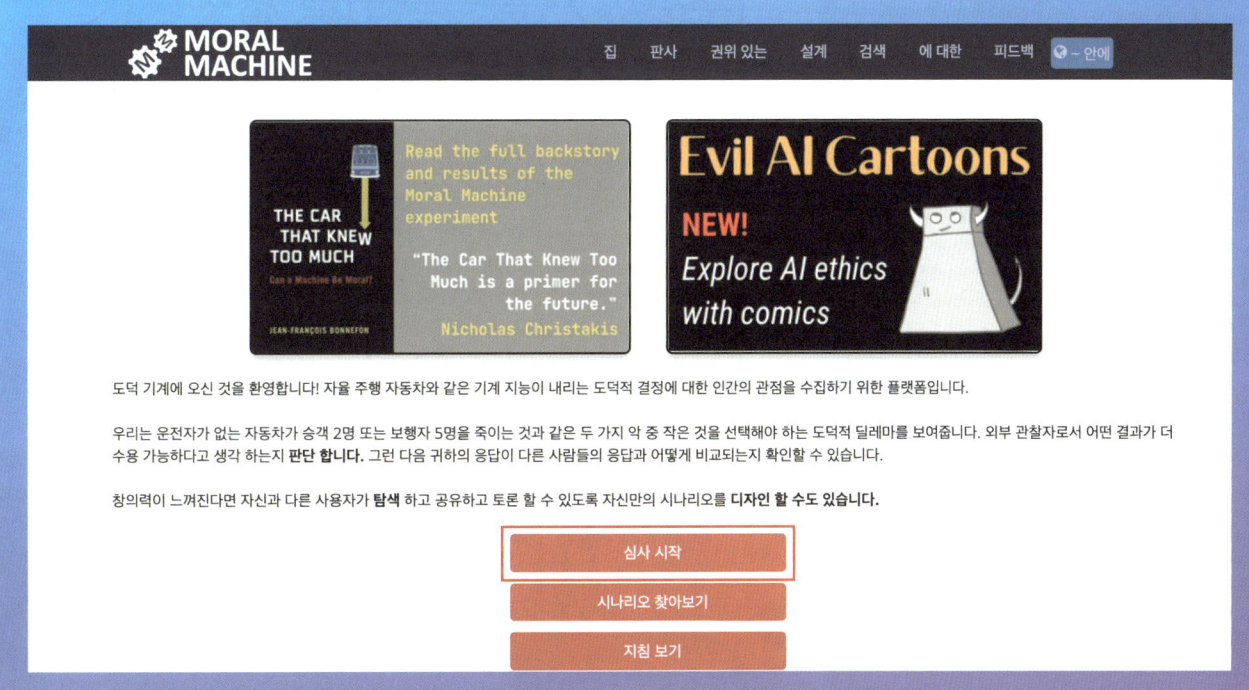

19. 여왕님과 AI 윤리를 공부해요 · · · · **129**

인공지능 윤리

20

AI와 함께 하는 세상을 만들어요

인공지능의 영향을 이해하고 인공지능 시대에 필요한 윤리를 생각해 보세요.

내가 어리석었다. 아무런 기준도 없이 나라를 통치하였구나! 앞으로 어떻게 해야 하지?

오..

부끄러워

인간성을 지키기 위한 규칙을 만들어야 해요.

규칙? 어떻게??

AI월드의 모든 구성원이 모여 '정의'라고 생각하는 내용을 의논해야죠!

체셔, 아니 시계 토끼 어서 앨리스를 집으로 데려다주어라.

미안...

드디어 집으로~!!!???!

오~ 예!!

미션 미리 보기

인공지능이 우리 사회에 끼치는 영향을 이해해요.

인공지능 윤리의 필요성을 이해해요.

인공지능이 우리 사회에 끼치는 영향을 알아볼까요?

인공지능의 발달은 미래 사회에 큰 영향을 끼칠 것이라고 해요. 우리의 의식주뿐만 아니라, 생각, 판단, 기억의 저장 등 다양한 분야에 인공지능이 활용될 거예요. 아래의 이야기가 상상이 아닌 현실이 될 날도 머지않았어요. 여러분도 인공지능 시대의 미래 모습을 자유롭게 상상해 보세요.

1 미래 인공지능 시대를 상상해요.

> "앨리스는 아침에 일어나 학교 갈 준비를 해요. 앨리스가 일어나서 움직이자 홈 제어 시스템이 알아서 방의 불을 켜 주고 창문도 열어 환기해 줘요. 책상에 있던 인공지능 스피커가 반갑게 인사하며 오늘 수업 준비물과 수업 과목을 안내해요. 욕실에서 씻고 나오니 식탁에는 자동으로 알맞은 온도로 데워진 식사가 준비되어 있어요. 식사를 하고 현관으로 나가다 보니 로봇 청소기가 열심히 청소를 하고 있네요. 앨리스가 학교에 도착하니 얼굴을 인식해 알아서 출석 체크를 해 주고, 부모님에게도 등교 사실을 안내해 주네요. 수업이 시작되었어요. 선생님이 오셔서 전자칠판에 모둠별 과제 결과를 공유해 주셨어요. 스마트 패드에 있는 인공지능 학습 관리 시스템이 나의 수준에 맞게 도움을 줘요. 집에 돌아와 미니 스마트팜 안에 있는 반려식물의 상태를 확인해요. 인공지능이 잘 관리해 주어서 예쁜 꽃을 피웠네요."

- 우리 집 강아지 탄이는 인공지능 로봇 강아지와 함께 놀아요. 산책을 갈 때도 로봇 강아지와 함께하니 안전해요.

- 인공지능이 내 얼굴만으로 감정을 파악해 내가 좋아하는 노래를 틀어 주거나 좋아하는 간식을 챙겨 줘요.

- 인공지능 비서가 엄마의 일을 보조해요. 그래서 엄마의 퇴근 시간이 빨라졌죠. 엄마와 보내는 시간이 늘어나서 참 좋아요.

- 인공지능이 과외 선생님이 되어 재미있게 공부하도록 도와줘요.

20. AI와 함께 하는 세상을 만들어요

2   인공지능이 우리 생활에 끼칠 긍정적인 영향과 부정적인 영향을 생각해요.

인공지능 기술의 발전으로 우리가 해결하지 못했던 문제를 해결할 수도 있고, 인공지능으로 인해 새로운 문제가 발생할 수도 있어요.

인공지능이 우리 생활에 어떤 영향을 끼칠까요?

긍정이: 인공지능 로봇의 발달로 몸이 불편한 장애인이나 노인의 불편함을 해소할 수 있어요.

부정이: 인공지능의 오류로 일어나는 의료 사고나 자율 주행차의 인명 피해를 누가 책임져야 하는지가 명확하지 않아요.

긍정이: 사람이 하기 힘든 일을 대신하여 편리한 생활을 할 수 있도록 도와줄 수 있어요.

부정이: 인공지능이 일자리를 대체해 사람의 일자리가 줄어들 수 있어요.

긍정이: 인공지능으로 자연재해를 예측하고 건물의 안전 관리를 할 수 있어요.

부정이: 인공지능이 무기로 활용되어 전쟁에 사용될 수 있어요.

긍정이: 얼굴 인식 기술을 이용하여 범죄자를 빠르게 잡을 수 있어요.

부정이: 인공지능을 이용해 거짓 정보를 만들어 유포할 수 있어요.

인공지능 윤리는 왜 필요할까요?

1 트롤리 딜레마를 알아봐요.

트롤리 딜레마는 위급한 상황에서 어떤 생명을 희생하고 어떤 생명을 살릴지에 대한 문제 상황을 말해요. 만약 여러분이 다음과 같은 상황에 있다면 어떤 결정을 하게 될까요?

상황 1

전차가 운행 중 이상이 생겨 제어 불능 상태가 되었어요. 이 상태로 가다가는 선로에 있는 5명이 치여 죽고 말아요. 그러나 다행히 전차의 방향을 변환할 수 있고, 그러면 다른 선로의 1명이 죽게 돼요. 당신은 선로를 변경할 건가요?

상황 2

철로 위의 육교에서 뚱뚱한 사람과 함께 이 상황을 목격하고 있어요. 뚱뚱한 사람을 철로 아래로 밀면 전차가 멈출 수 있다고 가정할게요. 당신은 이러한 상황에서 뚱뚱한 사람을 철로로 밀어 5명을 살릴 건가요?

많은 사람이 함께 좀 더 나은 선택이 무엇인지 토론하고 합의하는 과정에서 해결책을 찾을 수 있을 거예요.

정해진 답이 있는 것은 아니에요. 소중하지 않은 목숨은 없지요. 이런 위기 상황에서 우리는 어떤 판단을 할 지를 끊임없이 생각하고 토론해야 해요.

20. AI와 함께 하는 세상을 만들어요 **133**

2 인공지능에게도 윤리는 필요해요.

인공지능 기술의 발전이 어느 수준을 넘어서 사람보다 더 큰 능력을 갖추게 되는 때를 '특이점'이라고 해요. 이때가 되면 인공지능이 사람의 결정과 행동, 생각에 큰 영향을 끼치게 되지요. 인공지능의 사용이 확대될수록, 인공지능이 공정하게 작동할 수 있도록 윤리적인 측면을 고려해야 해요. 다음은 실제로 인공지능이 실패했던 사례예요.

성별 식별 인공지능 서비스, 출시 1주일 만에 종료

성별 식별 인공지능 플랫폼 '젠더리파이(Genderify)'가 성차별 문제로 2020년 7월 서비스를 시작한 지 1주일 만에 종료했어요. 젠더리파이는 사용자의 이름이나 이메일 주소를 분석해 사용자의 성별을 식별하는 서비스인데, '교수'를 입력하면 98.4% 확률로 '남성'이라고 식별하고, '어리석다'라는 단어에 대해서는 61.7% 확률로 '여성'이라고 판단했대요. 그리고 여성의 이름에 '박사'를 입력하면 '남성'으로 평가하기도 했대요.

AI타임스. <AI도 실수 많이 한다>. 박성은 기자. 2021. 01. 05.

잘못된 인공지능 사용의 결과를 줄이기 위해 세계 여러 나라와 기관에서는 인공지능 윤리 기준을 개발하고 있어요. 우리나라도 2020년 과학기술정보통신부를 중심으로 3대 기본 원칙과 10대 핵심 조건을 가진 '사람이 중심이 되는 인공지능 윤리 기준'을 발표하였어요.

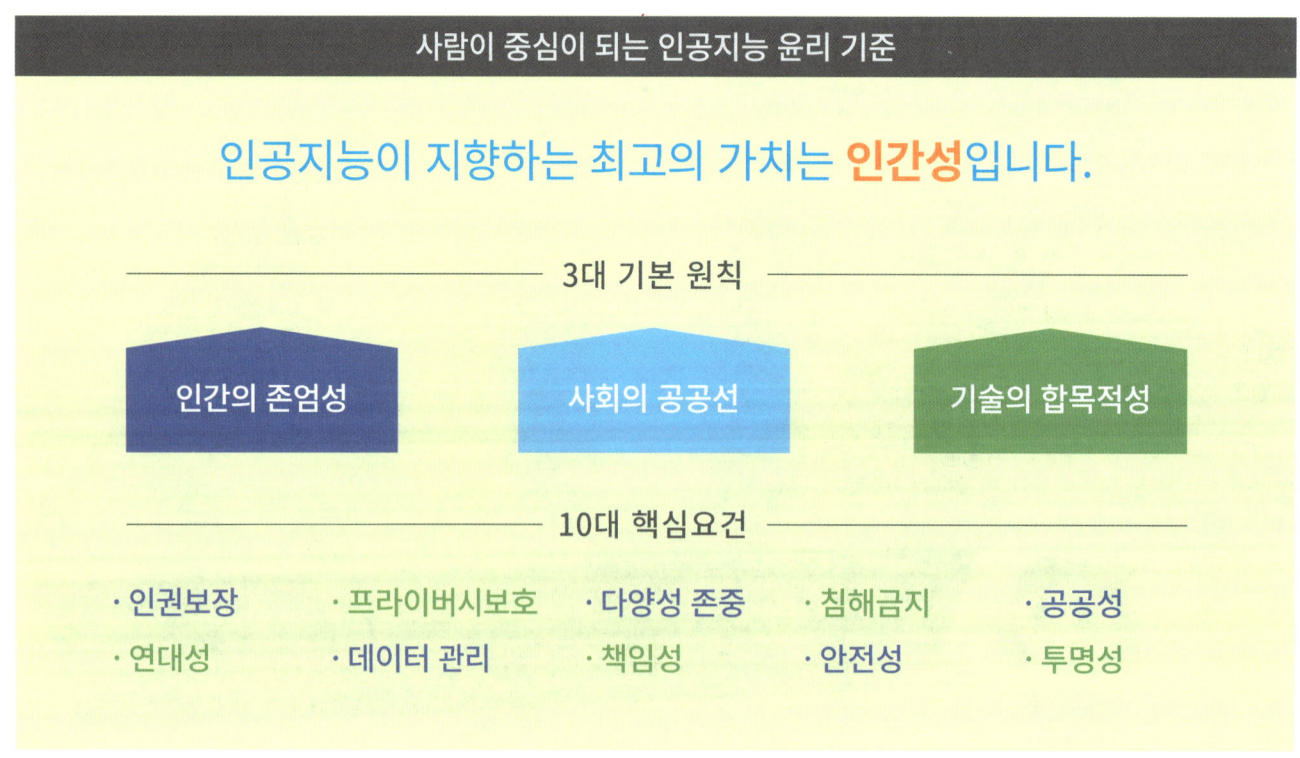

사람이 중심이 되는 인공지능 윤리 기준

인공지능이 지향하는 최고의 가치는 인간성입니다.

3대 기본 원칙
- 인간의 존엄성
- 사회의 공공선
- 기술의 합목적성

10대 핵심요건
- 인권보장
- 프라이버시보호
- 다양성 존중
- 침해금지
- 공공성
- 연대성
- 데이터 관리
- 책임성
- 안전성
- 투명성

여왕의 AI월드를 위한 인공지능 윤리 만들기

인공지능과 더불어 살아가는 AI월드의 여왕은 어떤 윤리 기준을 가지고 이 나라를 다스리면 좋을까요? '사람이 중심이 되는 인공지능 윤리 기준'을 참고로 여러분만의 인공지능 윤리 기준을 만들어 보아요.

활동지

모든 윤리 기준의 기본이 되는 커다란 원칙을 세워 봐요.

나만의 10대 윤리 기준을 세워 보아요.

인간은 인공지능으로 대신할 수 없는 소중한 가치가 있어요. 그렇기 때문에 인공지능의 개발과 사용은 인간에게 해를 주어서는 안 돼요.

인공지능 기술은 우리의 삶에 필요한 도구이므로 개발과 활용, 그 과정에서 윤리적이어야 해요.

인공지능은 가능한 한 많은 사람의 안전과 평화, 행복을 위해 사용되어야 해요.

읽으면서 바로 써 먹는 어린이 인공지능 책

앨리스의 AI월드 탐험기

AI월드에 빠진 앨리스의 파란만장 탈출기
- 엔트리편 -

본 저작물은 엔트리의 교육자료를 CC-BY NC 2.0 라이선스에 따라 재구성해 사용했습니다.
Copyright © NAVER Connect Foundation. Some Rights Reserved.

차례

AI월드에 빠진 앨리스의 파란만장 탈출기

MISSIONN_1
21
외국어로 번역해 줘요 ····· **141쪽**

MISSION_2
22
얼굴을 구분해요 ········ **152쪽**

MISSION_3
23
목소리를 식별해요 ······· **164쪽**

GO GO!

MISSION_4
24
시계 토끼 가면을 써요 ···· **174쪽**

MISSION_5
25
이상한 AI월드를 탈출해요·· **182쪽**

엔트리는 무엇인가요?

엔트리는 블록 쌓기 놀이를 하듯 명령어 블록을 쌓아 우리가 생각하는 것을 컴퓨터로 실행할 수 있도록 만드는 프로그램이에요.

엔트리 프로그램의 구성은 다음과 같아요.

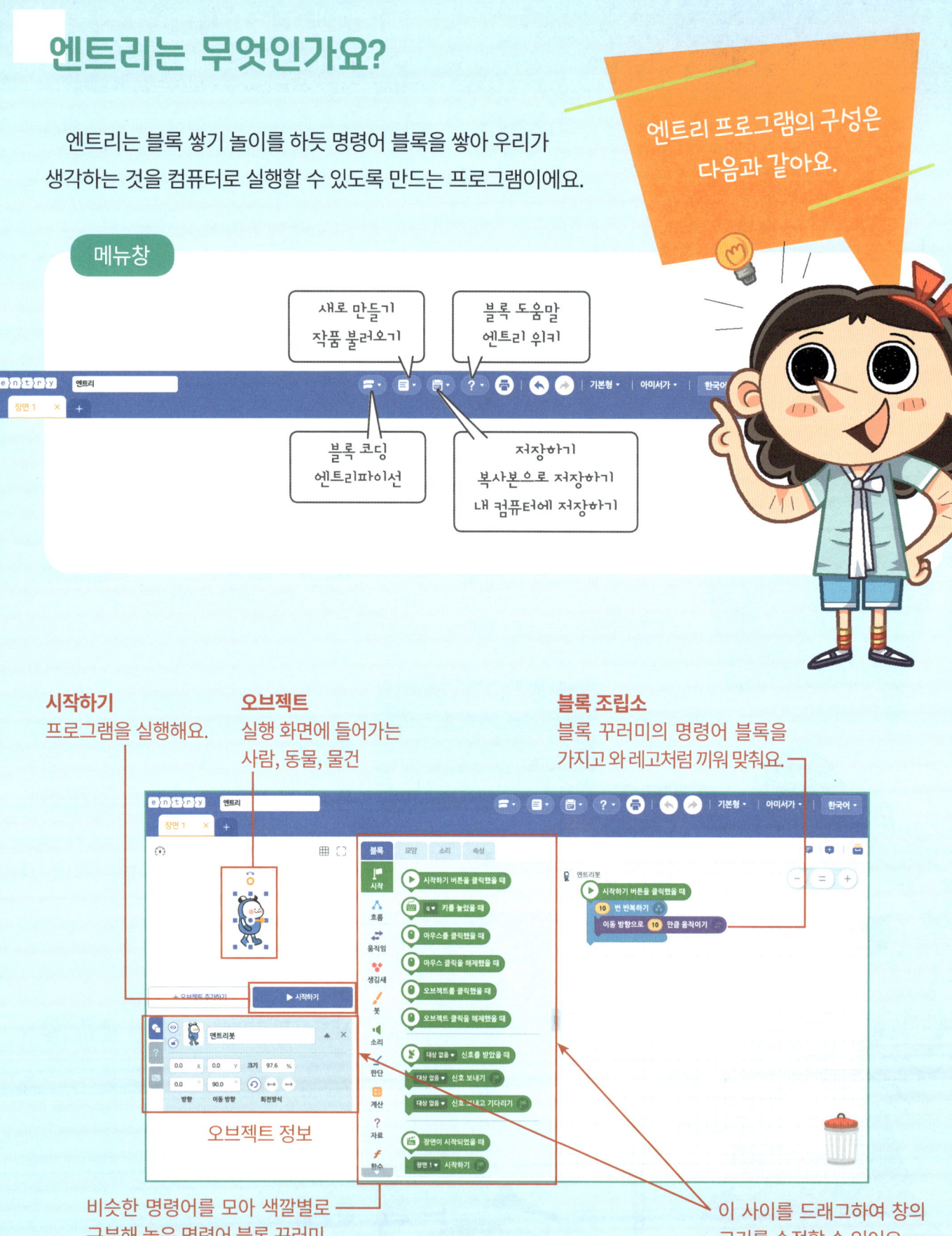

138 ···· 앨리스의 AI월드 탐험기

프로그래밍할 오브젝트를 정하고, 블록 꾸러미에서 명령어 블록을 선택해 블록 조립소로 드래그하며 프로그램을 만들어요.

엔트리 프로그램을 만들어 볼까요?

필요 없는 명령어 블록은 드래그하여 오른쪽 아래 휴지통에 넣거나 블록 꾸러미 부분에 나오는 휴지통에 드래그하여 버려요.

엔트리 소개 •••• 139

블록 꾸러미

- **시작** 　블록을 실행하는 시작을 담당하는 명령 블록의 모음
- **흐름** 　블록이 실행될 때 어떤 순서로 실행할 것인지를 제어하는 명령 블록의 모음
- **움직임** 　오브젝트가 움직일 때 사용하는 블록의 모음
- **생김새** 　오브젝트의 생김새를 설정할 때 사용하는 블록의 모음
- **붓** 　실행 화면에 그림을 그릴 수 있는 블록의 모음
- **소리** 　오브젝트의 소리를 실행할 수 있는 블록의 모음
- **판단** 　어떤 조건의 만족 여부를 확인할 수 있는 블록의 모음
- **계산** 　숫자나 계산이 필요할 때 사용하는 블록의 모음
- **자료** 　변수나 리스트, 또는 사용자에게 질문을 할 수 있는 블록의 모음
- **인공지능** 　인공지능과 관련된 블록의 모음

카테고리별 명령 블록 예시

카테고리	명령 블록
시작	**시작하기 버튼을 클릭했을 때** 실행 화면 아래의 [시작하기]를 클릭하면 아래에 연결된 블록들이 실행돼요. **오브젝트를 클릭했을 때** [오브젝트]를 클릭하면 아래에 연결된 블록들이 실행돼요.
흐름	**2 초 기다리기** 해당하는 시간만큼 기다려요. **만일 참 (이)라면 아니면** 만약 판단이 참이면 바로 아래에 연결될 블록들이 실행되고, 거짓이라면 아니면 아래에 연결된 블록들이 실행돼요.
움직임	**이동 방향으로 10 만큼 움직이기** 이동 방향으로 입력한 숫자만큼 이동해요.

카테고리	명령 블록
생김새	**안녕! 을(를) 4 초 동안 말하기** 정해진 시간만큼 오브젝트가 말을 해요. **엔트리봇_걷기1 모양으로 바꾸기** 정한 모양으로 오브젝트가 바뀌어요.
소리	**소리 강아지 짖는 소리 재생하기** 설정한 소리를 재생해요.
자료	**안녕! 을(를) 묻고 대답 기다리기** 정해진 말을 묻고 사용자의 대답을 기다려요.
인공지능	**음성 인식하기** 인공지능이 사용자의 목소리를 인식해요. **엔트리 읽어주고 기다리기** 인공지능이 정해진 말을 읽어 줘요.

21 외국어로 번역해 줘요

MISSION_1

시계 토끼가 여왕의 명령으로 앨리스를 집으로 안내하는 중이야.
지금 외국인 마을을 통과하고 있지.
앨리스가 외국인들과 대화할 수 있도록 하고 싶은데,
앨리스의 말을 통역할 수 있게 시계 토끼를 학습시켜 볼까?

▶ 시작하기

음성을 인식해서 외국어로 읽어 주는 인공지능 프로그램을 만들어 보세요.

🔍 미션 미리 보기

▶시작하기 를 클릭하면 앨리스가 안내를 해요.

사용자의 말을 외국어(스페인어)로 번역해 말해요.

사용할 인공지능 블록

오디오 감지

`음성 인식하기`
마이크에 입력되는 사람의 목소리를 문자로 변환해요.

`음성을 문자로 바꾼 값`
사람의 목소리를 문자로 바꾼 값으로, 음성을 인식하는 도중에 오류가 생기면 '0'이 돼요.

읽어주기

`여성▼ 목소리를 보통▼ 속도 보통▼ 음높이로 설정하기`
내가 선택한 대로 목소리, 속도, 음높이가 설정돼요.

`엔트리 읽어주고 기다리기`
변환한 문자를 읽어 준 후, 다음 블록을 실행해요.

번역

`한국어▼ 엔트리 을(를) 영어▼ 로 번역하기`
입력한 문자를 선택한 언어로 번역해요.

실행 화면을 구성해요

1 엔트리봇 삭제하기

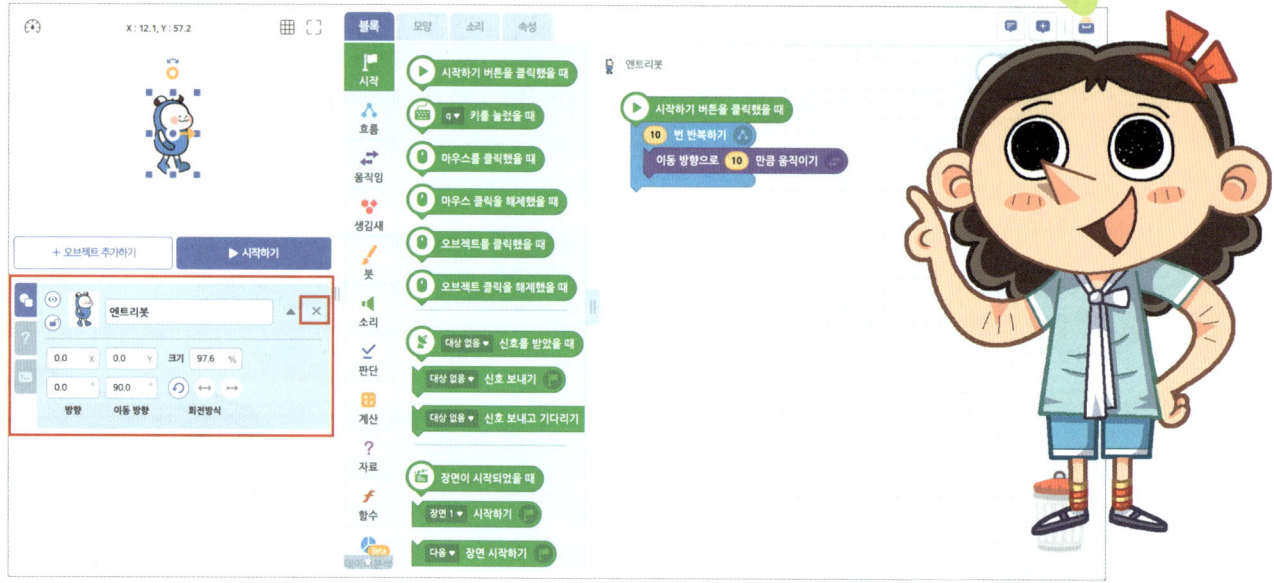

▲ 프로그램을 실행하면 기본 오브젝트로 엔트리봇이 움직이는 프로그램이 세팅되어 있어요.

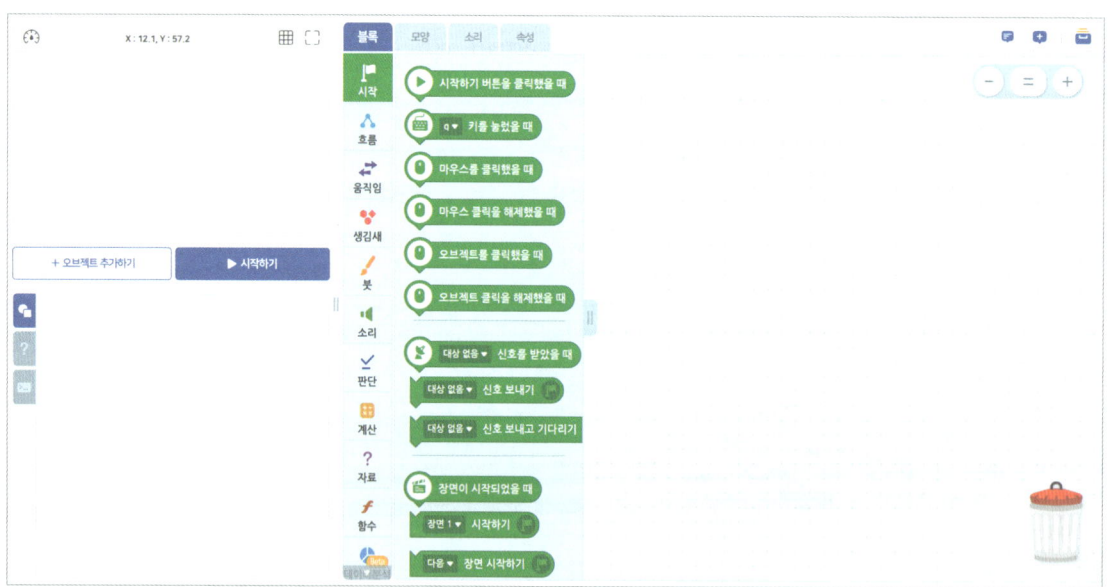

▲ 엔트리봇을 삭제하면 실행 화면이 빈 화면으로 바뀌고 블록 조립소는 비어요.

2 필요한 오브젝트 추가하기

▲ [+ 오브젝트 추가하기] 를 클릭해요.

실행 화면에서 [+ 오브젝트 추가하기] 를 클릭해 '시계를 든 토끼', '소녀(2)', '마을' 오브젝트를 추가해요.

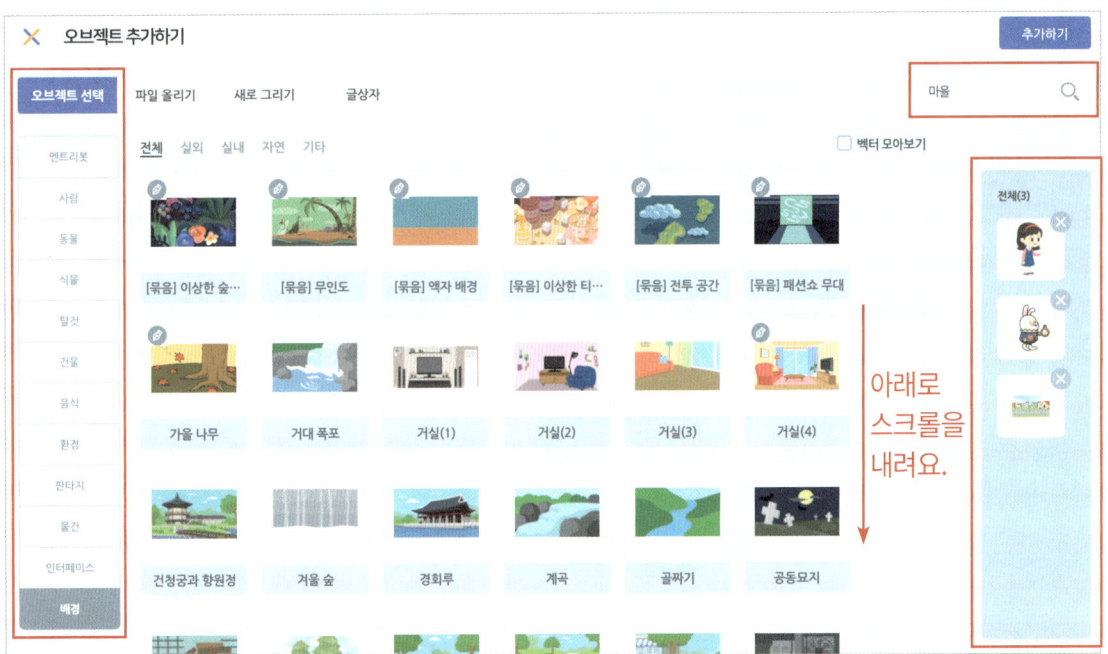

▲ [오브젝트 선택]에서 오브젝트의 종류를 클릭하여 오브젝트를 고를 수 있어요. 그리고 오른쪽 윗부분의 돋보기 창에 단어를 입력해 검색해서 오브젝트를 찾을 수도 있어요.

맘에 드는 오브젝트를 마우스로 클릭하면 오른쪽에 선택된 오브젝트의 목록이 나와요.

21. 외국어로 번역해 줘요

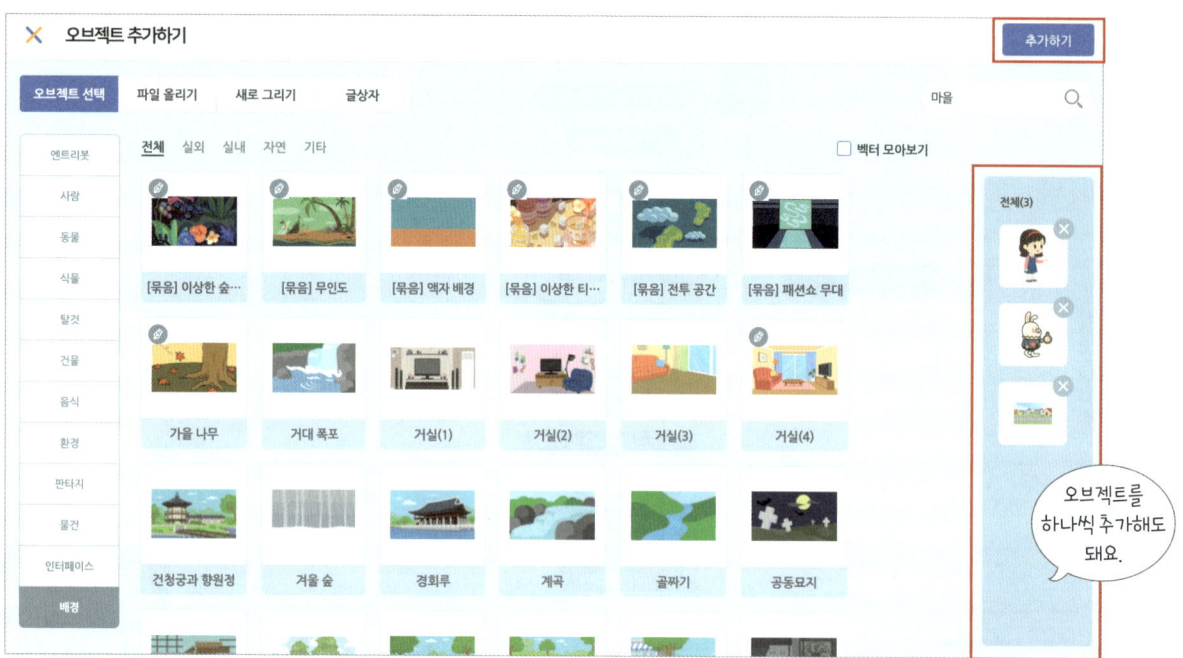

▲ 오른쪽 오브젝트 목록에 프로그램에 필요한 오브젝트가 모두 선택되어 있으면 상단의 추가하기 버튼을 클릭해요.

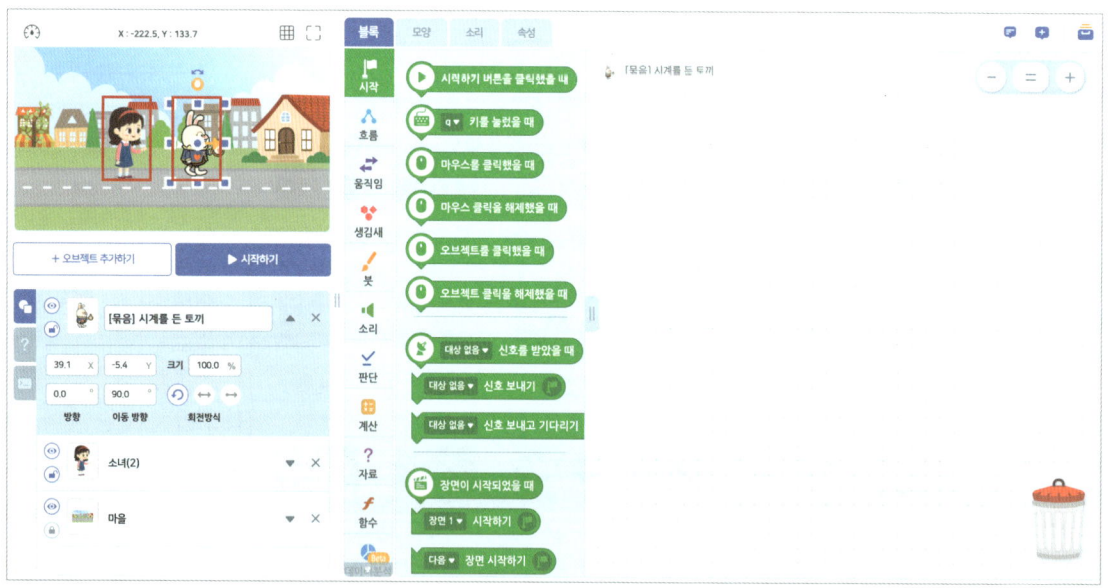

▲ 실행 화면에 추가한 오브젝트들이 나와요. 오브젝트를 드래그하여 실행 화면의 적절한 위치로 옮겨요. 오브젝트를 클릭했을 때 나오는 모서리의 점들을 화살표 방향으로 드래그하면 오브젝트의 크기를 조절할 수 있어요.

음성을 인식해 번역하는 프로그램을 만들어요

1 프로그램 시작 방법을 안내하는 앨리스 만들기

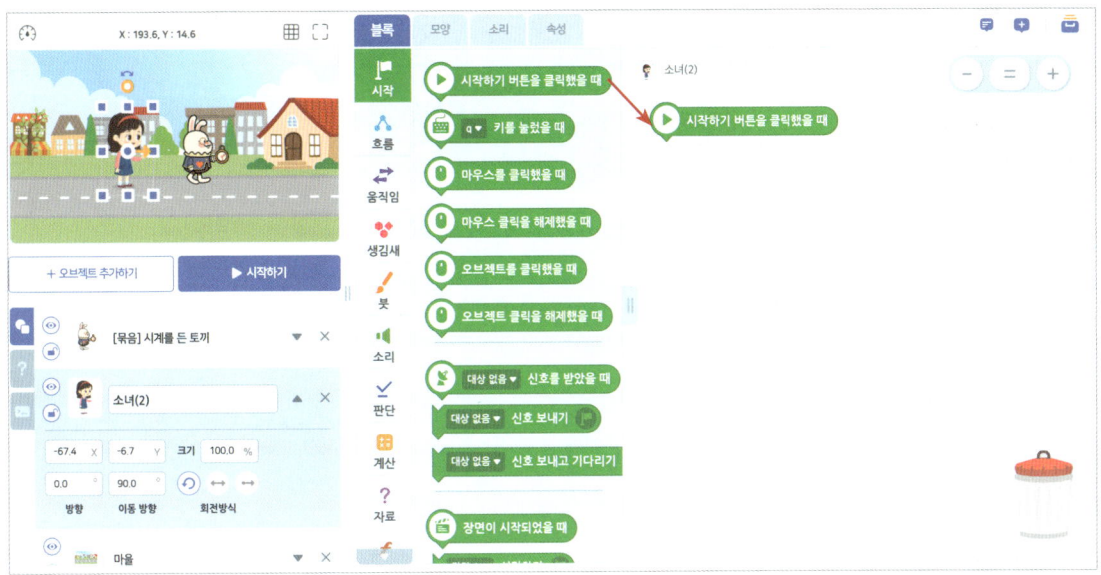

▲ 시작 에서 `시작하기 버튼을 클릭했을 때` 를 블록 조립소로 드래그해요. 이 명령어는 `▶ 시작하기` 버튼을 클릭하면, 블록 아래에 연결된 명령어 블록을 실행해요.

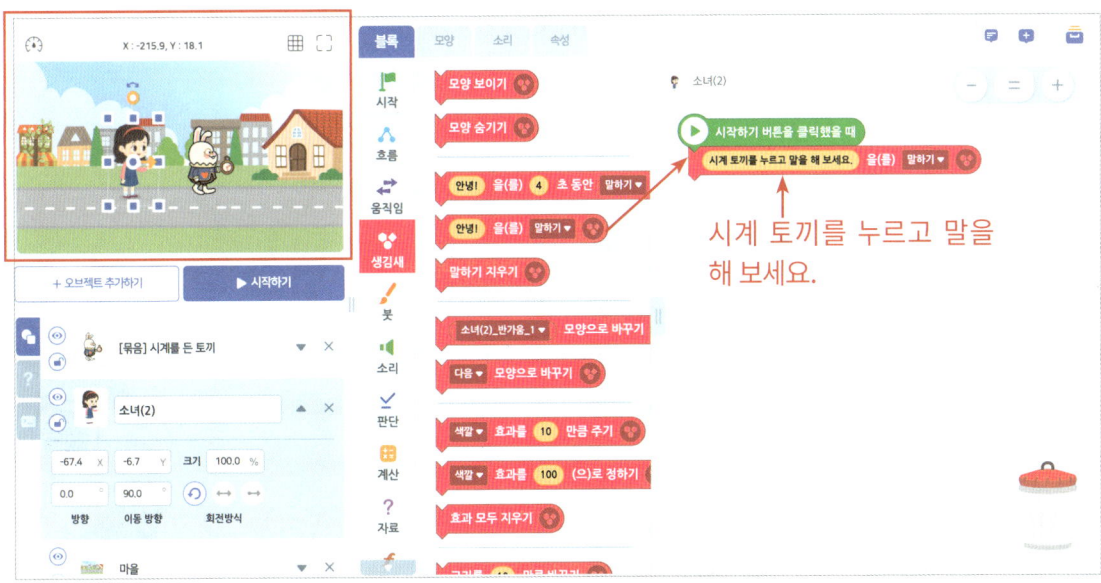

▲ 앨리스가 말풍선으로 말을 할 수 있도록 생김새 에서 `안녕! 을(를) 말하기` 를 블록 조립소로 드래그해요. 그리고 "안녕!"이라는 글자 부분을 클릭해서 "시계 토끼를 누르고 말을 해 보세요."라고 입력해요.

21. 외국어로 번역해 줘요 · · · · **145**

2 인공지능 블록 불러오기

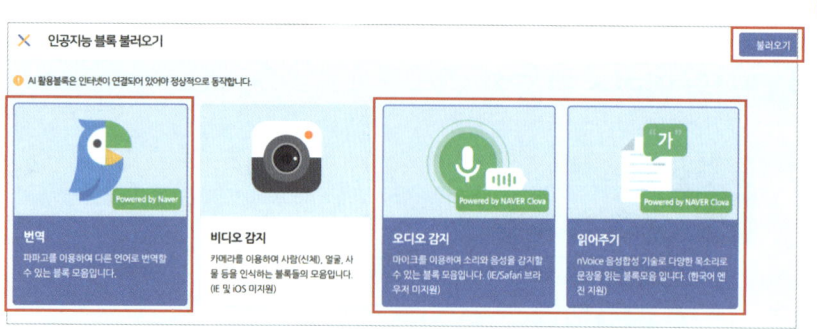

엔트리 프로그램의 카테고리에 인공지능을 클릭하고 인공지능 블록 불러오기 를 클릭해요.

▲ '번역', '오디오 감지', '읽어주기'를 선택한 다음, 오른쪽 상단의 불러오기 를 클릭해요.

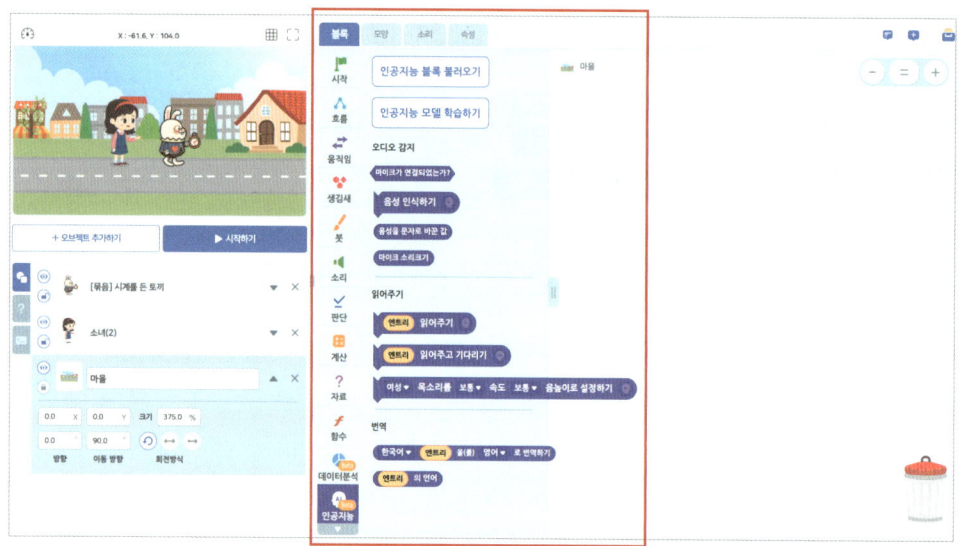

▲ 인공지능 에 오디오 감지, 읽어주기, 번역에 해당하는 명령어 블록이 만들어져요.

3 시계 토끼의 목소리 설정하기

시계 토끼를 클릭해서 선택한 다음, 블록을 조립해 주세요.

▲ 시작 에서 오브젝트를 클릭했을 때 를 블록 조립소로 드래그해요. 이 명령어는 마우스로 오브젝트를 클릭하면 아래에 연결된 명령어 블록을 실행해요.

146 •••• 앨리스의 AI월드 탐험기

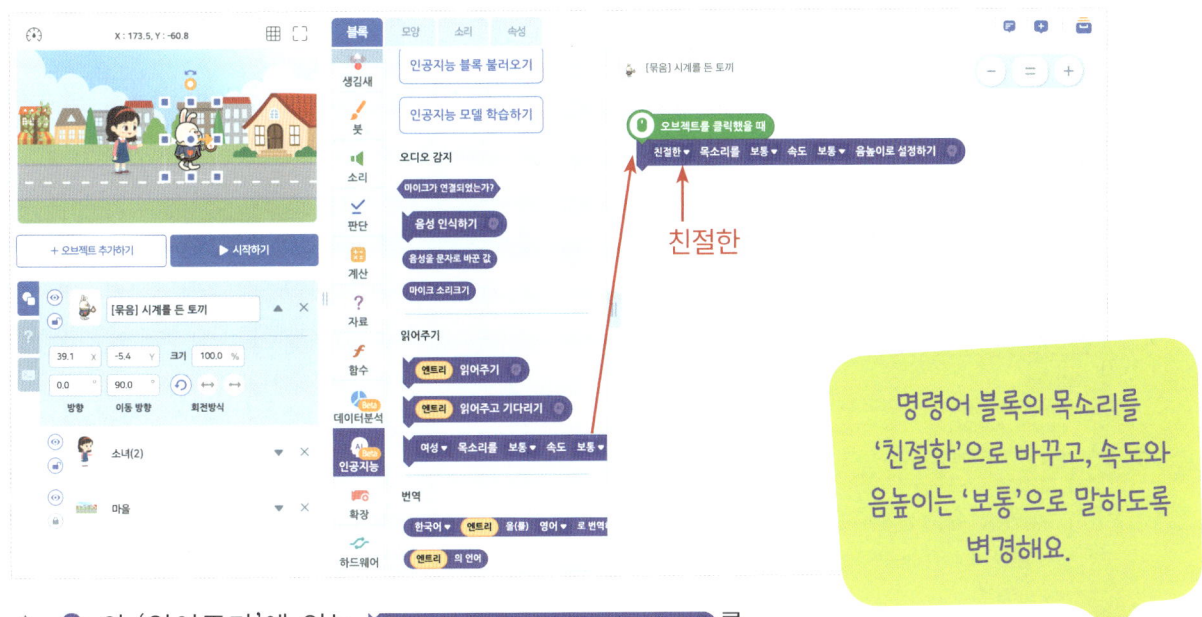

▲ 🤖인공지능 의 '읽어주기'에 있는 `여성▼ 목소리를 보통▼ 속도 보통▼ 음높이로 설정하기` 를 `오브젝트를 클릭했을 때` 블록 아래로 연결해요.

명령어 블록의 목소리를 '친절한'으로 바꾸고, 속도와 음높이는 '보통'으로 말하도록 변경해요.

4 목소리를 인식해서 문자로 변환하기

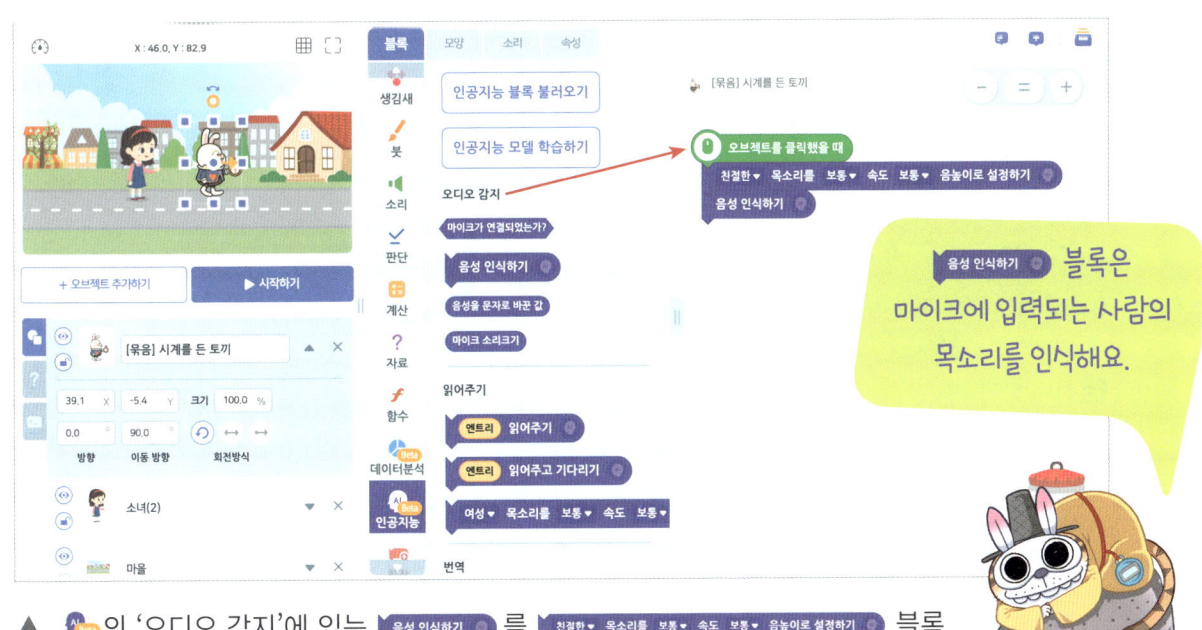

▲ 🤖인공지능 의 '오디오 감지'에 있는 `음성 인식하기` 를 `친절한▼ 목소리를 보통▼ 속도 보통▼ 음높이로 설정하기` 블록 아래로 연결해요.

`음성 인식하기` 블록은 마이크에 입력되는 사람의 목소리를 인식해요.

21. 외국어로 번역해 줘요 · · · · 147

5 인식된 음성을 저장하기 위한 변수 만들기

음성 인식된 문자를 저장하기 위해서는 먼저 변수를 만들어야 해요. [?자료] - [변수 만들기]를 클릭하고, 변수 이름에 '음성 인식'을 넣어 변수를 만들어요.

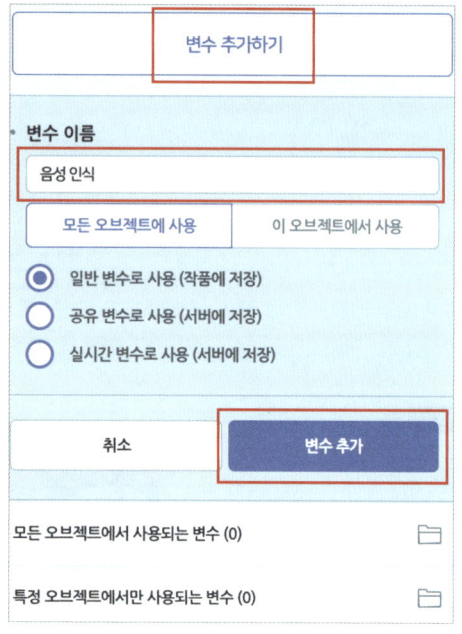

▲ 변수 이름에 '음성 인식'을 입력하고, '변수 추가'를 클릭해요.

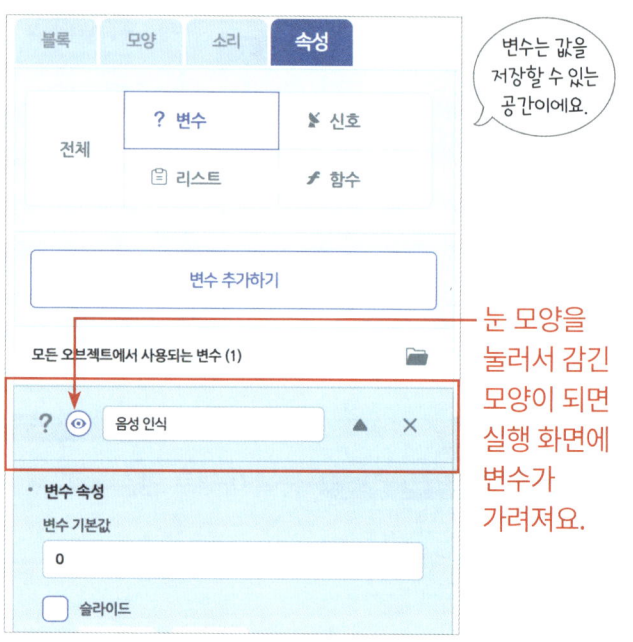

▲ 변수가 만들어지면 [속성] 탭에 변수가 보여요.

> 변수는 값을 저장할 수 있는 공간이에요.

> 눈 모양을 눌러서 감긴 모양이 되면 실행 화면에 변수가 가려져요.

6 인식된 음성을 변수에 저장하기

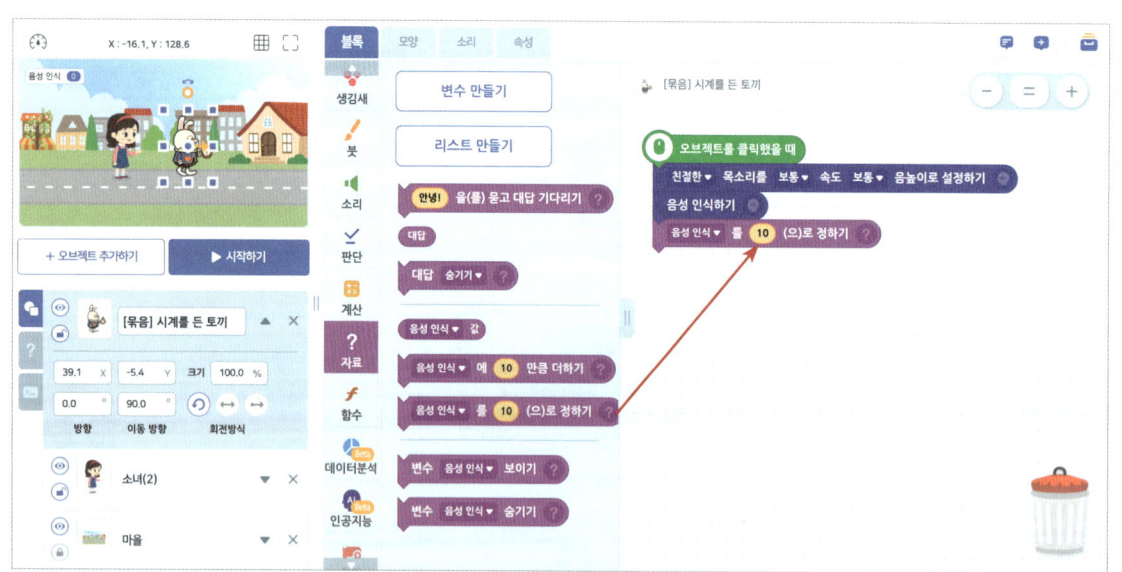

▲ [?자료]에 있는 [음성 인식▼ 를 10 (으)로 정하기] 를 [음성 인식하기] 블록 아래로 연결해요.

148 ···· 앨리스의 AI월드 탐험기

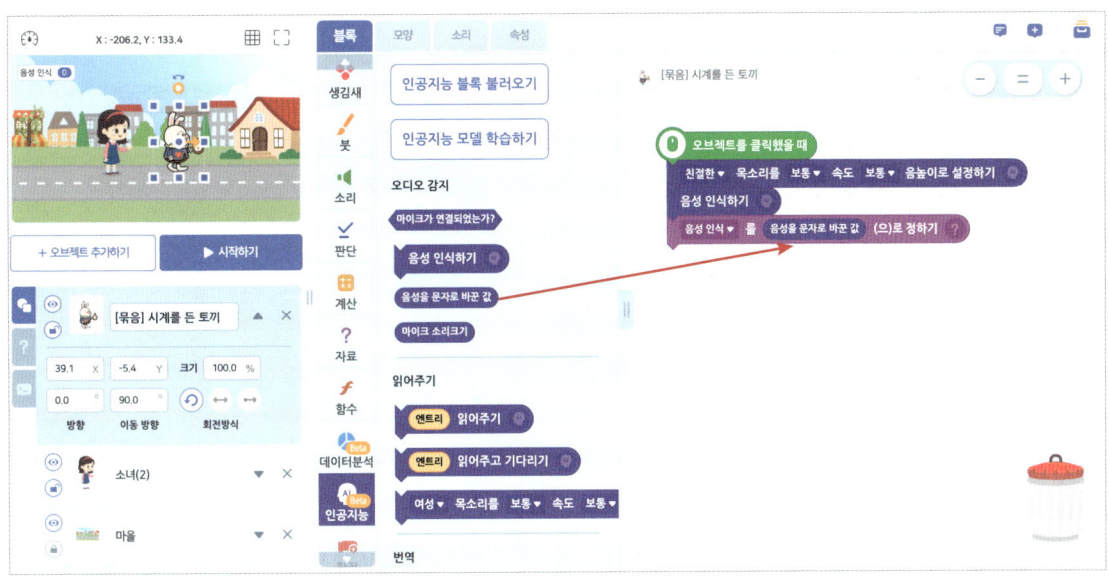

▲ 인공지능의 '오디오 감지'에 있는 음성을 문자로 바꾼 값 을 드래그하여 음성 인식▼ 를 10 (으)로 정하기 의 10 에 덮어씌워요.

7 인식된 음성을 말풍선으로 표시하고, 말 번역하기

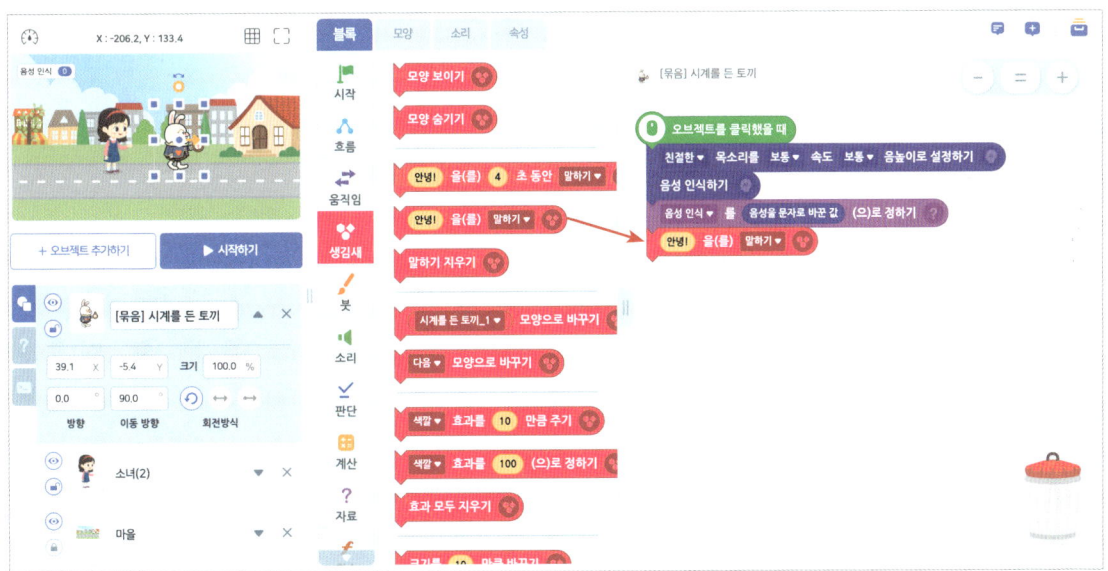

▲ 번역된 글자가 말풍선으로 표시되도록 생김새 - 안녕! 을(를) 말하기▼ 를 드래그하여 연결해요.

21. 외국어로 번역해 줘요 · 149

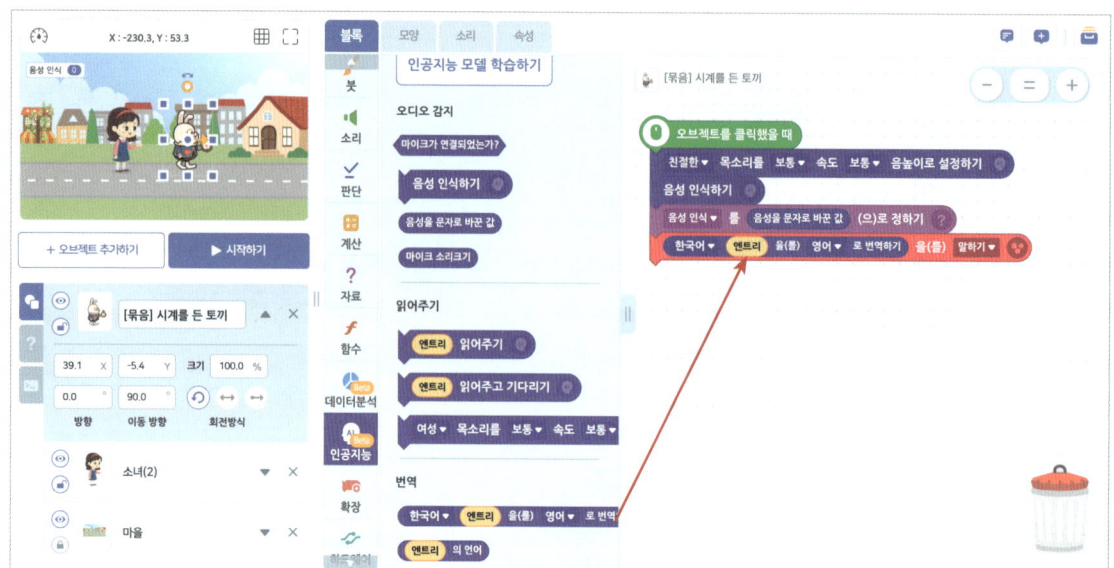

▲ 인식된 음성을 번역하기 위해 [인공지능]을 클릭하고, '번역'에서 [한국어▼ 엔트리 을(를) 영어▼ 로 번역하기]를 드래그하여 [안녕! 을(를) 말하기▼]의 [안녕!]에 덮어씌워요.

8 번역할 언어 선택하기

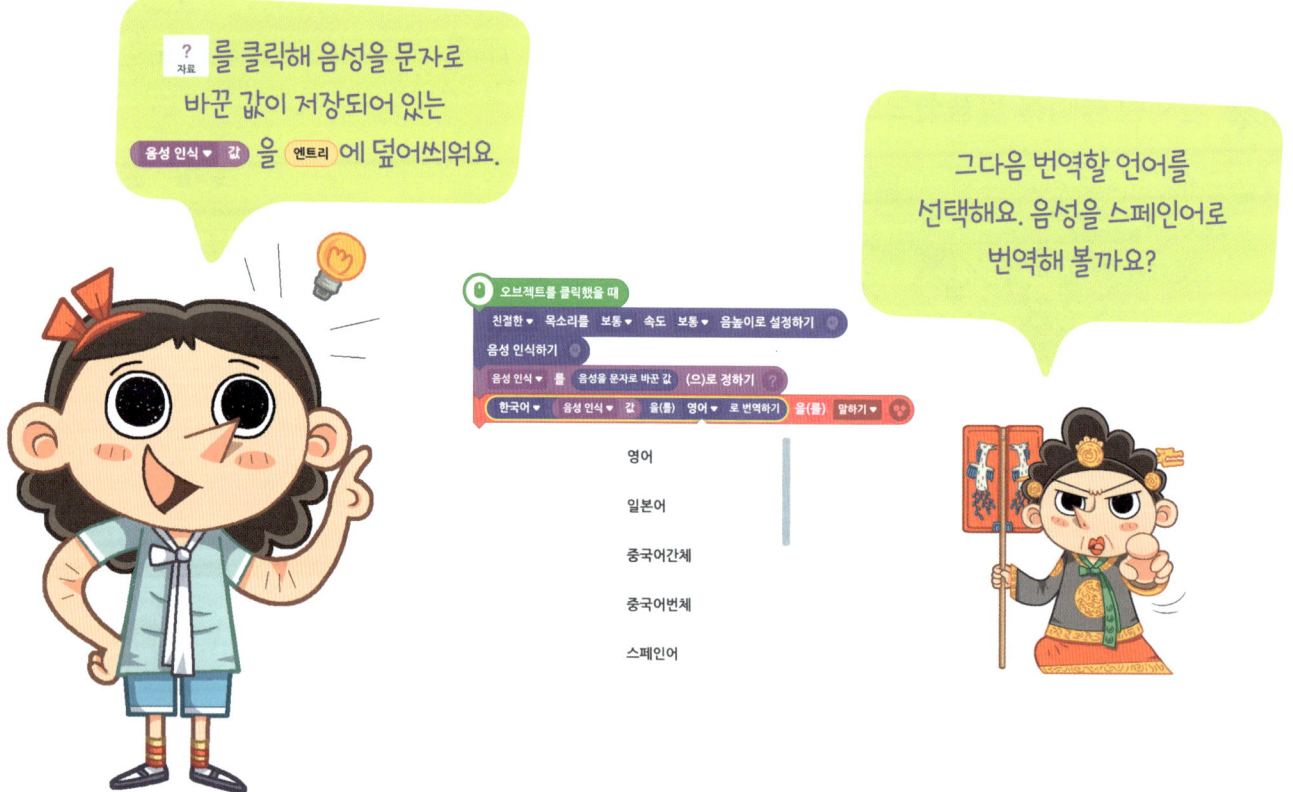

9 번역한 내용을 목소리로 읽어주기

▲ 인공지능 을 클릭하고, '읽어주기'에서 엔트리 읽어주고 기다리기 를 드래그하여 블록 아래로 연결해요.

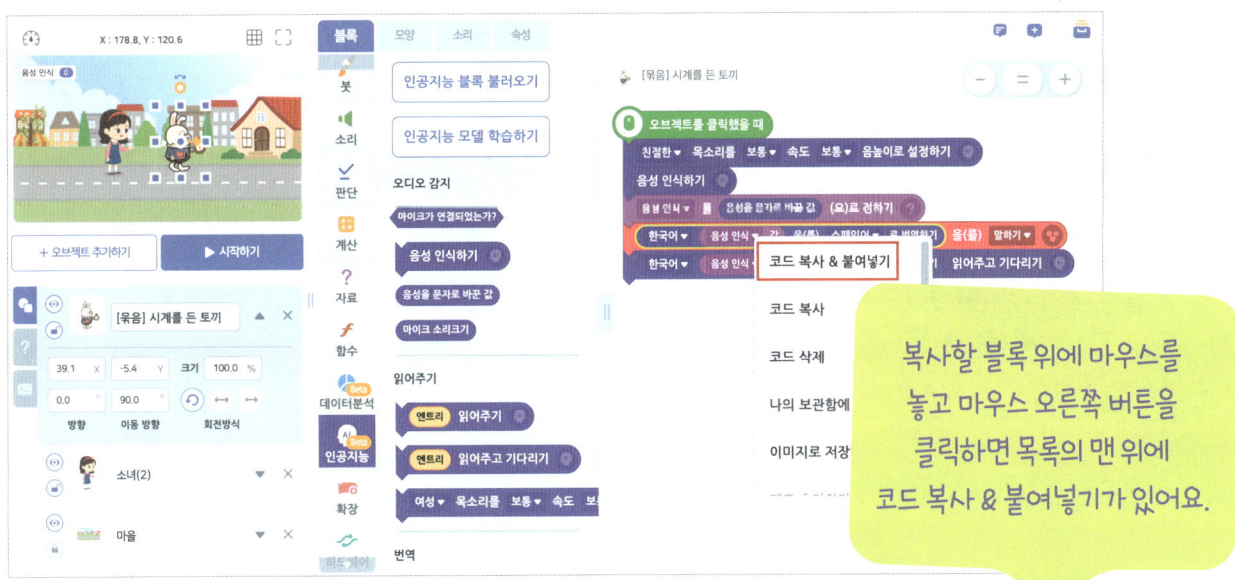

▲ 바로 위 블록에서 한국어 음성 인식 값 을(를) 스페인어 로 번역하기 코드를 복사한 다음, 엔트리 에 붙여넣기해요.

복사할 블록 위에 마우스를 놓고 마우스 오른쪽 버튼을 클릭하면 목록의 맨 위에 코드 복사 & 붙여넣기가 있어요.

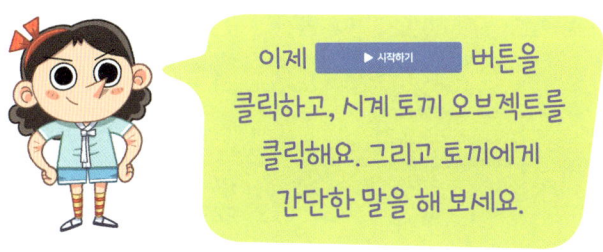

이제 ▶시작하기 버튼을 클릭하고, 시계 토끼 오브젝트를 클릭해요. 그리고 토끼에게 간단한 말을 해 보세요.

21. 외국어로 번역해 줘요

22 얼굴을 구분해요

MISSION_2

AI월드로 들어왔을 때 본 티파티 장소야.
그런데 앨리스를 닮은 침입자들이 몰려들고 있어.
시계 토끼는 앨리스만 안내해야 하는데 어떡하지?
앨리스와 다른 사람의 얼굴을 구분할 수 있도록
시계 토끼를 학습시키자.

▶ 시작하기

얼굴을 구분할 수 있도록 학습시켜 앨리스가 아니면 알려 주는 인공지능 프로그램을 만들어 보세요.

🔍 미션 미리 보기

프로그램이 시작되면 앨리스가 "얼굴 사진을 촬영해요."라고 말하고 데이터 입력 창이 나와요.

데이터 입력 창에 내 얼굴을 입력하면 "앨리스 이쪽이야."라고 말하고, 다른 사람의 얼굴을 입력하면 "나는 길을 몰라요!"라고 말해요.

사용할 인공지능 블록

	블록	설명
읽어주기	엔트리 읽어주고 기다리기	입력한 문자를 읽어 준 후 다음 블록을 실행해요.
	여성▼ 목소리를 보통▼ 속도 보통▼ 음높이로 설정하기	목소리를 선택하고, 속도와 음높이를 설정해요.
비디오 감지	비디오 화면 보이기▼	컴퓨터에 연결된 카메라로 촬영되는 화면을 실행 화면에서 보이게 하거나 숨겨요.
	사람▼ 인식 시작하기▼	선택된 인식 모델을 동작시키거나 중지시켜요.(사람 인식: 사람의 몸을 인식해 신체 부위의 위치를 알 수 있어요./ 얼굴 인식: 사람의 얼굴을 인식해 눈, 코, 입, 귀의 위치나 예상되는 성별, 나이, 감정을 알 수 있어요./ 사물 인식: 인식되는 사물의 종류를 알 수 있어요.)
	사람▼ 인식이 되었는가?	사람, 얼굴, 사물이 인식되면 '참'으로 판단해요.
인공지능 모델 학습하기	학습한 모델로 분류하기	데이터를 입력하고 학습한 모델로 인식해요.
	분류 결과가 앨리스▼ 인가?	입력한 데이터의 인식 결과가 앨리스인 경우 '참'으로 판단해요.

실행 화면을 구성해요

1 필요한 오브젝트 추가하기

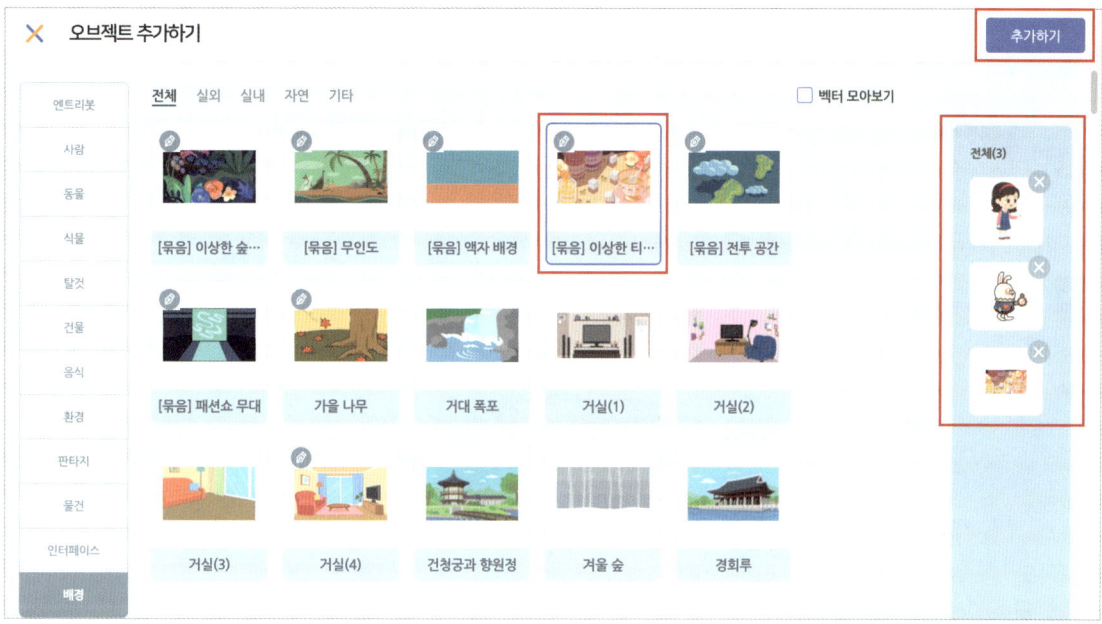

▲ 엔트리 프로그램을 실행하고 엔트리봇을 삭제한 다음, [+ 오브젝트 추가하기]를 클릭해서 '소녀(2)', '시계를 든 토끼', '이상한 티파티'를 검색하여 선택하고 [추가하기] 버튼을 클릭해요.

2 적절한 위치로 오브젝트 이동하기

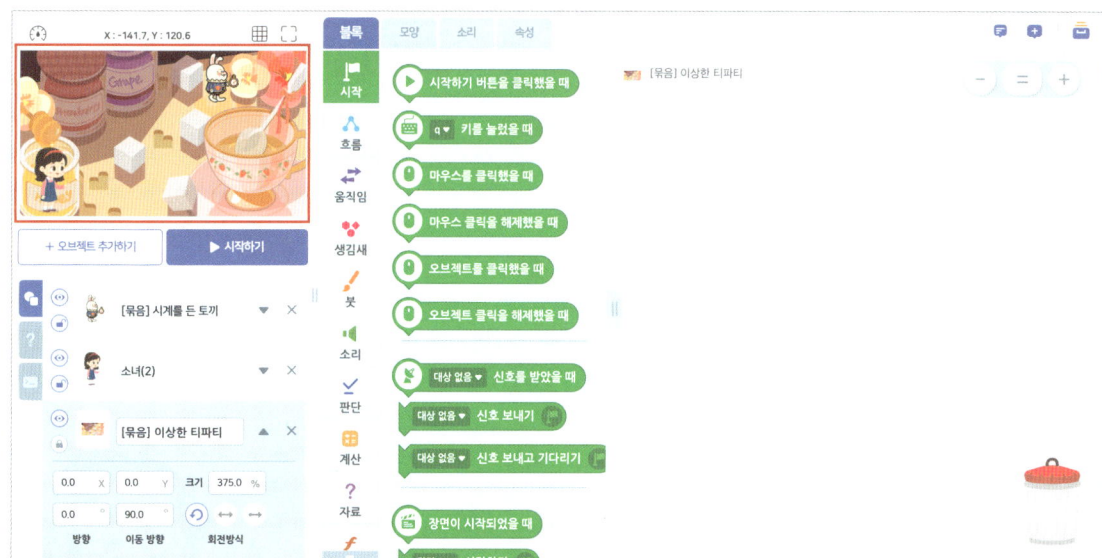

▲ '소녀(2)'와 '시계를 든 토끼' 오브젝트를 적절한 위치로 이동하고, 배경과 어울리게 크기를 조절해요.

얼굴을 인식해 구분하는 인공지능 모델을 만들어요

1 프로그램 시작 방법을 안내하는 앨리스 만들기

▲ `시작` - `시작하기 버튼을 클릭했을 때` 를 블록 조립소로 드래그해요. 그리고 `생김새` - `안녕! 을(를) 4 초 동안 말하기` 를 끌어와 연결해요. '안녕!' 대신 '얼굴 사진을 촬영해요.'로 글자를 바꾸고, 숫자는 '2'로 설정해 입력해요.

2 배경 오브젝트 투명하게 만들기

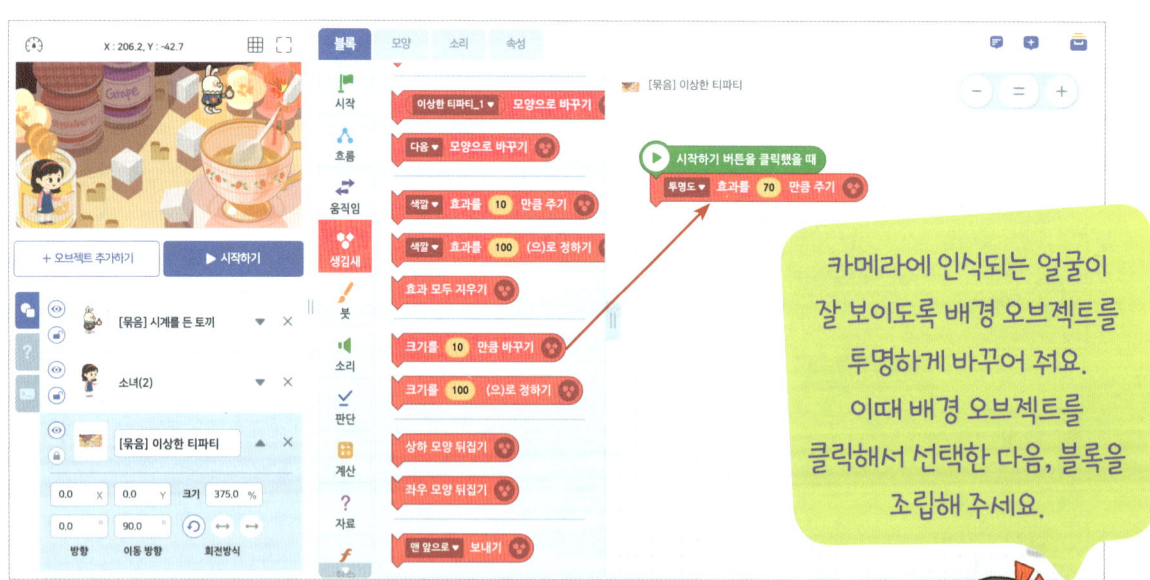

카메라에 인식되는 얼굴이 잘 보이도록 배경 오브젝트를 투명하게 바꾸어 줘요. 이때 배경 오브젝트를 클릭해서 선택한 다음, 블록을 조립해 주세요.

▲ `시작` - `시작하기 버튼을 클릭했을 때` 를 블록 조립소로 드래그해요. 그 아래에 `생김새` - `색깔 효과를 10 만큼 주기` 블록을 연결해요. '색깔'을 '투명도'로 바꾸고, 숫자는 '70'으로 설정해요.

3 인공지능 블록 불러오기

시계 토끼 오브젝트를 클릭해서 선택한 다음, 블록을 조립해 주세요.

▲ 시계 토끼에게 앨리스의 얼굴을 구분하는 학습을 시키기 위해 인공지능 에서 인공지능 모델 학습하기 를 클릭해요.

▲ [학습할 모델 선택하기]에서 '분류: 이미지'를 선택한 다음, 오른쪽 상단의 학습하기 를 클릭해요.

22. 얼굴을 구분해요 ···· 155

4 클래스를 나누고, 클래스에 라벨 붙이기

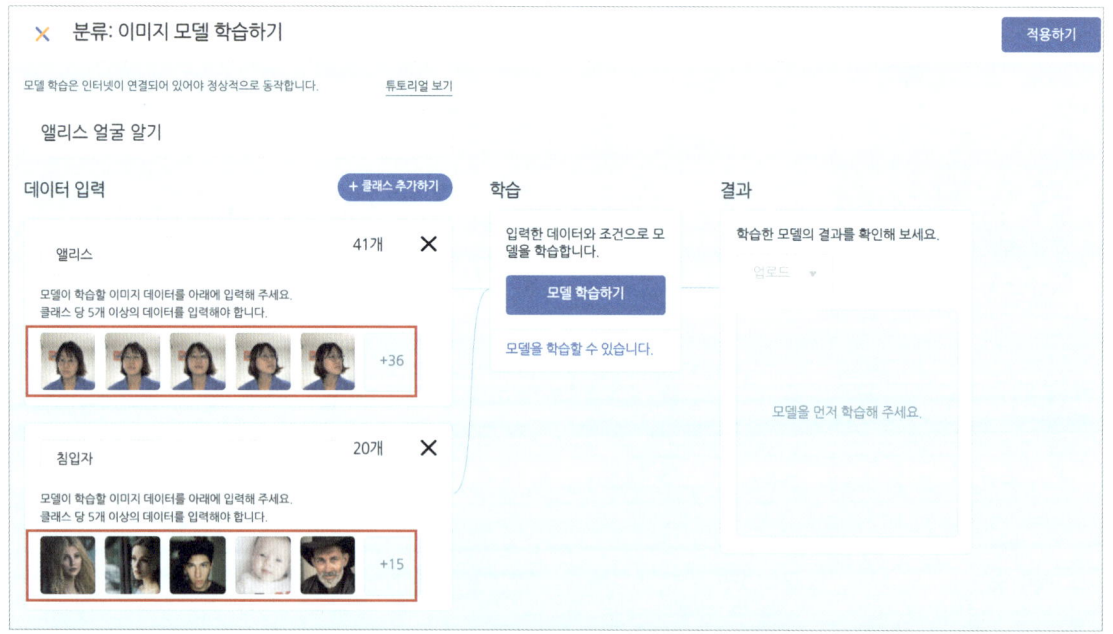

> 라벨 붙이기는 데이터의 정답을 표시하는 작업으로 데이터를 클래스로 구분하여 입력하는 과정을 라벨 붙이기라고 해요.

▲ 인공지능 학습 모델의 이름을 '앨리스 얼굴 알기'로 정하고, 클래스를 '앨리스'와 '침입자'로 나누어요.

5 앨리스와 침입자 이미지 모델 학습하기

▲ '데이터를 넣어 학습해 주세요.'를 클릭하고, 컴퓨터에 연결된 카메라를 이용해 앨리스에 해당하는 얼굴을 촬영해서 입력해요. 그리고 침입자에 해당하는 이미지들을 찾아 입력해요.

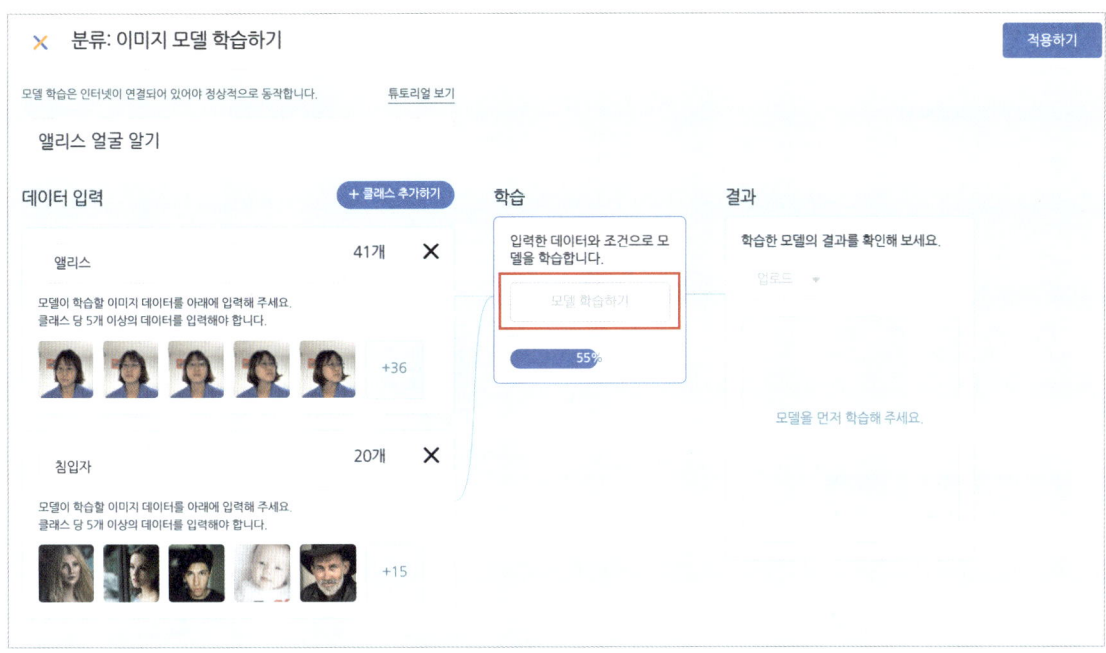

▲ 데이터를 모두 준비했다면, 모델 학습하기 를 눌러 학습을 완료해요.

6 이미지 학습 결과 확인하기

▲ '결과'의 '업로드'는 이미지 데이터를 업로드해서 확인할 수 있는 방법이에요.

▲ 앨리스와 침입자를 구분하는 학습이 잘 되었는지 확인하기 위해 '결과'를 '촬영' 모드로 바꾸어 카메라에 인식되는 이미지의 분류 결과를 확인해요.

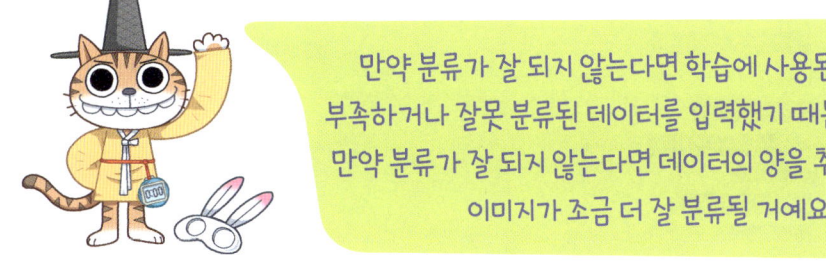

만약 분류가 잘 되지 않는다면 학습에 사용된 데이터가 부족하거나 잘못 분류된 데이터를 입력했기 때문일 수 있어요. 만약 분류가 잘 되지 않는다면 데이터의 양을 추가해 보세요. 이미지가 조금 더 잘 분류될 거예요.

22. 얼굴을 구분해요 · · · · **157**

7 학습한 이미지 모델을 프로그램에 적용하기

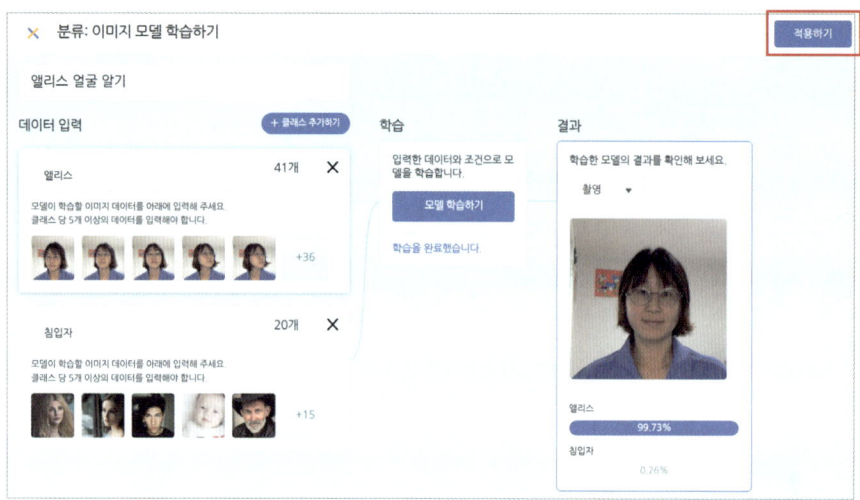

▲ 학습이 완료되면 적용하기 를 눌러, 학습한 모델을 프로그램에 사용할 수 있도록 해요.

시계 토끼가 앨리스와 침입자를 구분해 말해요

1 인공지능 블록 불러오기

◀ 인공지능 - 인공지능 블록 불러오기 를 클릭하고, '비디오 감지'와 '읽어주기'를 선택한 다음, 오른쪽 상단의 불러오기 를 클릭해요.

2 시계 토끼, 사람 얼굴 인식하기

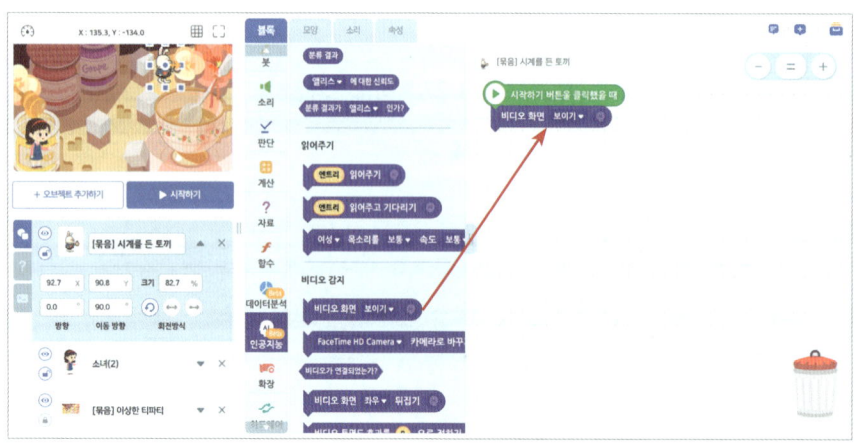

◀ 프로그램이 시작되면 카메라에 촬영되는 화면을 볼 수 있도록  의 '비디오 감지'에서 비디오 화면 보이기▼ 블록을 드래그해요.

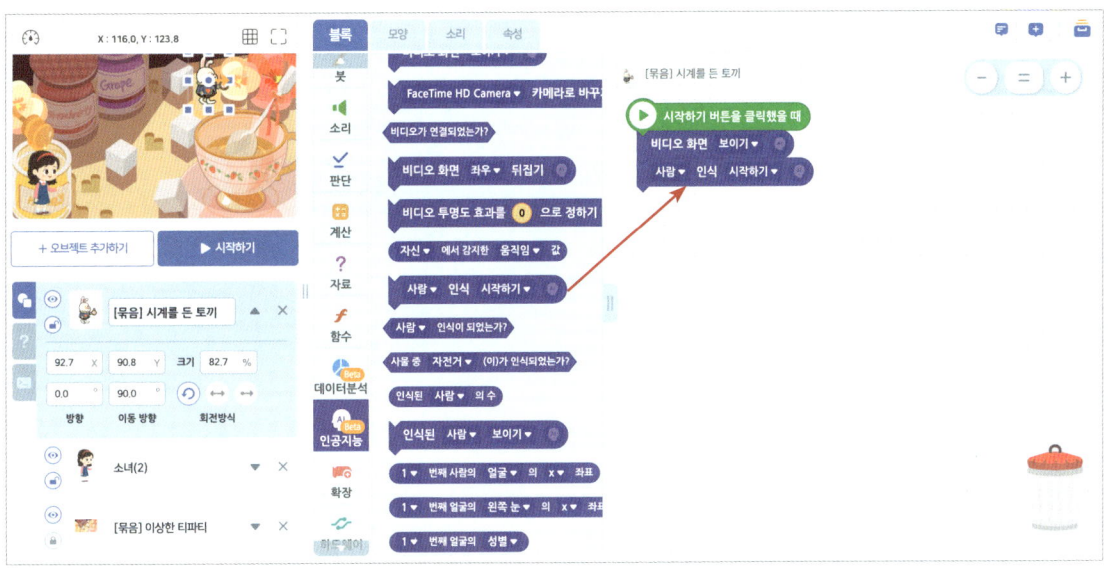

▲ 사람의 신체 중 얼굴 부분을 인식할 수 있도록 인공지능에서 사람 인식 시작하기 를 비디오 화면 보이기 블록 아래에 연결해요.

3 시계 토끼, 사람 얼굴 판단하기

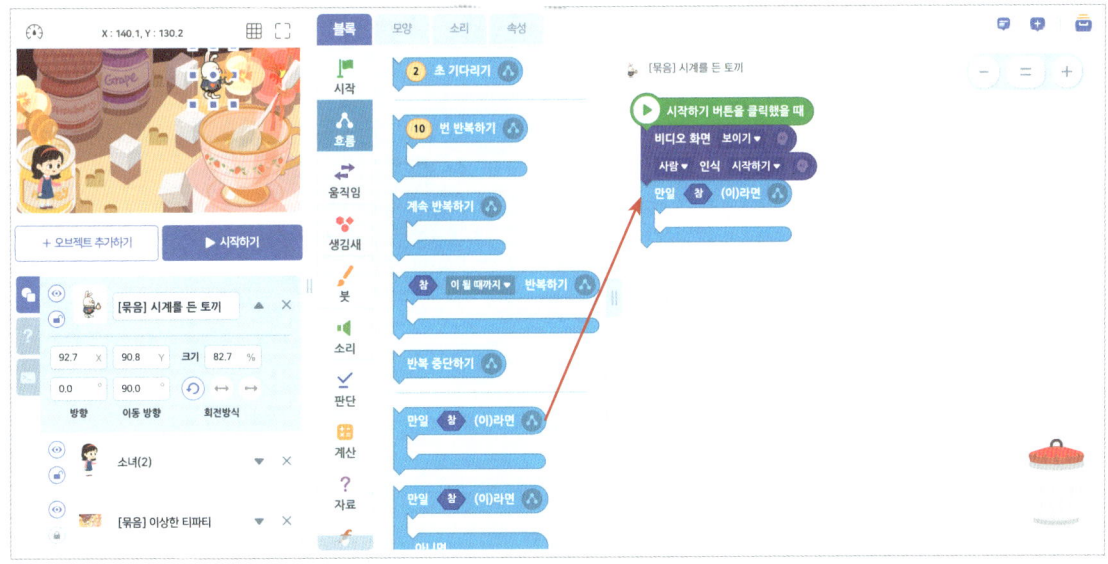

▲ 시계 토끼가 사람이 나타났는지를 판단하도록 하기 위해 흐름 에서 만일 참 (이)라면 블록을 연결해요.

22. 얼굴을 구분해요 · · · · 159

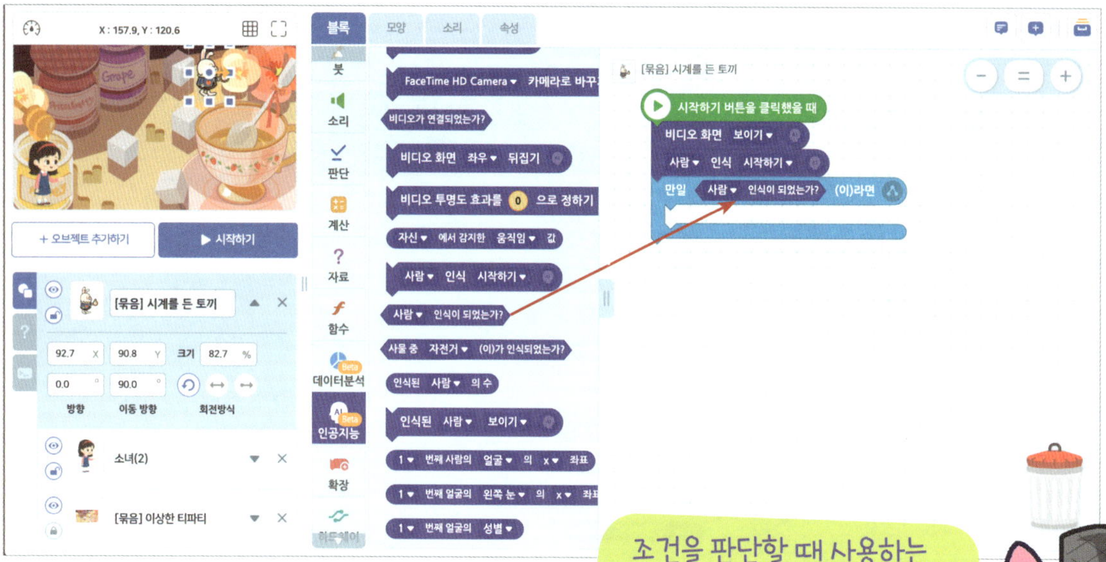

▲ 인공지능이 사람을 인식했는지 판단하기 위해 인공지능에서 사람▼ 인식이 되었는가? 블록을 연결해요.

조건을 판단할 때 사용하는 명령어 블록은 육각형으로 되어 있어요. 엔트리 블록은 같은 모양의 명령어 블록끼리만 조립할 수 있어요.

4 학습한 이미지 모델 사용하여 사람 구분하기

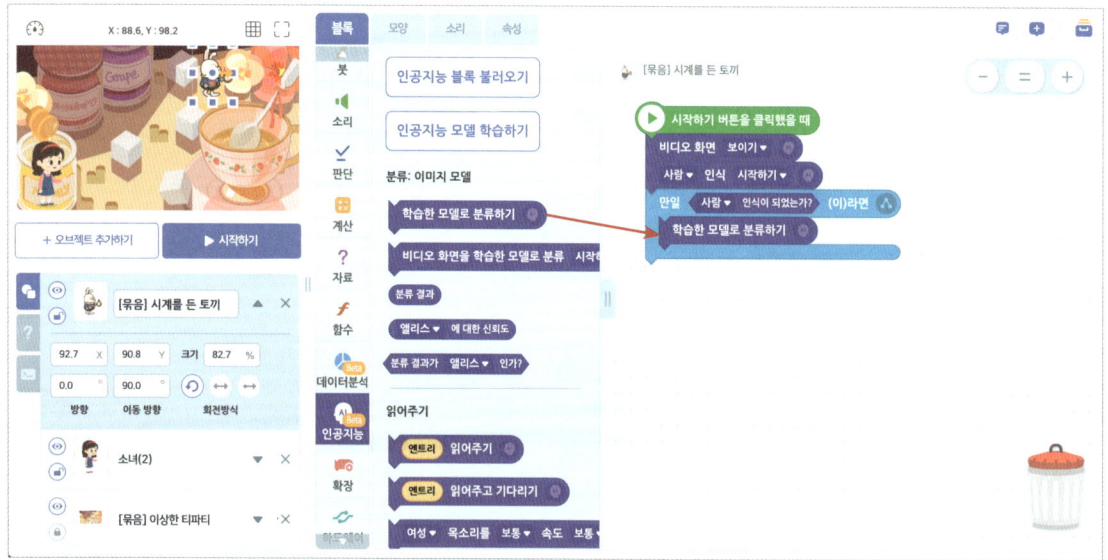

▲ 인공지능이 인식한 사람이 앨리스인지 침입자인지를 구분하기 위해 학습했던 모델을 사용해요. '분류: 이미지 모델' 하단의 학습한 모델로 분류하기 를 이용하여 인식한 사람을 분류해요.

160 •••• 앨리스의 AI월드 탐험기

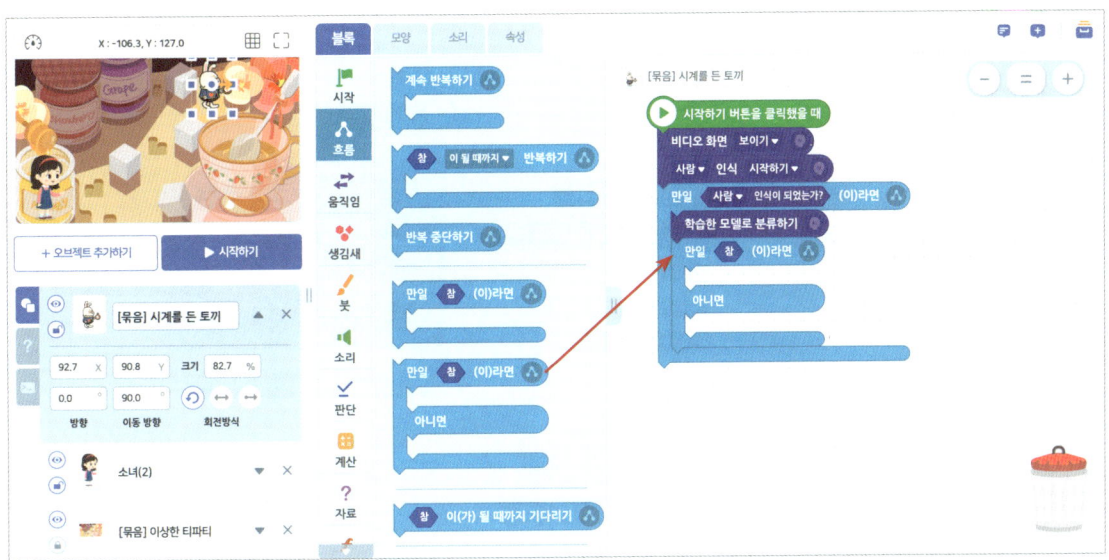

▲ 분류한 결과가 앨리스면 "앨리스 이쪽이야."라고 말하고, 아니라면 "나는 길을 몰라요!"라고 말할 수 있도록 흐름 - 만일 참 (이)라면/아니면 블록을 이용해서 두 가지 조건을 구분해요.

5 앨리스와 침입자를 구분하여 학습 결과 말하기

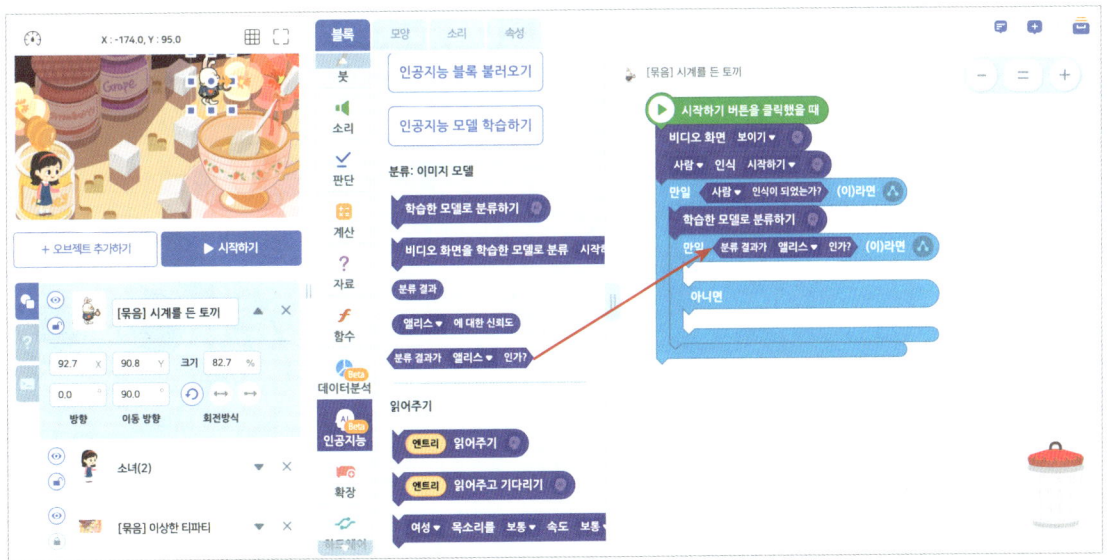

▲ 분류 결과가 앨리스인지 아닌지를 확인하기 위해 인공지능에서 분류 결과가 앨리스▼ 인가? 조건을 드래그하여 만일 참 (이)라면/아니면 블록의 참 에 덮어씌워요.

22. 얼굴을 구분해요 **161**

▲ 앨리스일 때 '읽어주기' 하단에서 [앙증맞은 목소리를 보통 속도 보통 음높이로 설정하기] 를 찾아 [만일 참 (이)라면 아니면] 의 '참' 조건 아래에 연결하여, 앨리스의 얼굴을 인식하였을 때 안내할 목소리, 속도, 음높이를 설정해요. 그리고 [엔트리 읽어주고 기다리기] 블록을 드래그하여 아래에 연결해요. '엔트리' 글자 대신에 "앨리스 이쪽이야." 라고 입력해요.

▲ 앨리스가 아닐 때 [엔트리 읽어주고 기다리기] 블록을 드래그하여 '아니면' 아래에 연결하고, '엔트리' 대신에 "나는 길을 몰라요!"라고 입력해요.

> 만약 시계 토끼가 인식한 사람이 앨리스가 아니라면 침입자이므로 "나는 길을 몰라요!"라고 말하겠지요.

162 ···· 앨리스의 AI월드 탐험기

6 반복 명령어 블록 연결하기

▲ 생김새 에서 `안녕! 을(를) 말하기` 를 드래그하여 블록에 연결해요. 인식이 끝나면 시계 토끼가 "안녕!"이라고 말풍선으로 말을 해요.

▲ 프로그램이 실행되는 동안 계속 사람을 인식할 수 있도록 반복 명령어 블록을 연결해요.

흐름 에서 `계속 반복하기` 블록을 드래그하여 반복할 구간의 블록들을 끼워 넣어요. 반복 명령어를 사용할 때, 명령 사이에 시간이 필요하면 `2초 기다리기` 블록을 사이에 넣고, 필요한 시간만큼 숫자를 바꿔 주세요.

22. 얼굴을 구분해요 ···· **163**

23 목소리를 식별해요

목소리를 구분할 수 있도록 학습시켜 앨리스인지 아닌지를 판단하는 인공지능 프로그램을 만들어 보세요.

MISSION_3

이런, 이번엔 복잡한 미로가 앞에 있어.
앨리스는 시계 토끼에게 길을 묻기 위해 계속 돌아보며 얼굴을 보여 주고 있군(시계 토끼는 앨리스 얼굴은 알지만 목소리는 모르거든).
시계 토끼가 앨리스의 목소리를 인식할 수 있도록 학습시키자구.

🔍 미션 미리 보기

프로그램이 시작되면 앨리스가 시계 토끼에게 자신의 목소리를 식별할 수 있는지 물어봐요.

입력한 목소리를 듣고 앨리스인지 다른 사람 인지를 식별해서 말해 줘요.

사용할 인공지능 블록

읽어주기

`엔트리 읽어주고 기다리기`
입력한 문자를 읽어 주고 다음 블록을 실행해요.

`여성▼ 목소리를 보통▼ 속도 보통▼ 음높이로 설정하기`
목소리를 선택하고, 속도와 음높이를 설정해요.

인공지능 모델 학습하기

`학습한 모델로 분류하기`
데이터를 입력하고 학습한 모델로 인식해요.

`분류 결과가 내 목소리▼ 인가?`
입력한 데이터의 인식 결과가 선택한 클래스인 경우 '참'으로 판단해요.

실행 화면을 구성해요

1 필요한 오브젝트 추가하기

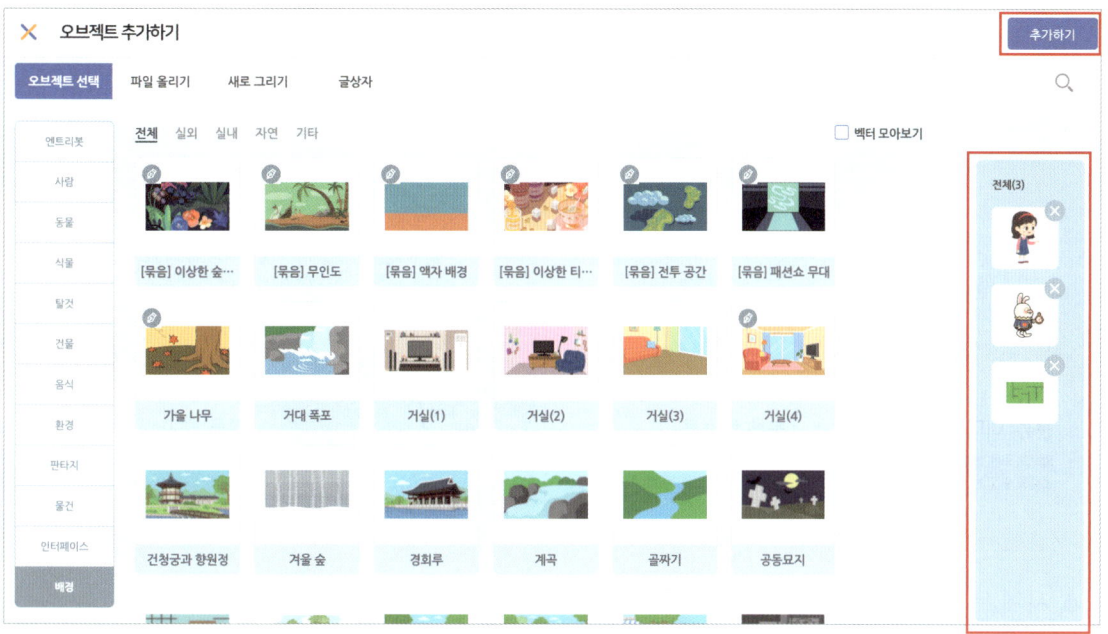

▲ 엔트리 프로그램을 실행하고 엔트리봇을 삭제한 다음, [+ 오브젝트 추가하기] 를 클릭해서 '소녀(2)', '시계를 든 토끼', '미로' 오브젝트를 선택하고, [추가하기] 버튼을 클릭해요.

2 적절한 위치로 오브젝트 이동하기

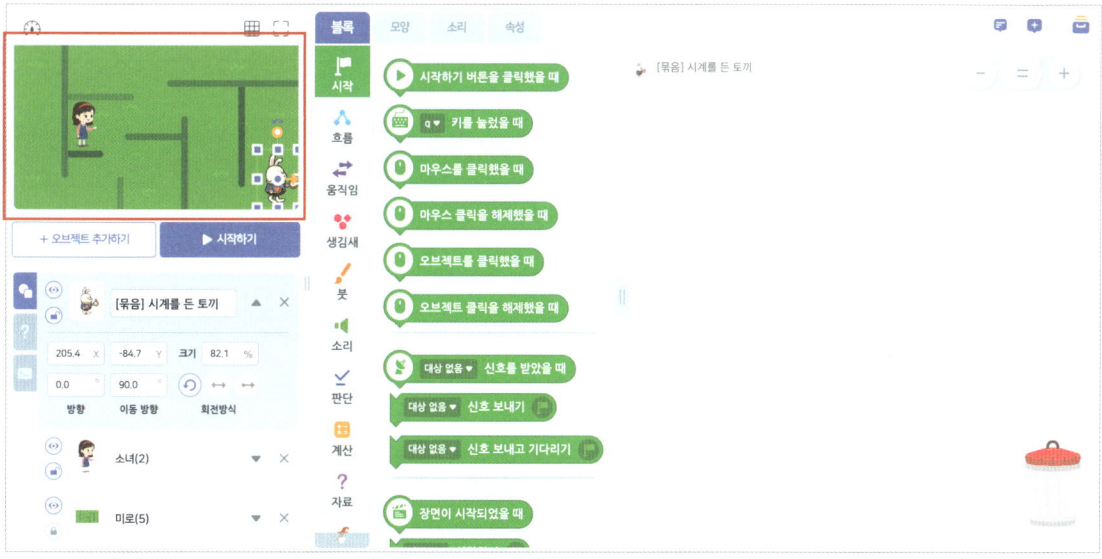

▲ '소녀(2)'와 '시계를 든 토끼' 두 오브젝트를 적절한 위치로 이동하고, 배경과 어울리게 크기를 조절해요.

목소리를 인식해 식별하는 인공지능 모델을 만들어요

1 인공지능 블록 불러오기

▲ 시계 토끼에게 앨리스의 목소리와 침입자의 목소리를 식별하는 학습을 시키기 위해 [인공지능]에서 [인공지능 모델 학습하기]를 클릭해요. 그다음 '분류: 음성'을 선택한 다음, 오른쪽 상단의 [학습하기]를 클릭해요.

2 클래스를 나누고, 클래스에 라벨 붙이기

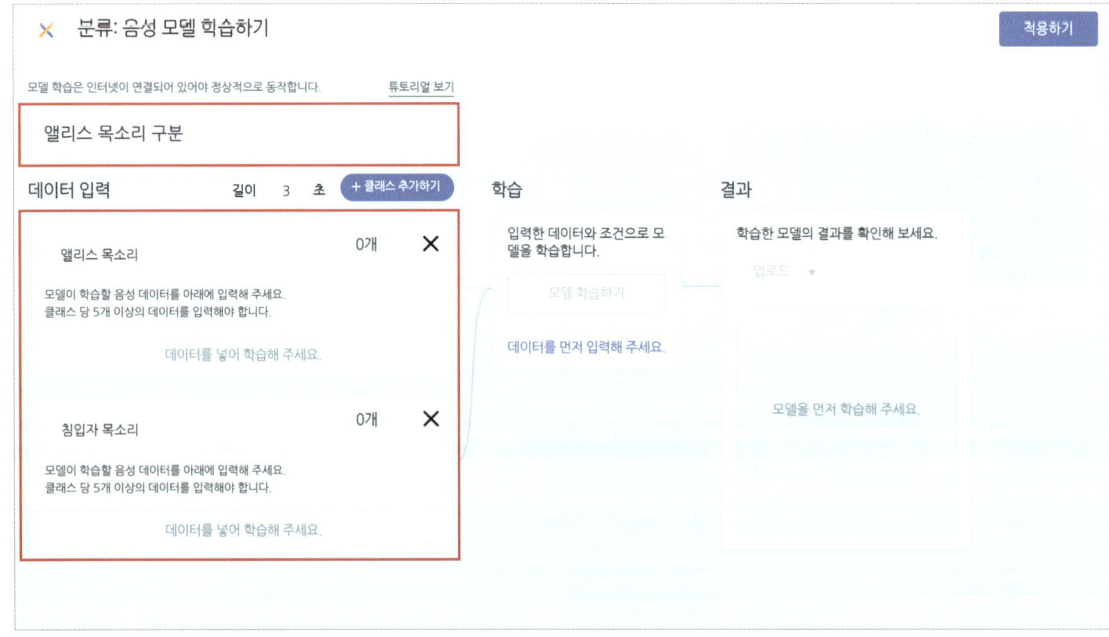

▲ 인공지능 학습 모델의 이름을 '앨리스 목소리 구분'으로 정하고, '앨리스 목소리'와 '침입자 목소리' 두 클래스로 나누어 각각 음성 데이터를 만들어요.

3 앨리스와 침입자 음성 모델 학습하기

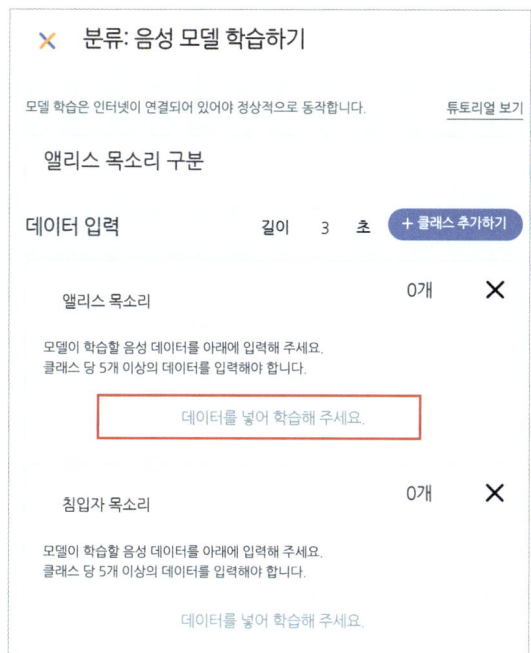

▲ [데이터를 넣어 학습해 주세요]를 클릭해요.

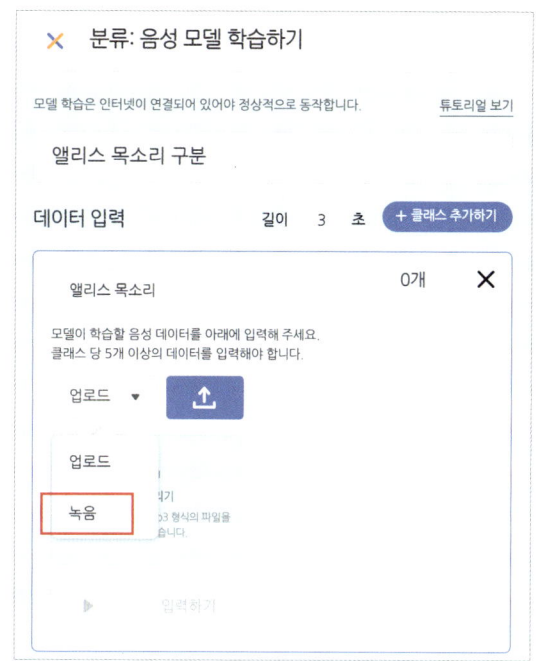

▲ [녹음]을 클릭해요.

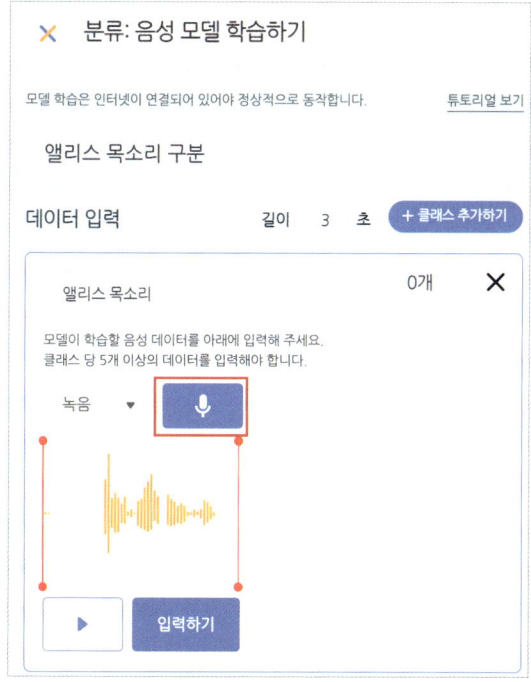

▲ 마이크 모양의 아이콘을 클릭하고 마이크에 목소리를 녹음해요.

▲ 불필요한 부분은 붉은 세로선을 옮겨 삭제하고, [입력하기]를 클릭하면 오른쪽에 목소리 데이터가 입력돼요. 되도록 많은 데이터를 입력해야 목소리를 잘 식별할 수 있어요.

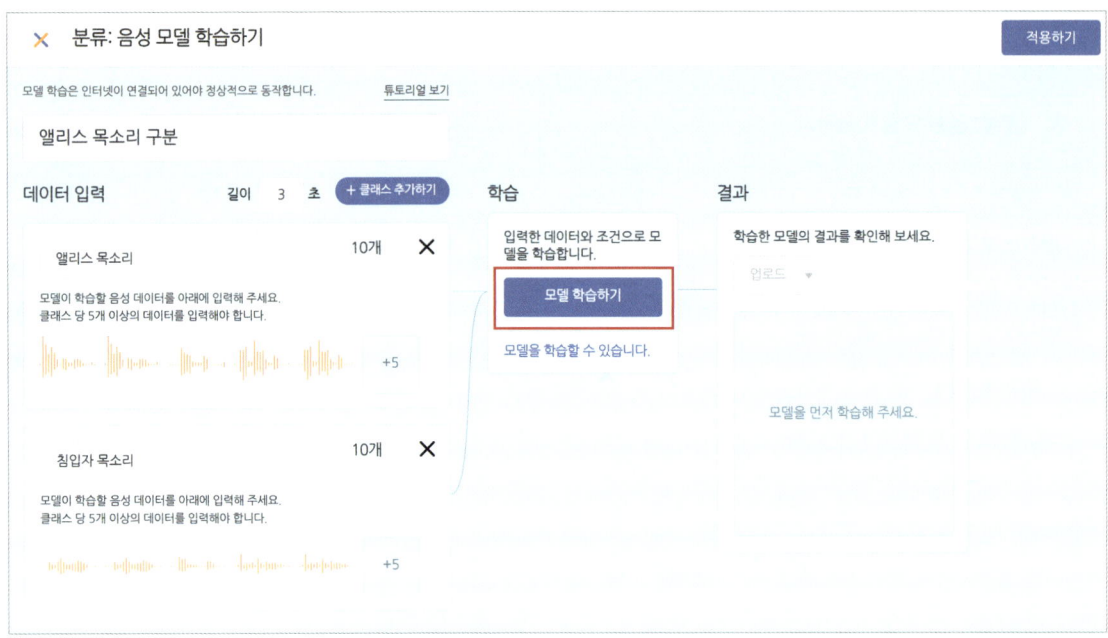

▲ 데이터를 모두 준비했다면, 모델 학습하기 를 눌러 학습을 완료해요.

4 음성 학습 결과 확인하기

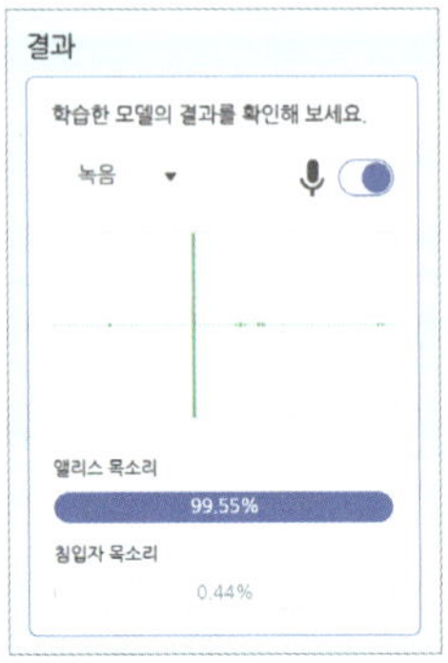

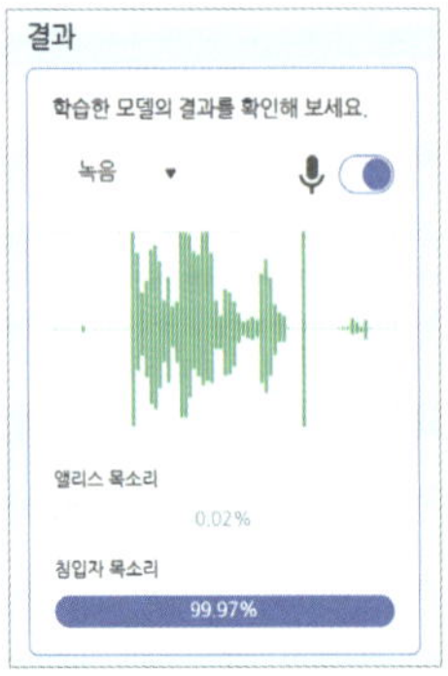

> 학습에 사용된 데이터가 부족하거나 잘못된 데이터를 사용하면 학습 결과가 정확하지 않을 수 있어요. 만약 분류가 잘 되지 않는다면 데이터를 더 많이 추가하면 좀 더 잘 분류할 거예요.

◀ 앨리스와 침입자를 구분하는 학습이 잘 되었는지 확인하기 위해 '결과'에 음성을 녹음해 분류 결과를 확인해요.

시계 토끼가 앨리스의 목소리를 식별해요

1 프로그램을 시작하면 시계 토끼에게 질문하는 앨리스 만들기

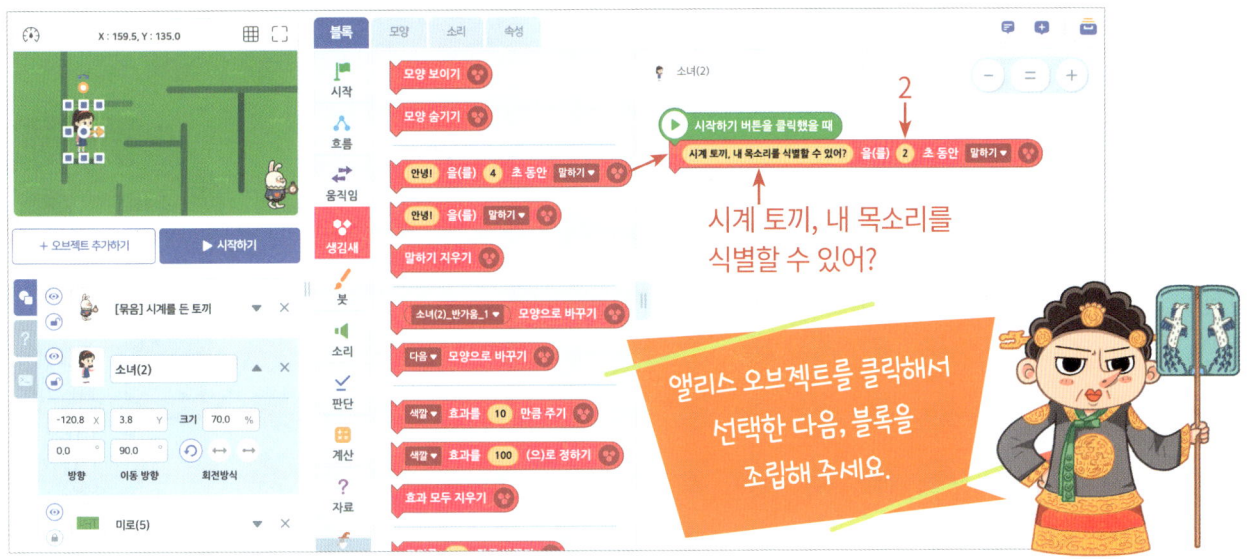

▲ `시작`에서 `시작하기 버튼을 클릭했을 때`를 블록 조립소로 드래그해요. 그 아래에 `생김새`에서 `안녕! 을(를) 4 초 동안 말하기` 블록을 연결해요. "안녕!" 부분에 앨리스의 질문 "시계 토끼, 내 목소리를 식별할 수 있어?"를 입력하고, 숫자는 '2'로 바꾸어요.

2 시계 토끼와 앨리스 오브젝트가 서로 이야기를 주고받도록 신호 만들기

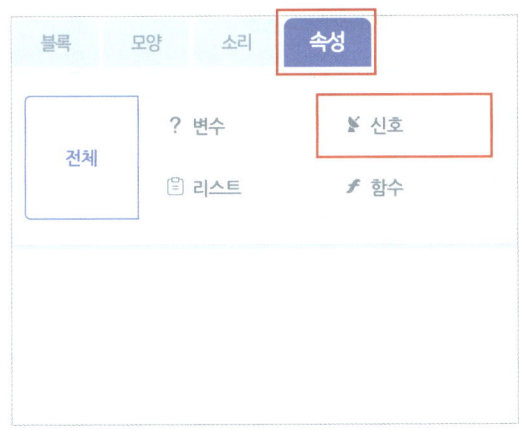

▲ 블록 꾸러미의 [속성] 탭을 클릭하고 [신호]를 선택해요.

▲ [신호 추가하기]를 클릭해요.

23. 목소리를 식별해요 **169**

▲ 신호의 이름을 입력하고, [신호 추가하기]를 클릭해요.

3 앨리스가 시계 토끼에게 [목소리 구분하기] 신호 보내기

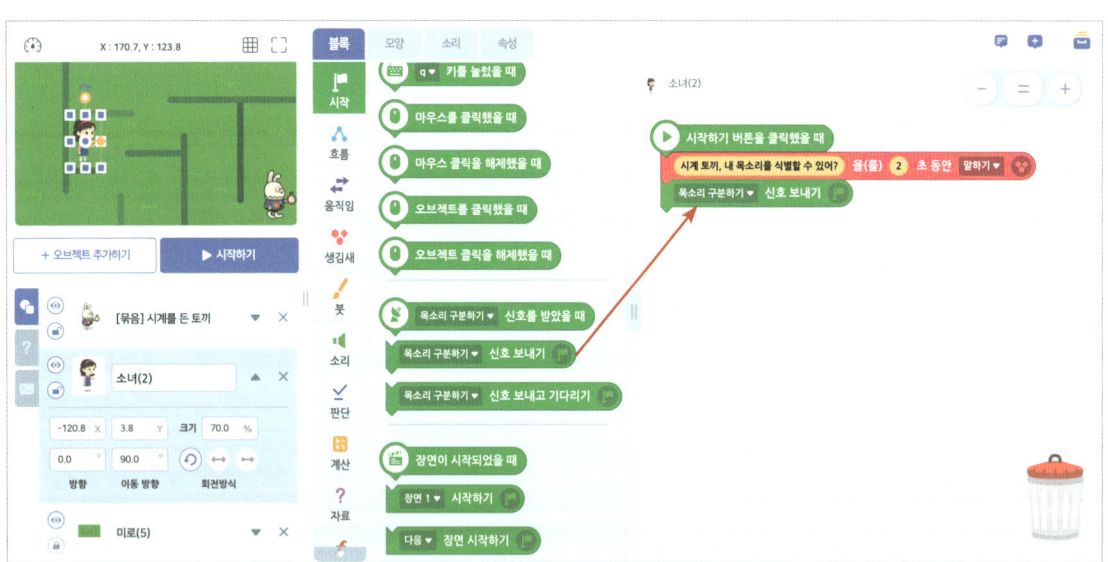

▲ 앨리스의 질문이 나오면, 시계 토끼가 앨리스의 목소리를 구분할 수 있도록 [시작] 에서 [목소리 구분하기 신호 보내기] 블록을 연결해요.

4 앨리스가 보낸 [판단하기] 신호를 시계 토끼가 받기

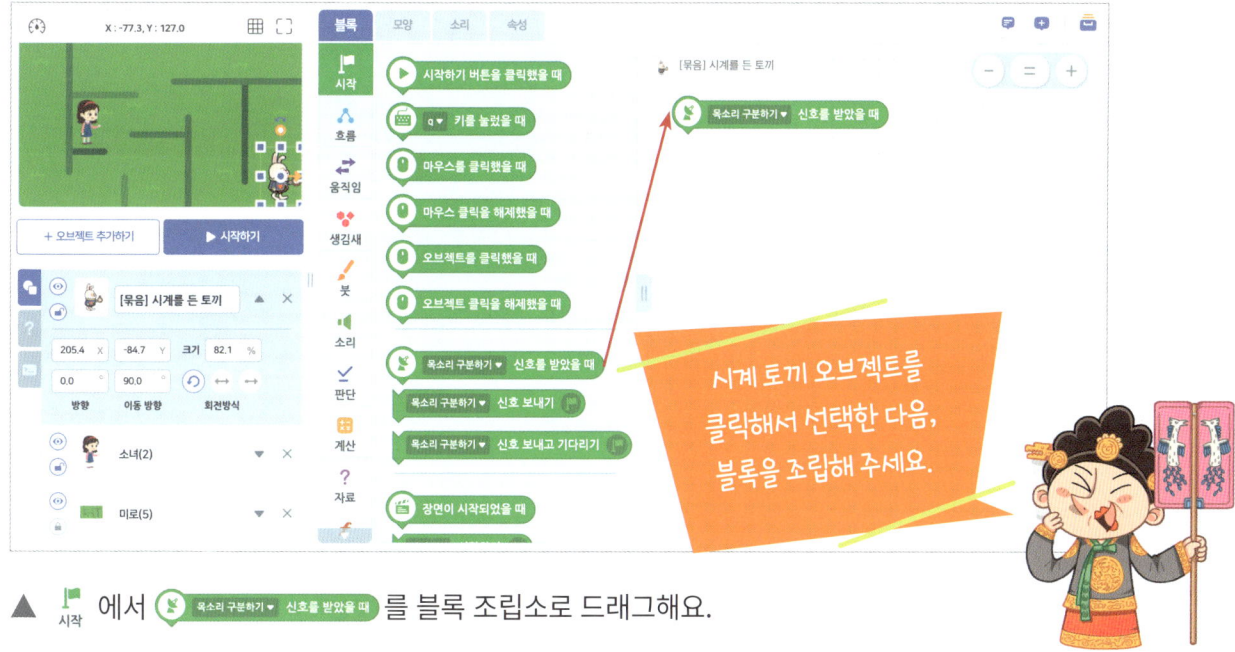

▲ 시작 에서 `목소리 구분하기 신호를 받았을 때` 를 블록 조립소로 드래그해요.

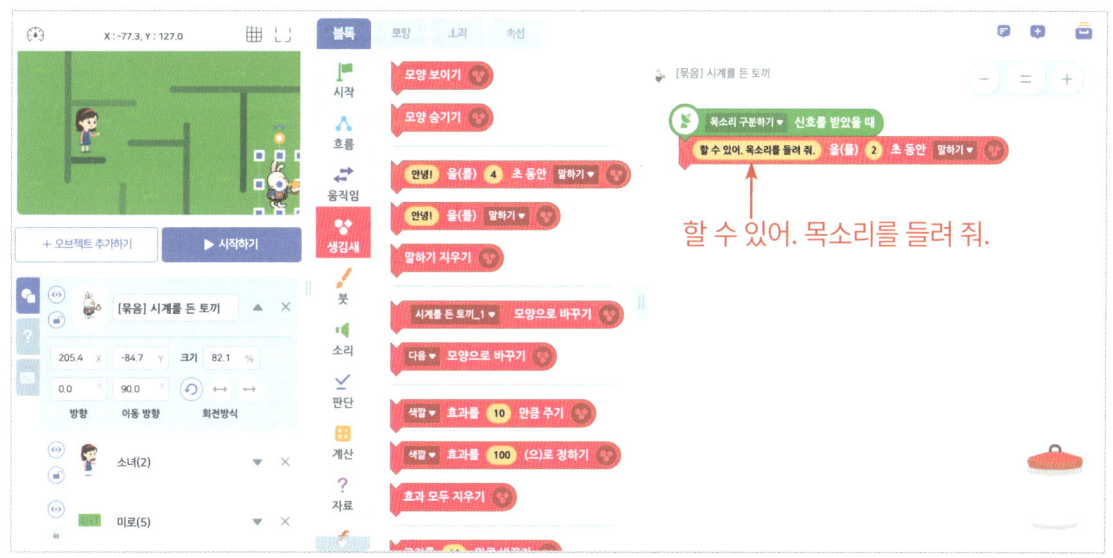

▲ 생김새 에서 `안녕! 을(를) 4 초 동안 말하기` 블록을 가져와 `목소리 구분하기 신호를 받았을 때` 블록 아래에 연결해요.
"안녕!" 부분에 "할 수 있어. 목소리를 들려 줘."를 입력하고, 숫자는 '2'로 바꾸어요.

23. 목소리를 식별해요 · · · · 171

5 학습한 음성 모델 사용하여 앨리스 목소리 식별하기

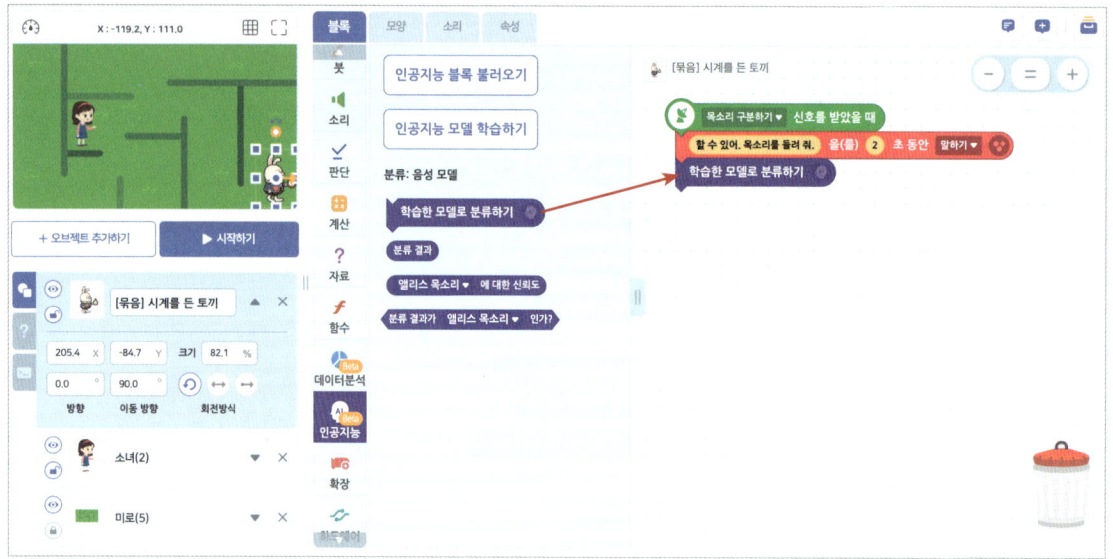

▲ 인공지능에서 학습한 모델로 분류하기를 할 수 있어. 목소리를 들려 줘. 을(를) 2 초 동안 말하기 블록 아래에 연결해요.

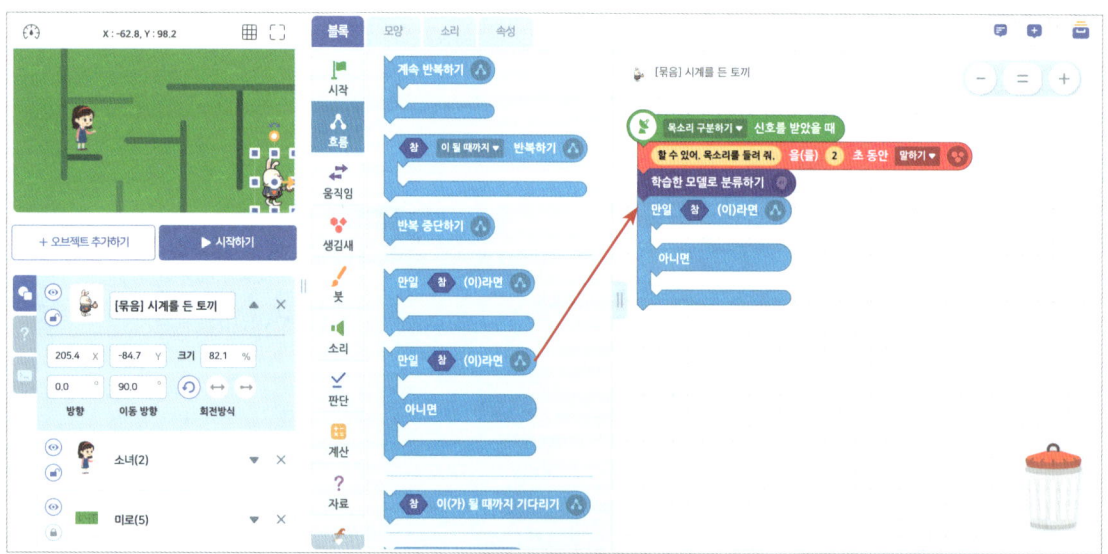

▲ 학습한 모델로 판단 내용에 따라 다른 말을 하도록 하기 위해서 흐름에서 만일 참 (이)라면 아니면 블록을 연결해요.

172 .... 앨리스의 AI월드 탐험기

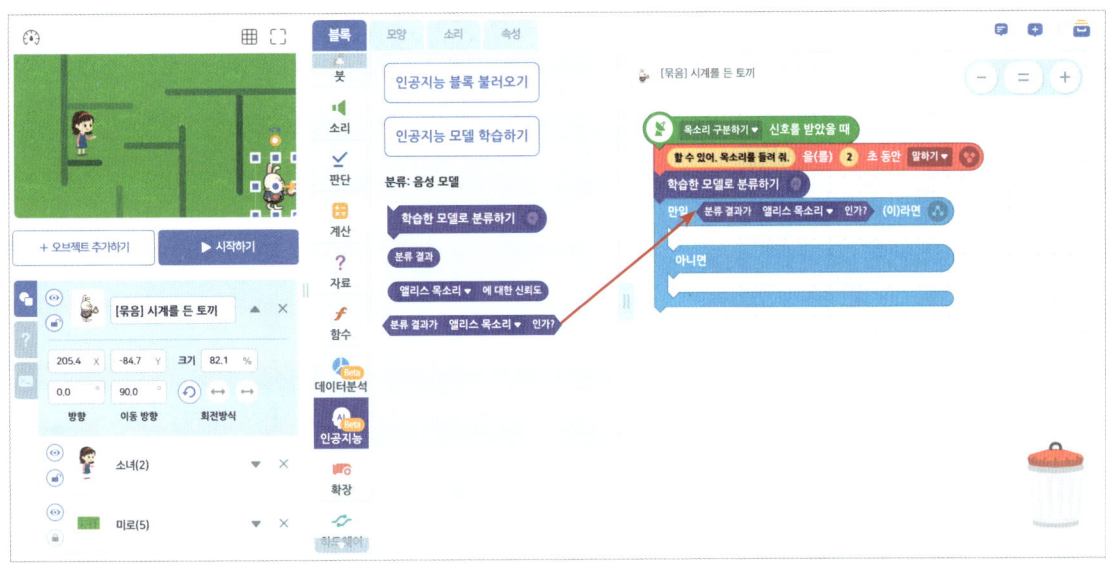

▲ 분류한 결과가 앨리스 목소리라면, 그 아래의 명령어 블록을 실행하도록 인공지능 에서 `분류 결과가 앨리스 목소리▼ 인가?` 조건을 `참` 에 덮어씌워요.

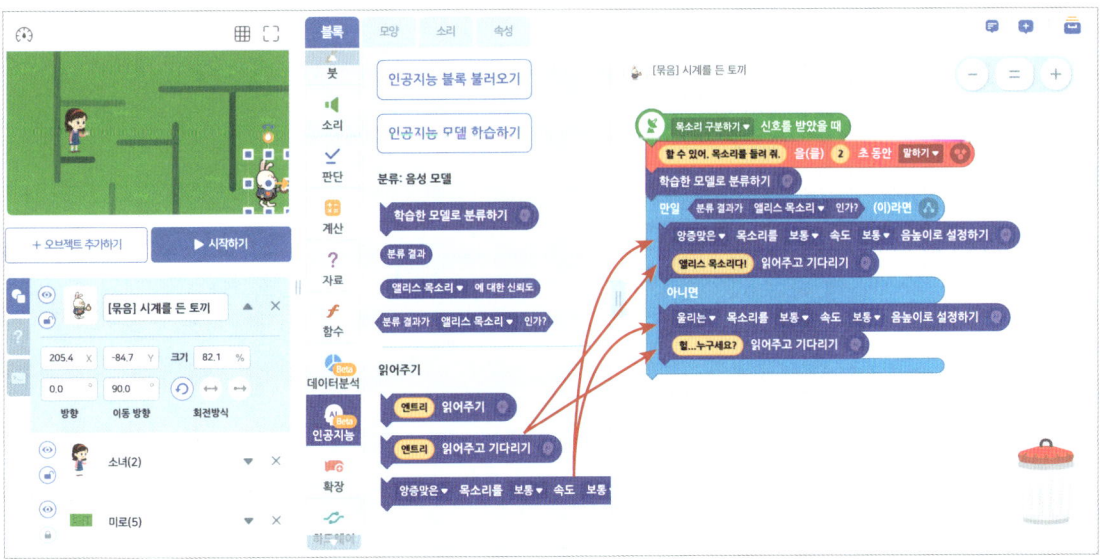

▲ 분류 결과가 앨리스 목소리이면 인공지능 의 '읽어주기'에서 `앙증맞은▼ 목소리를 보통▼ 속도 보통▼ 음높이로 설정하기` 블록과 `엔트리 읽어주고 기다리기` 블록을 차례로 연결해요. 그리고 '엔트리' 글자 부분에 "앨리스 목소리다!"를 입력해요. 만약 분류 결과가 앨리스 목소리가 아니면 인공지능 의 '읽어주기'에서 `울리는▼ 목소리를 보통▼ 속도 보통▼ 음높이로 설정하기` 블록과 `엔트리 읽어주고 기다리기` 블록을 차례로 연결한 다음, '엔트리' 글자 부분에 "헐...누구세요?"를 입력해요.

24 시계 토끼 가면을 써요

MISSION_4

드디어 출구에 도착한 앨리스와 시계 토끼.
아뿔싸, AI월드 주민만 통과시키는 감식 장치가 있어.
앨리스의 얼굴을 시계 토끼처럼 보이게 할 수 있겠어?
시계 토끼는 물론, 할 수 있겠지?

▶ 시작하기

사람의 얼굴을 인식하여 오브젝트가 얼굴을 따라다니는 인공지능 프로그램을 만들어 보세요.

🔍 미션 미리 보기

프로그램이 시작되면 시계 토끼가 스페이스 키를 눌러 보라고 안내하고, 카메라가 얼굴을 인식해 토끼 가면이 따라다녀요.

스페이스 키를 누르면 냐옹~ 소리가 나요.

사용할 인공지능 블록

비디오 감지

- **비디오 화면 보이기 ▼**
  컴퓨터에 연결된 카메라로 촬영되는 화면을 실행 화면에서 보이게 하거나 숨겨요.

- **사람 ▼ 인식 시작하기 ▼**
  선택된 인식 모델을 동작하게 하거나 중지시켜요.
  - 사람 인식: 사람의 몸을 인식해 신체 부위의 위치를 알 수 있어요.
  - 얼굴 인식: 사람의 얼굴을 인식해 눈, 코, 입, 귀의 위치나 예상되는 성별, 나이, 감정을 알 수 있어요.
  - 사물 인식: 인식되는 사물의 종류를 알 수 있어요.

- **1 ▼ 번째 사람의 얼굴 ▼ 의 x ▼ 좌표**
  입력한 순서의 사람의 선택한 신체 부위의 위치 값이에요. x좌표는 왼쪽·오른쪽, y좌표는 위·아래의 위치예요.

실행 화면을 구성해요

1 필요한 오브젝트 추가하기

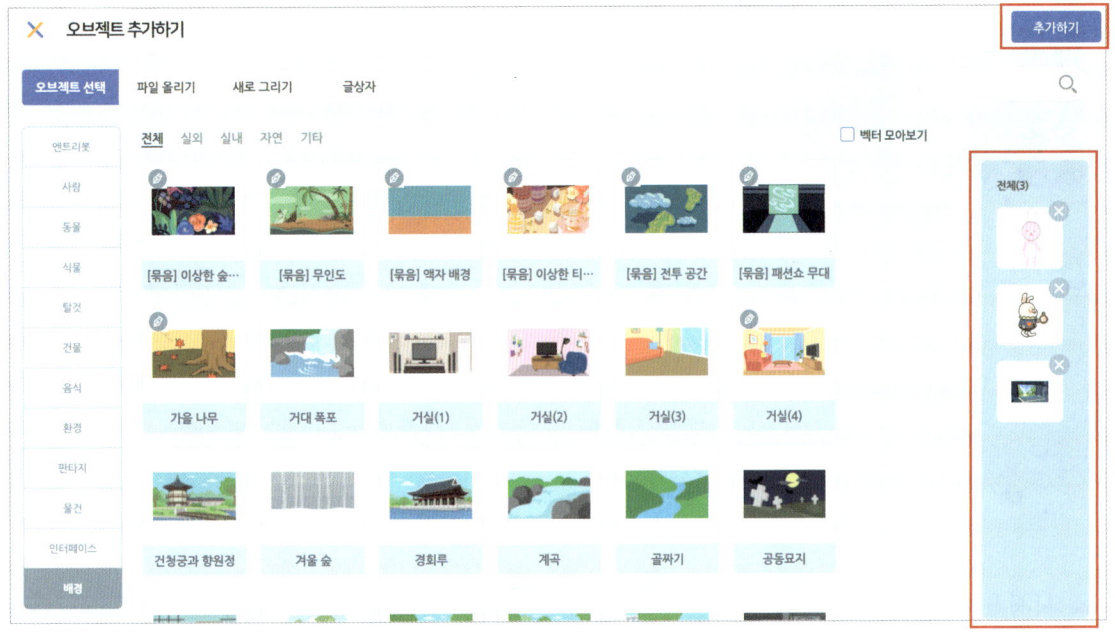

▲ 엔트리 프로그램을 실행하고 엔트리봇을 삭제한 다음, +오브젝트 추가하기 를 클릭해서 '나만의 토끼', '시계를 든 토끼', '창고'를 선택하고, 추가하기 버튼을 클릭해요.

2 토끼 가면 만들기

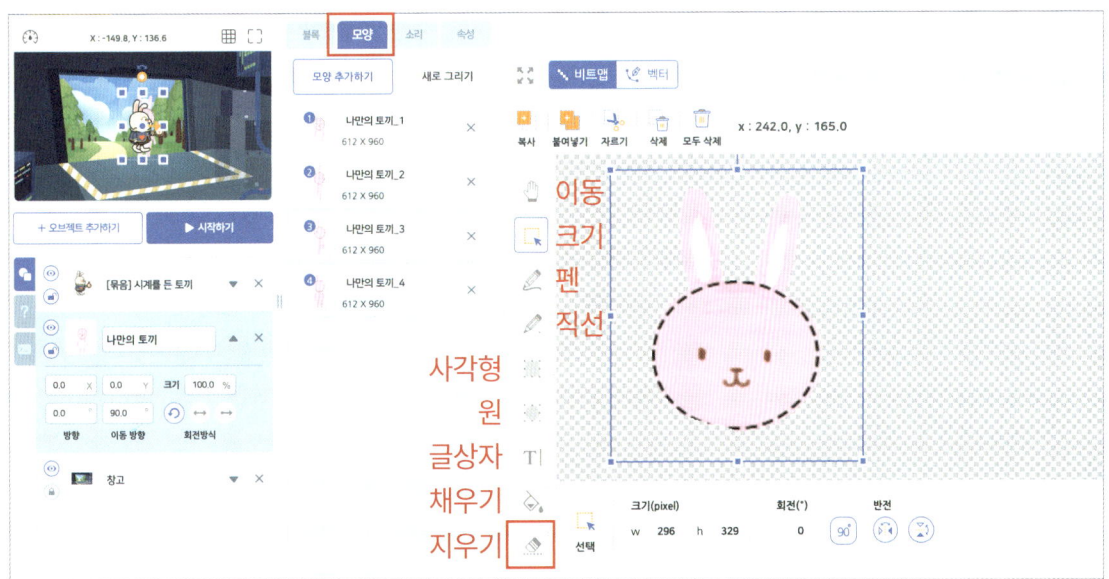

▲ '나만의 토끼' 오브젝트를 클릭하고, [모양] 탭에서 토끼의 얼굴만 남기고 나머지는 지우개로 지워요.

24. 시계 토끼 가면을 써요

얼굴 위치를 인식해 따라오는 프로그램을 만들어요

1 프로그램을 안내하는 시계 토끼 만들기

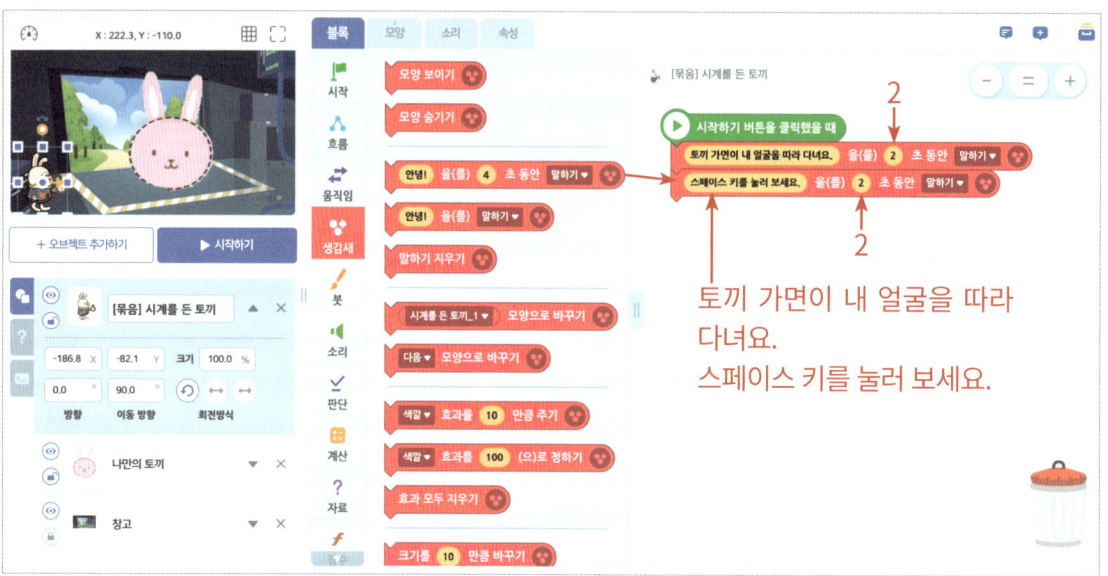

▲ 시계 토끼 오브젝트를 클릭한 다음, 시작 에서 시작하기 버튼을 클릭했을 때 를 블록 조립소로 드래그해요. 그리고 아래에 생김새 에서 안녕! 을(를) 4 초 동안 말하기 블록을 연결해요. "안녕!" 대신 "토끼 가면이 내 얼굴을 따라다녀요.", "스페이스 키를 눌러 보세요."로 글자를 바꿔서 입력해요. 시계 토끼를 클릭하면 프로그램을 안내해 줘요.

2 배경 오브젝트 투명하게 만들기

▲ 시작 에서 시작하기 버튼을 클릭했을 때 를 블록 조립소로 드래그해요. 그 아래에 생김새 에서 색깔 효과를 100 (으)로 정하기 블록을 연결해요. '색깔'을 '투명도'로 바꾸고, 숫자는 '80'으로 설정해요. 이렇게 하면 배경 창고는 투명해지고, 카메라에 인식된 얼굴도 잘 보여요.

3 인공지능 블록 불러오기

◀ 프로그램이 시작되면 카메라에 촬영되는 화면을 볼 수 있도록 인공지능 블록을 가져와요. 블록 모양 소리 속성 탭에 인공지능을 클릭하고 인공지능 블록 불러오기 를 클릭해요. '비디오 감지'와 '읽어주기'를 선택한 다음, 오른쪽 상단의 불러오기 를 클릭해요.

4 사람 얼굴 인식하기

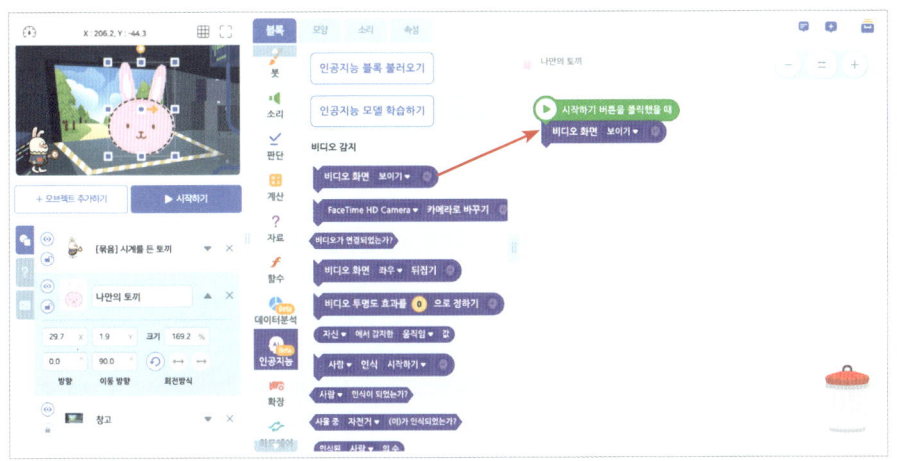

▲ '나만의 토끼' 오브젝트를 클릭한 다음, 시작하기 버튼을 클릭했을 때 를 블록 조립소에 드래그해요. 그 아래에 인공지능 - '비디오 감지'에서 비디오 화면 보이기 블록을 연결해요.

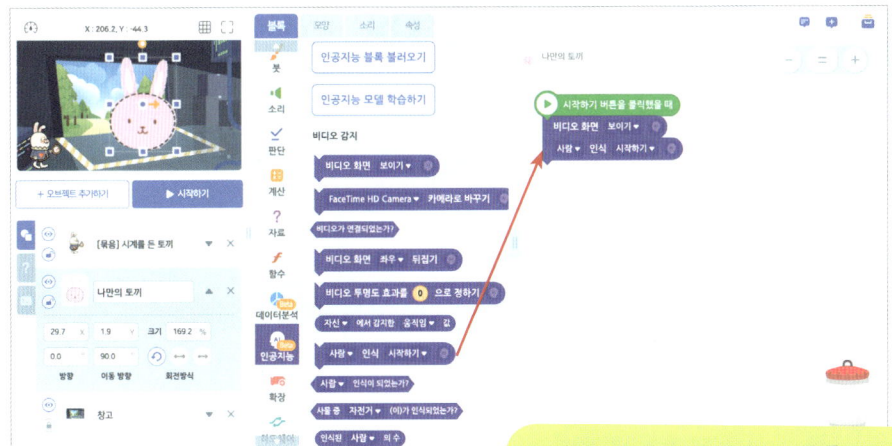

▲ 사람의 얼굴을 인식할 수 있도록 사람 인식 시작하기 블록을 연결해요.

'사람' 인식을 하면 머리, 몸통, 팔, 다리와 같은 신체 부위가 인식되고, '얼굴' 인식을 하면 얼굴 위의 눈썹, 눈, 코, 입 등의 위치가 인식되어요. 토끼 가면을 머리 부위에 쓰는 것이므로 사람 인식으로 설정해요.

24. 시계 토끼 가면을 써요 ···· 177

5 오브젝트에 얼굴 위치 좌표 연결하기

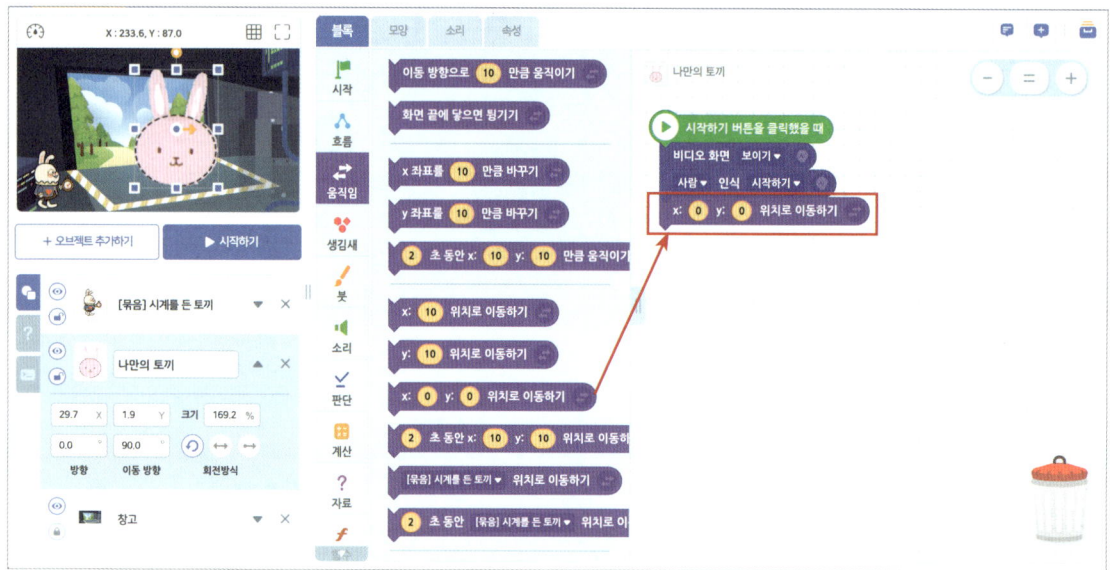

▲ '나만의 토끼' 오브젝트가 사람의 얼굴 위치에 나타나야 하므로 움직임 - x: 0 y: 0 위치로 이동하기 블록을 연결해요.

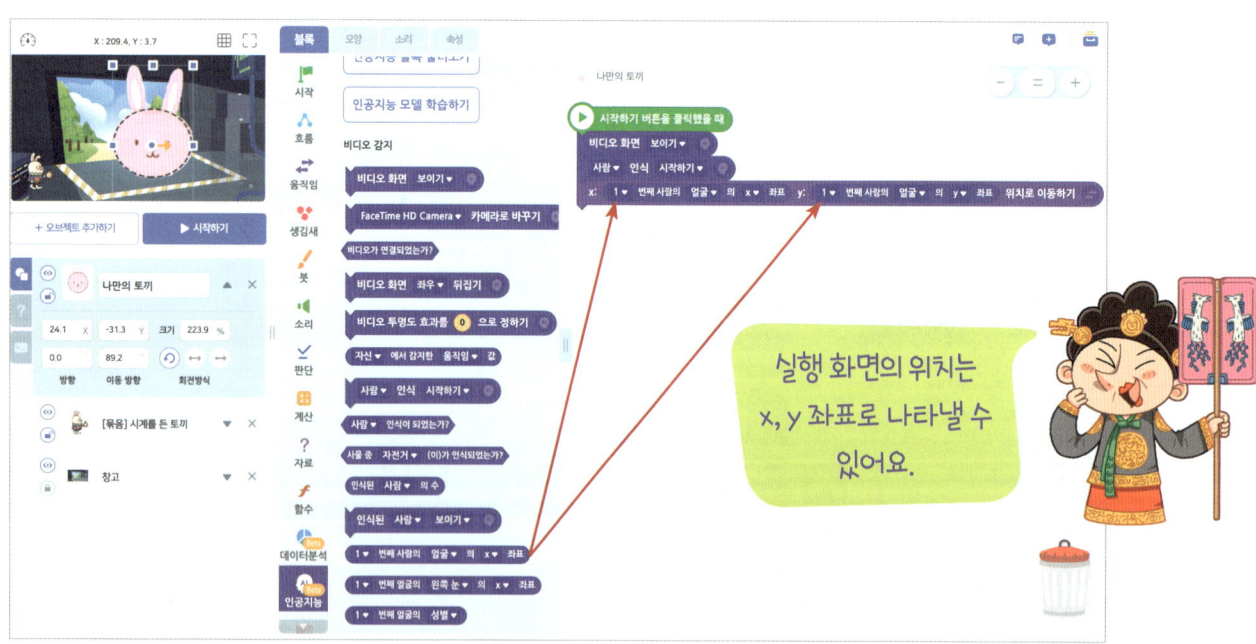

▲ 인식된 얼굴의 x, y좌표를 알기 위해서는 인공지능 - 1▼ 번째 사람의 얼굴▼ 의 x▼ 좌표 블록과 1▼ 번째 사람의 얼굴▼ 의 y▼ 좌표 블록을 x: 0 y: 0 위치로 이동하기 의 x, y좌표 값 '0'에 덮어씌워요.

실행 화면의 위치는 x, y 좌표로 나타낼 수 있어요.

6 얼굴이 인식되는 동안 가면이 얼굴을 따라오게 하기

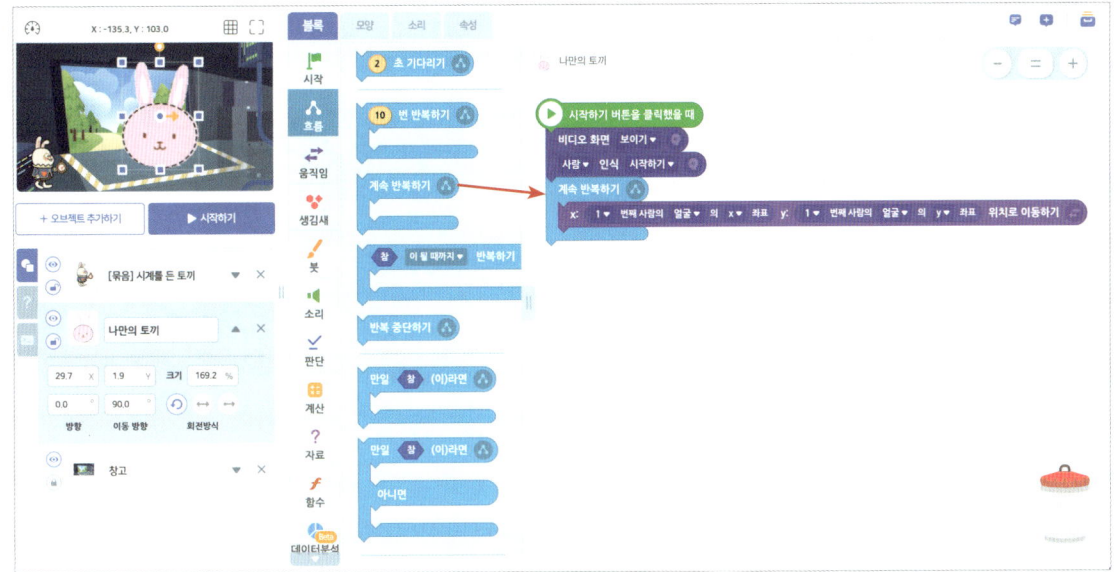

▲ 얼굴이 인식되는 동안 가면이 계속 사람의 얼굴 위치에 오도록 흐름 - 계속 반복하기 블록을 드래그하여, 블록 안에 `x: 1▼ 번째 사람의 얼굴▼ 의 x▼ 좌표 y: 1▼ 번째 사람의 얼굴▼ 의 y▼ 좌표 위치로 이동하기` 블록을 넣어요.

스페이스 키를 누르면 소리가 나게 만들어요

1 스페이스 키를 눌렀을 때 냐옹~ 소리 나오게 하기

'나만의 토끼' 오브젝트를 클릭해서 선택한 다음, 블록을 조립해 주세요.

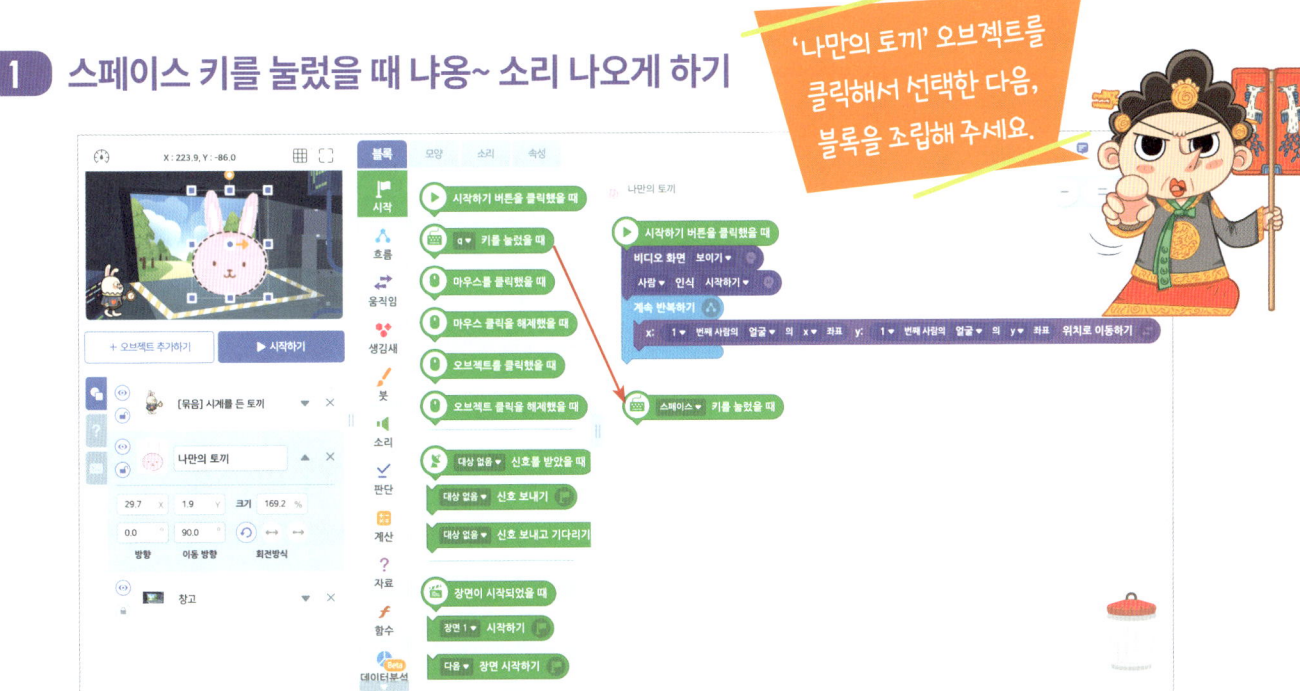

▲ 시작 에서 `q▼ 키를 눌렀을 때` 를 블록 조립소로 드래그하고 'q'를 '스페이스'로 바꾸어 줘요.

24. 시계 토끼 가면을 써요 **179**

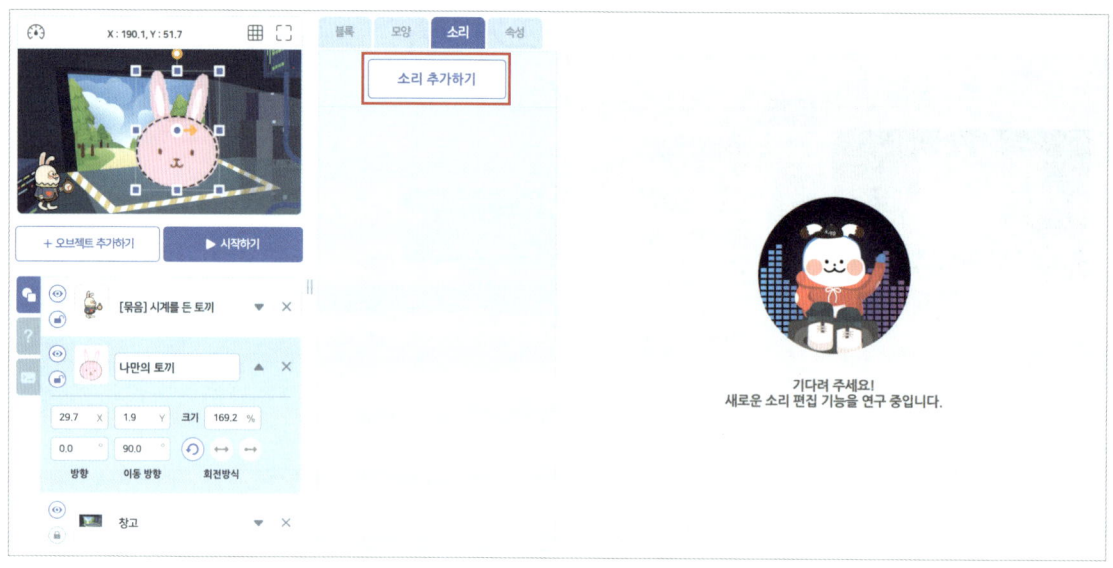

▲ 블록 모양 **소리** 속성 탭에 소리 추가하기 를 클릭해서 필요한 소리를 찾아요.

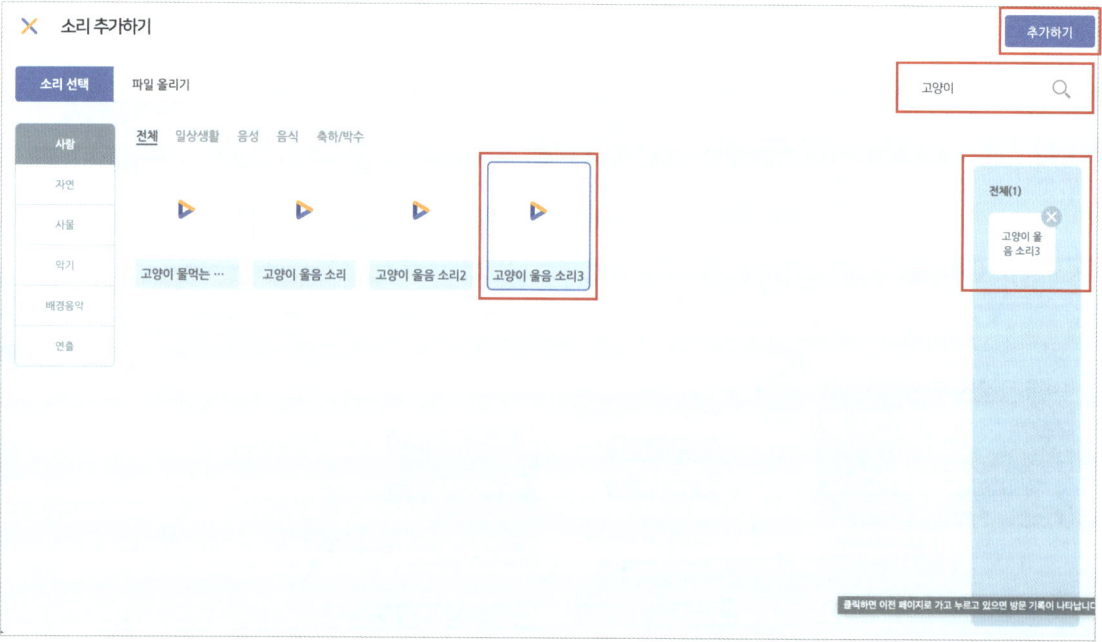

▲ 돋보기 창에 '고양이'를 입력해 검색해서, '고양이 울음소리3'을 찾아 선택하고 추가하기 를 클릭해 소리를 추가해요.

▶를 클릭하면 소리를 미리 들어 볼 수 있어요.

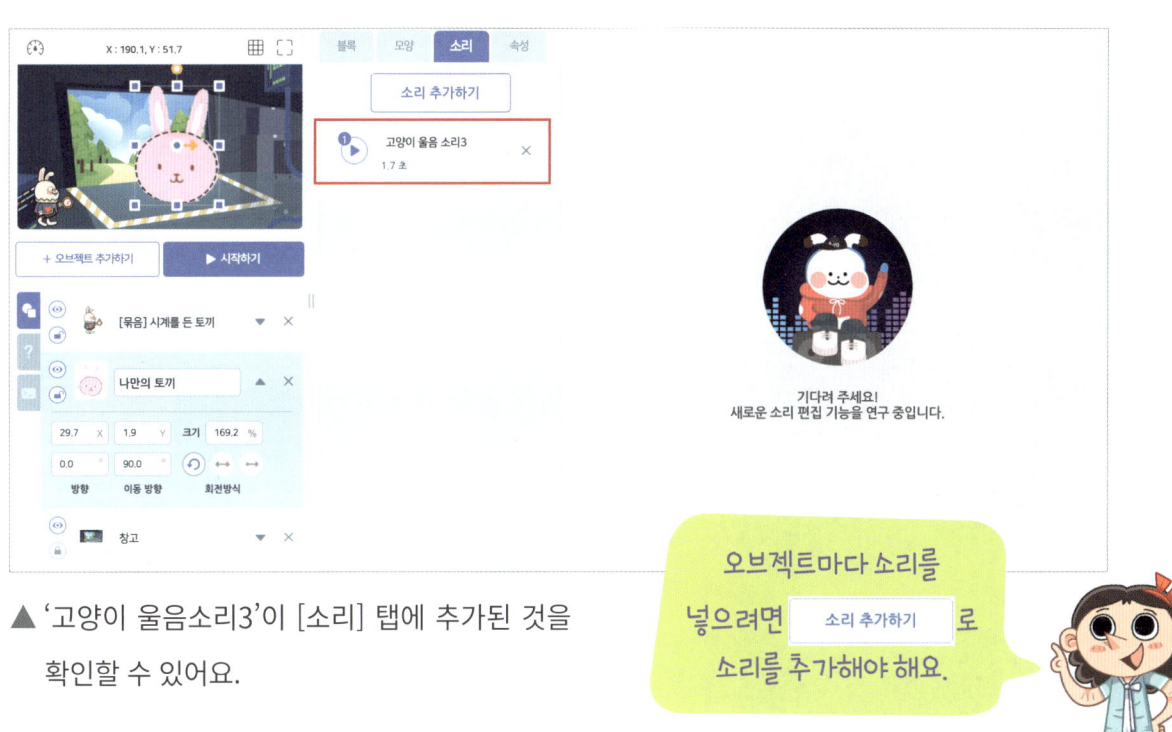

▲ '고양이 울음소리3'이 [소리] 탭에 추가된 것을 확인할 수 있어요.

오브젝트마다 소리를 넣으려면 소리 추가하기 로 소리를 추가해야 해요.

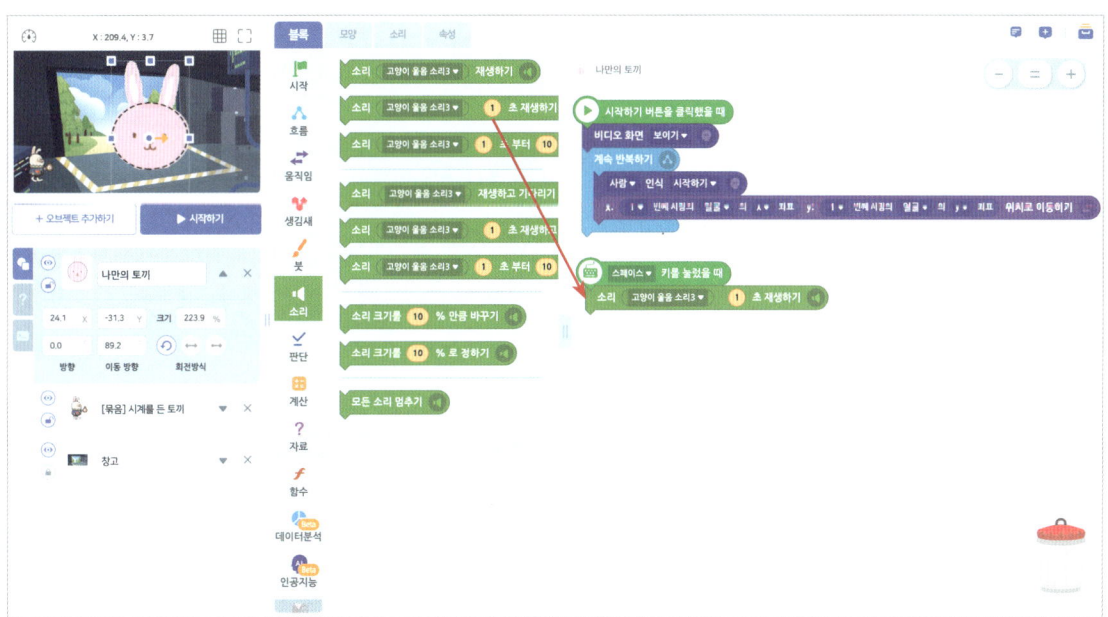

▲ 소리 에서 `소리 고양이 울음 소리3▼ 1 초 재생하기` 를 블록 조립소로 드래그하여, `스페이스▼ 키를 눌렀을 때` 블록 아래에 연결해요.

24. 시계 토끼 가면을 써요 ···· **181**

25 이상한 AI월드를 탈출해요

시계 토끼 그리고 앨리스와 함께 AI월드를 탈출하는 게임을 만들어 보세요.

MISSION_5

토끼 가면 덕분에 무사히 출구를 통과한 앨리스, 드디어 마지막 관문에 도착했어. 바로 방 탈출 미션! 이 방을 탈출하면 앨리스는 자유라구!

▶ 시작하기

🔍 미션 미리 보기

프로그램이 시작되면 시계 토끼가 마지막 미션을 안내해요.

시계 토끼의 안내에 따라 미션을 해결하여 방을 탈출하면 집에 갈 수 있어요.

사용할 인공지능 블록

읽어주기

`엔트리 읽어주고 기다리기`
입력한 문자를 읽어 주고 다음 블록을 실행해요.

`여성▼ 목소리를 보통▼ 속도 보통▼ 음높이로 설정하기`
목소리를 선택하고, 속도와 음높이를 설정해요.

장면 만들기

지금까지는 실행 화면이 한 개인 프로그램을 만들었어요. 애니메이션처럼 장소가 바뀌는 것을 표현하려면 장면을 추가하고, 장면을 다음 장면으로 바꾸는 명령어 블록을 사용해야 해요.

시작 블록

`장면이 시작되었을 때`
장면이 시작되면 아래에 연결된 블록을 실행해요.

`다음▼ 장면 시작하기`
선택한 장면을 시작해요.

실행 화면을 구성해요

1 필요한 오브젝트 추가하기

소녀(2) · 시계를 든 토끼 · 자물쇠 · 우화-고양이 · 오리

화분(3) · 못된 왕비 · 폭탄 · 서 있는 카드 병사 · 이상한 나라

▲ 방 탈출 미션이 있는 장면에 필요한 오브젝트를 추가해요.

2 적절한 위치로 오브젝트 이동하기

오브젝트의 크기와 방향을 정리하여 적절하게 배치해요.

내가 만났던 AI월드 주민들이 여기 다 모였어요!

25. 이상한 AI월드를 탈출해요 · 183

미션 장면을 만들어요

1 프로그램을 시작하면 말을 하는 앨리스 만들기

앨리스 오브젝트를 클릭해서 선택한 다음, 블록을 조립해 주세요.

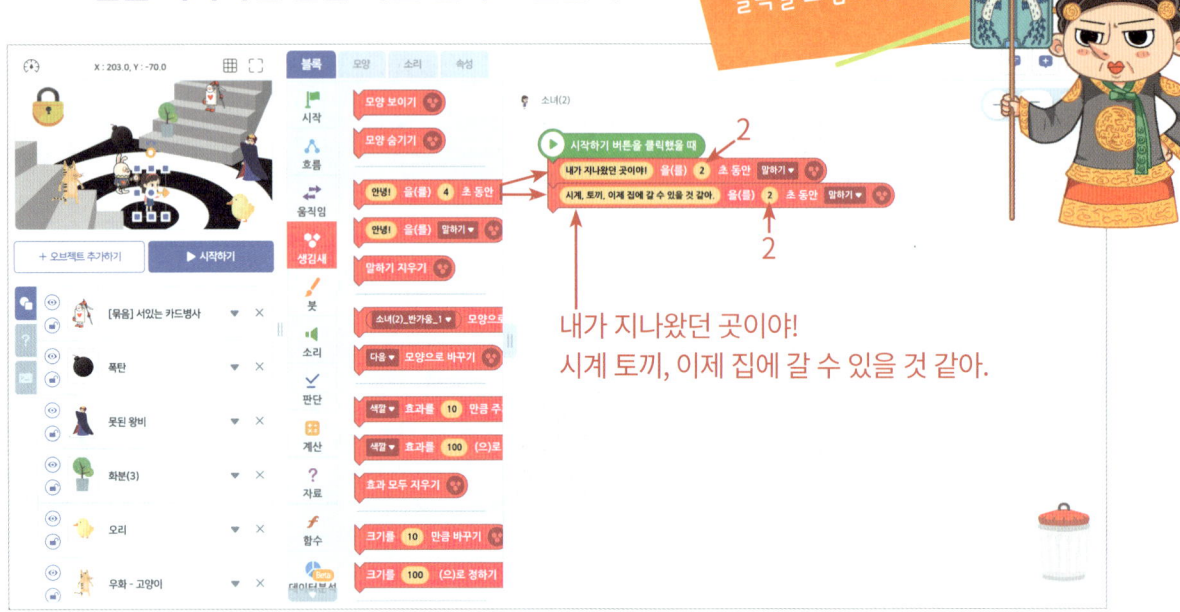

▲ [시작]에서 `시작하기 버튼을 클릭했을 때`를 블록 조립소로 드래그해요. 그 아래에 [생김새]에서 `안녕! 을(를) 4 초 동안 말하기` 블록을 연결해요. "안녕!" 부분에 "내가 지나왔던 곳이야!", "시계 토끼, 이제 집에 갈 수 있을 것 같아."를 입력하고, 숫자는 '2'로 바꾸어요.

2 시계 토끼와 앨리스 오브젝트가 서로 이야기를 주고받도록 신호 만들기 170~171쪽 참고

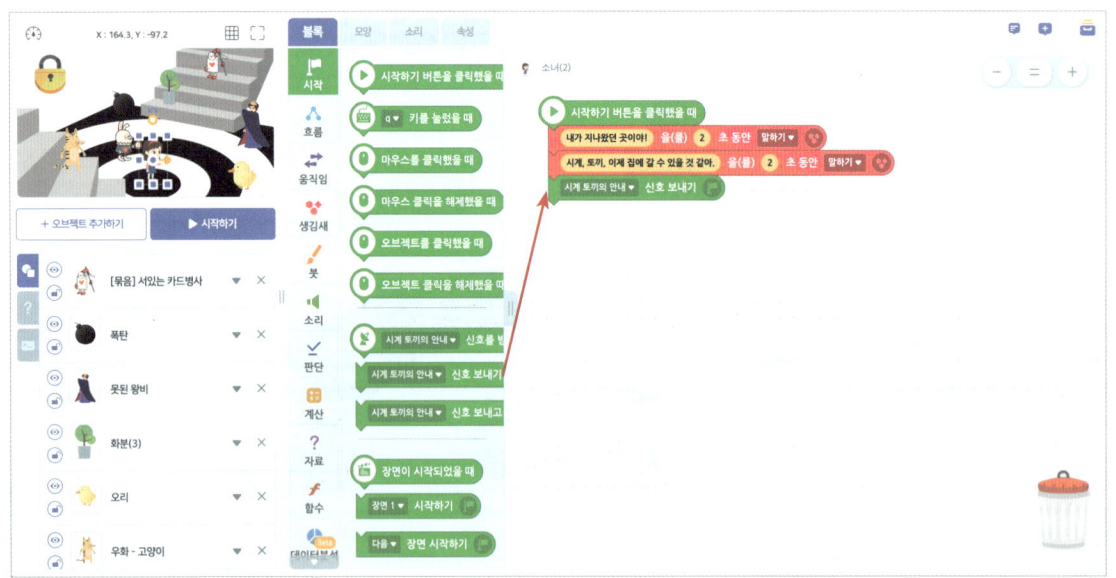

▲ [블록] [모양] [소리] **[속성]** 탭에서 [신호]-[신호 추가하기]를 클릭하여 신호 이름 '시계 토끼의 안내'를 입력하고 [확인]을 눌러요. 그리고, [시작] - `시계 토끼의 안내 신호 보내기`를 연결해서 시계 토끼에게 신호를 보내요.

184 ···· 앨리스의 AI월드 탐험기

3. 신호를 받으면 미션을 안내하는 시계 토끼 만들기

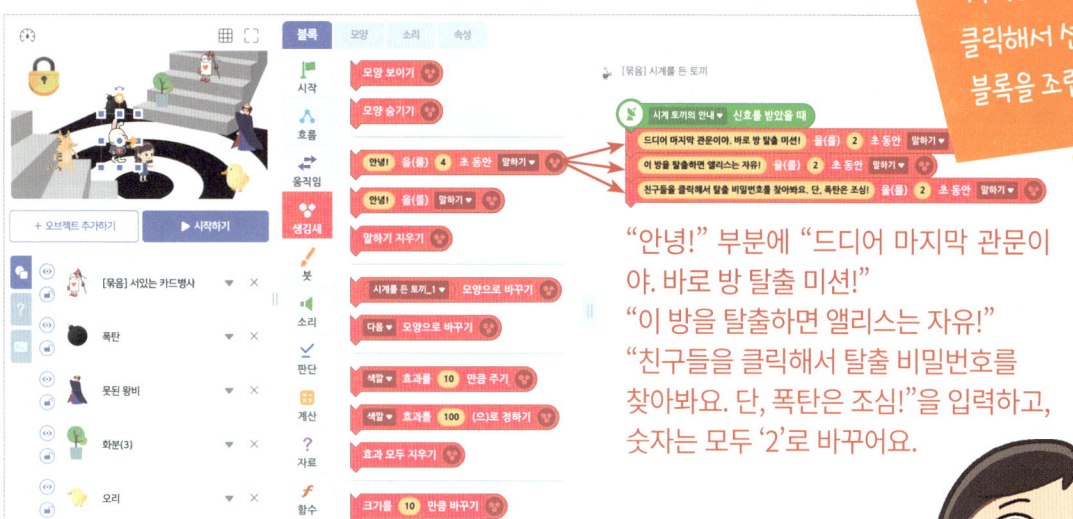

▲ 시작 에서 『시계 토끼의 안내 신호를 받았을 때』를 블록 조립소로 드래그해요. 그 아래에 생김새 - 『안녕! 을(를) 4 초 동안 말하기』 블록을 3번 반복하여 연결하고, 시계 토끼의 말을 입력해요.

 신호를 받은 시계 토끼가 앨리스에게 미션을 안내해요.

4. 문제를 풀면 비밀번호의 자릿수를 안내하는 못된 왕비 만들기

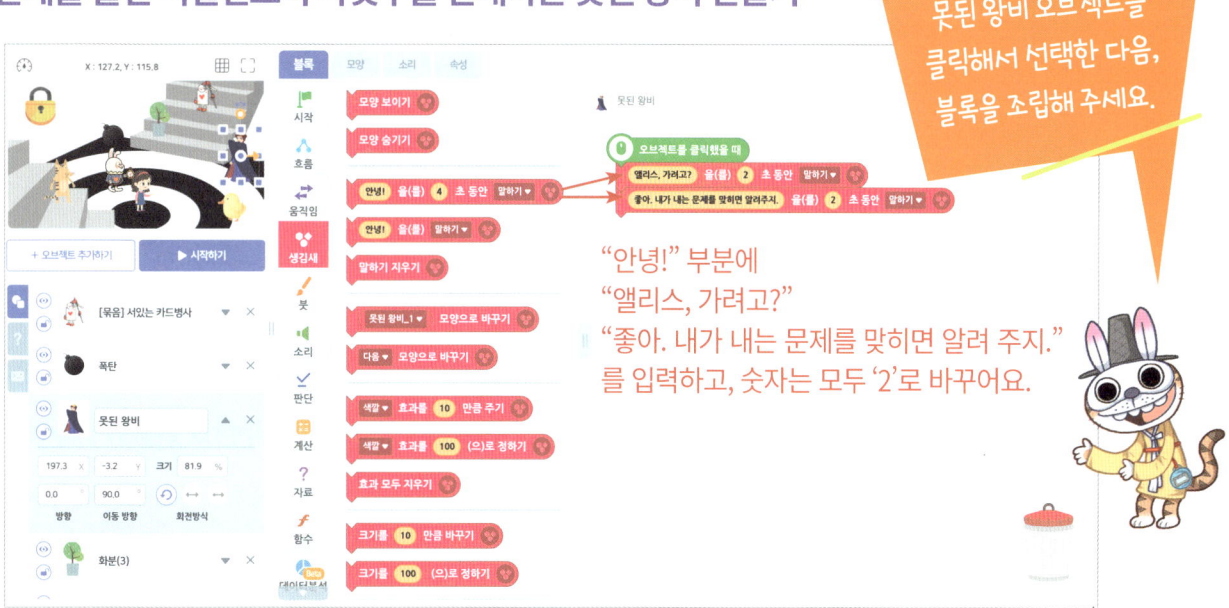

▲ 시작 에서 『오브젝트를 클릭했을 때』 블록 아래에 생김새 - 『안녕! 을(를) 4 초 동안 말하기』 블록을 연결하고, 못된 왕비의 말을 입력해요.

25. 이상한 AI월드를 탈출해요 ···· **185**

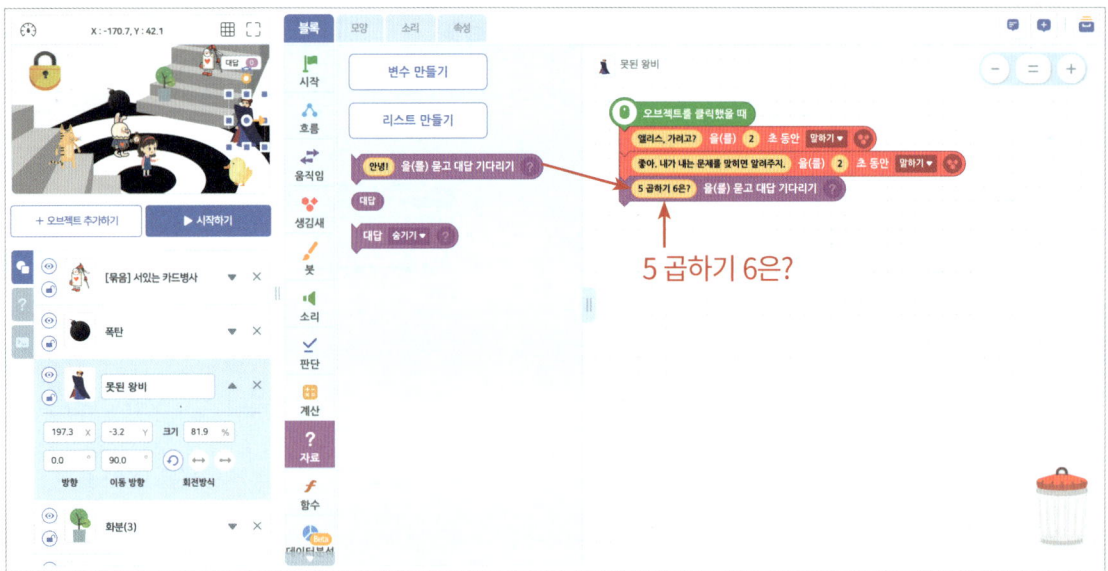

▲ ?자료 - 안녕! 을(를) 묻고 대답 기다리기 블록을 드래그하여 "안녕!"을 "5 곱하기 6은?"으로 바꾸어 문제를 내고, 사용자의 대답을 기다릴 수 있도록 만들어요.

▲ 흐름 - 만일 참 (이)라면 아니면 블록을 이용해 사용자의 대답이 정답인지 아닌지에 따라 다른 결과가 나오도록 만들어요.

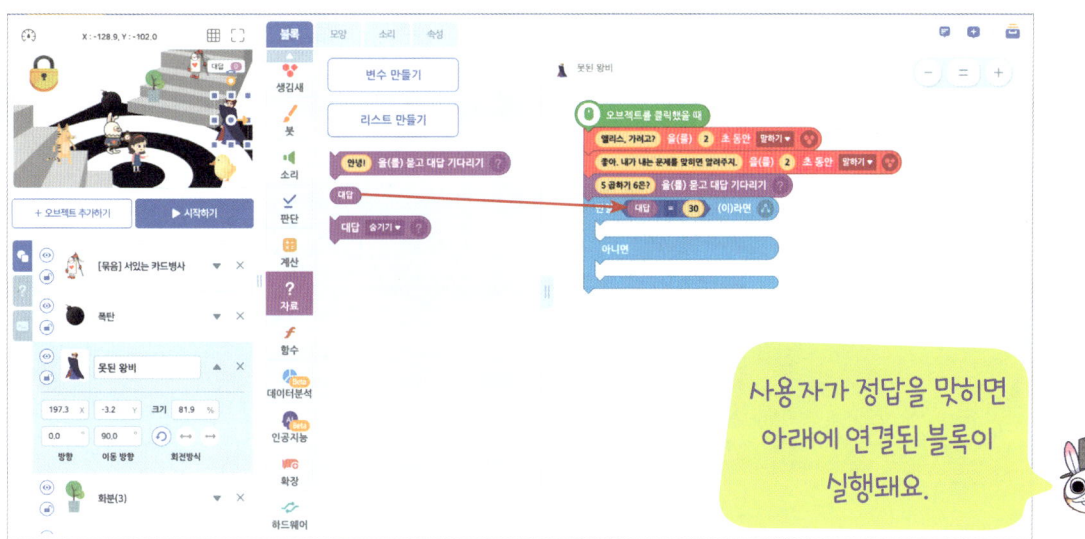

▲ 사용자의 대답이 30인지를 판단하기 위해 판단 의 `10 = 10` 블록을 참 조건에 덮어씌워요. 그리고 왼쪽 '10'에는 자료 의 대답 블록을 드래그하여 덮어씌우고, 오른쪽 '10'에는 정답 '30'을 입력해요.

▲ 인공지능 에서 인공지능 블록 불러오기 를 클릭하고, [읽어주기]를 불러와요.

▲ 정답을 맞히면 인공지능이 "정답이야!"를 말하도록 인공지능 에서 `여성▼ 목소리를 보통▼ 속도 보통▼ 음높이로 설정하기` 와 `엔트리 읽어주고 기다리기` 블록을 드래그하여 차례로 연결해요. 블록의 목소리를 원하는 대로 설정하고, '엔트리' 대신 "정답이야!"를 입력해요.

25. 이상한 AI월드를 탈출해요

▲ 생김새 - 안녕! 을(를) 4 초 동안 말하기▼ 블록에서 "안녕!" 대신에 "비밀번호는 3자리야."라고 힌트를 입력해요.

▲ 블록 모양 소리 속성 탭에서 기본으로 설정되어 있는 소리를 삭제한 다음, [소리 추가하기]를 클릭해 '호루라기2' 소리를 추가해요. 그리고 '아니면' 아래에 블록 탭의 소리 - 소리 호루라기2▼ 1 초 재생하기 블록을 연결해서 답이 틀리면 호루라기 소리가 나게 해요.

5 문제를 풀면 첫 번째 비밀번호를 알려 주는 고양이 만들기

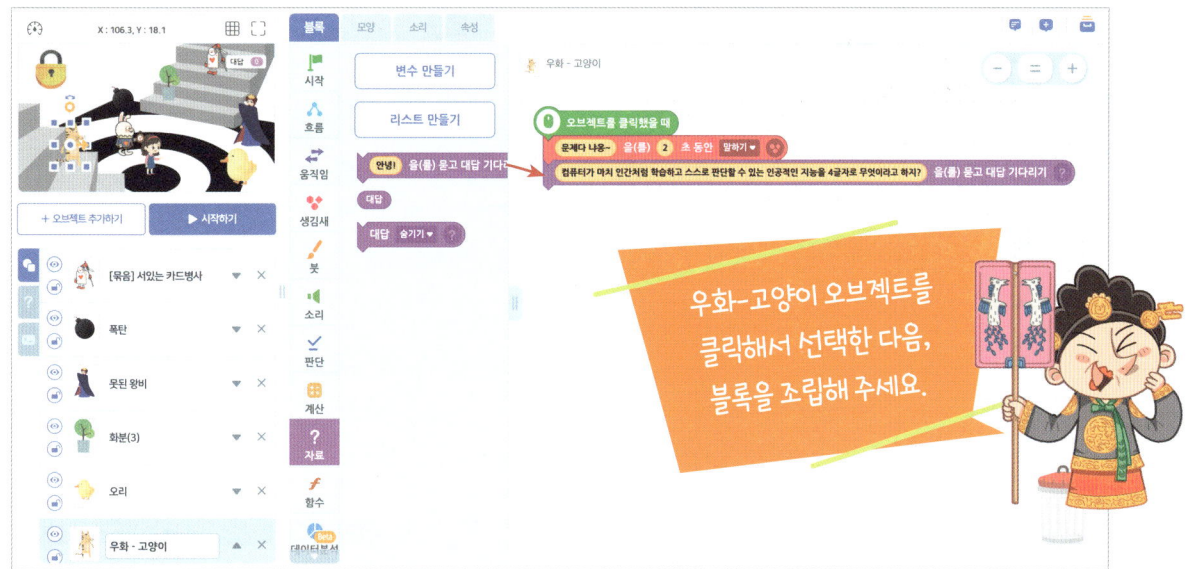

▲ `오브젝트를 클릭했을 때` 블록 아래에 `생김새` - `안녕! 을(를) 4 초 동안 말하기` 블록을 연결하고, 고양이의 말을 입력해요. "안녕!" 대신에 "문제다 냐옹~"을 입력하고 시간을 2초로 설정해요.

그리고 `자료` - `안녕! 을(를) 묻고 대답 기다리기` 블록을 이용해 "안녕!" 대신에 "컴퓨터가 마치 인간처럼 학습하고 스스로 판단할 수 있는 인공적인 지능을 4글자로 무엇이라고 하지?"라고 문제를 입력해요.

▲ `흐름` - `만일 참 (이)라면 아니면` 블록을 이용해 사용자의 대답이 정답인지 아닌지에 따라 다른 결과가 나오도록 만들어요.

`참`의 조건은 `판단`의 `10 = 10` 블록을 덮어씌워서 만들어요. 그리고 왼쪽 '10'에는 `자료`의 `대답` 블록을 드래그하여 덮어씌우고, 오른쪽 '10'에는 정답 '인공지능'을 입력해요.

▲ 정답을 맞히면 인공지능이 "정답이야!"를 말하도록 [인공지능]에서 [여성 목소리를 보통 속도 보통 음높이로 설정하기] 와 [엔트리 읽어주고 기다리기] 블록을 드래그하여 차례로 연결해요. 블록의 목소리를 원하는 대로 설정하고, '엔트리' 대신 "정답이야!"를 입력해요.

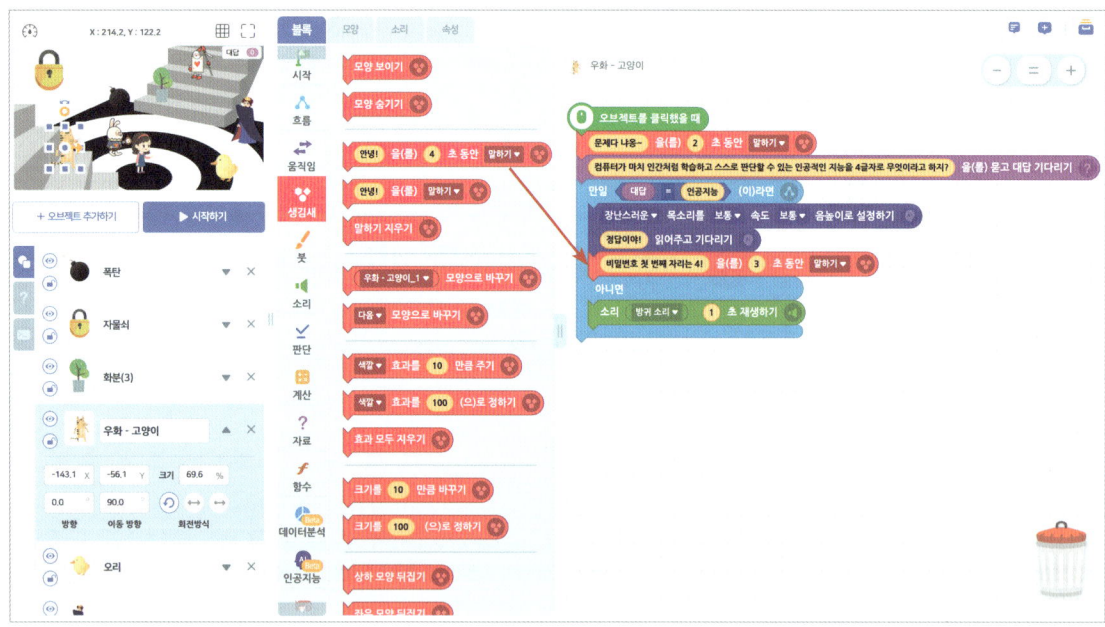

▲ [생김새] - [안녕! 을(를) 4 초동안 말하기] 블록을 드래그하여 연결한 다음, "안녕!" 대신에 "비밀번호 첫 번째 자리는 4!"라고 힌트를 입력해요.

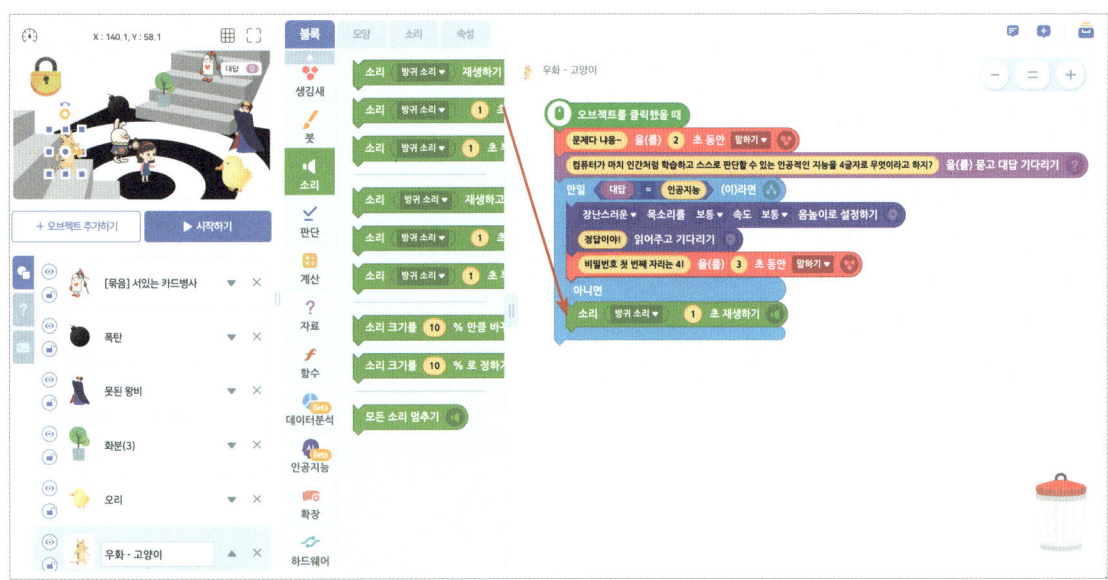

▲ 블록 모양 소리 속성 탭에서 기본으로 설정되어 있는 소리를 삭제한 다음, [소리 추가하기]를 클릭해 '방귀 소리'를 추가해요. 그리고 '아니면'에 소리 - 소리 방귀 소리▼ 1 초 재생하기 블록을 연결해서 답이 틀리면 방귀 소리가 나게 해요.

6 문제를 풀면 두 번째 비밀번호를 알려 주는 오리 만들기

오리 오브젝트를 클릭해서 선택한 다음, 블록을 조립해 주세요.

▲ 오브젝트를 클릭했을 때 블록 아래에 생김새 - 안녕! 을(를) 4 초 동안 말하기▼ 블록을 연결하고, 오리의 말을 입력해요. "꽥! 문제를 낼게!"를 입력하고 2초로 설정해요. 그리고 자료 - 안녕! 을(를) 묻고 대답 기다리기 블록을 이용해 "현실과 가상세계가 결합하여 그 안에서 아바타를 만들고, 게임을 하고, 친구들과 놀 수도 있는 공간을 4글자로 무엇이라고 하지?"라고 문제를 입력해요.

25. 이상한 AI월드를 탈출해요 · · · · **191**

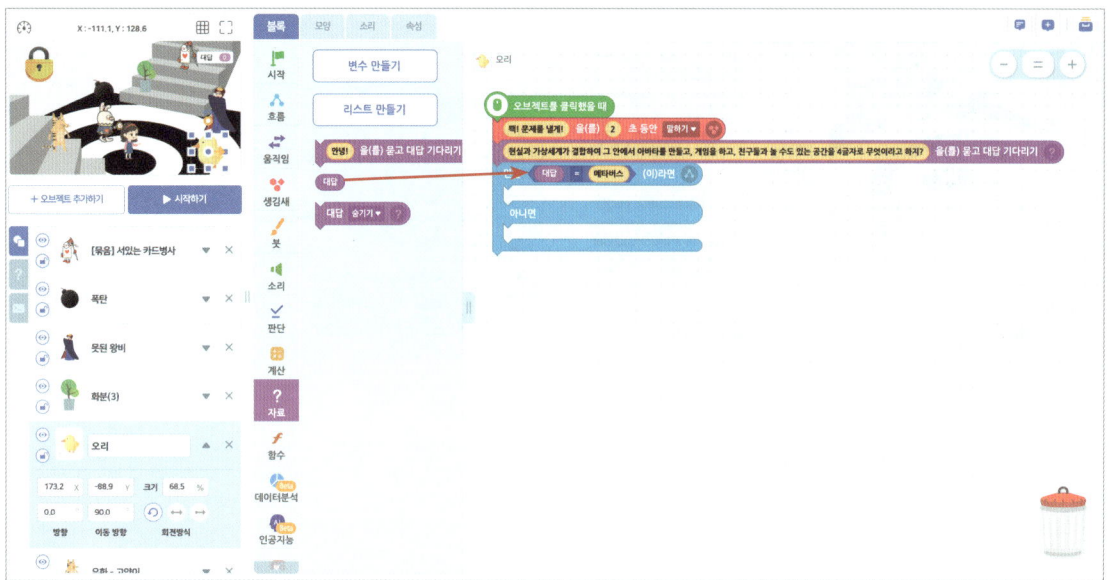

▲ 흐름 - 만약 참 (이)라면 아니면 블록을 이용해 사용자의 대답이 정답인지 아닌지에 따라 다른 결과가 나오도록 만들어요.

참 의 조건은 판단 의 10 = 10 블록을 덮어씌워서 만들어요. 그리고 왼쪽 '10'에는 자료 의 대답 블록을 덮어씌우고, 오른쪽 '10'에는 '메타버스'를 입력해요.

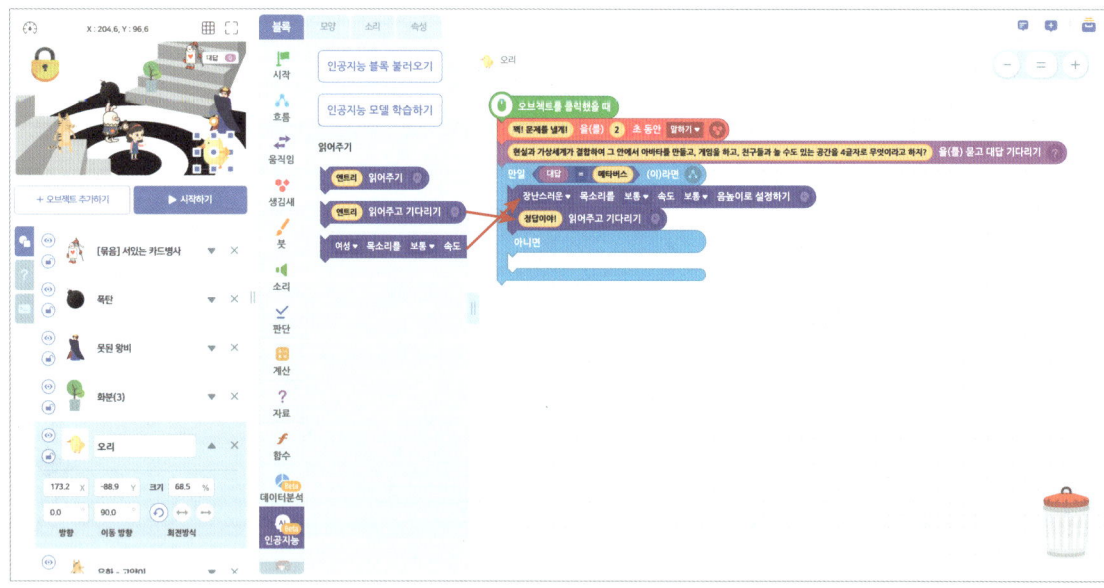

▲ 정답을 맞히면 인공지능이 "정답이야!"를 말하도록 인공지능 에서 여성▼ 목소리를 보통▼ 속도 보통▼ 음높이로 설정하기 와 엔트리 읽어주고 기다리기 블록을 드래그하여 차례로 연결해요. 블록의 목소리를 원하는 대로 설정하고, '엔트리' 대신 "정답이야!"를 입력해요.

▲ 생김새 - `안녕! 을(를) 4 초 동안 말하기` 블록을 드래그하여 연결한 다음, "안녕!" 대신에 "비밀번호 두 번째 자리는 7!"이라고 힌트를 입력해요. 그리고 숫자는 '3'으로 바꾸어요.

▲ 블록 모양 **소리** 속성 탭에서 기본으로 설정되어 있는 소리를 삭제한 다음, [소리 추가하기]를 클릭해 '놀라는 소리'를 추가해요. 그리고 '아니면'에 소리 - `소리 놀라는 소리▼ 재생하기` 블록을 연결해서 답이 틀리면 놀라는 소리가 나게 해요.

25. 이상한 AI월드를 탈출해요 ···· **193**

7 문제를 풀면 세 번째 비밀번호를 알려주는 카드 병사 만들기

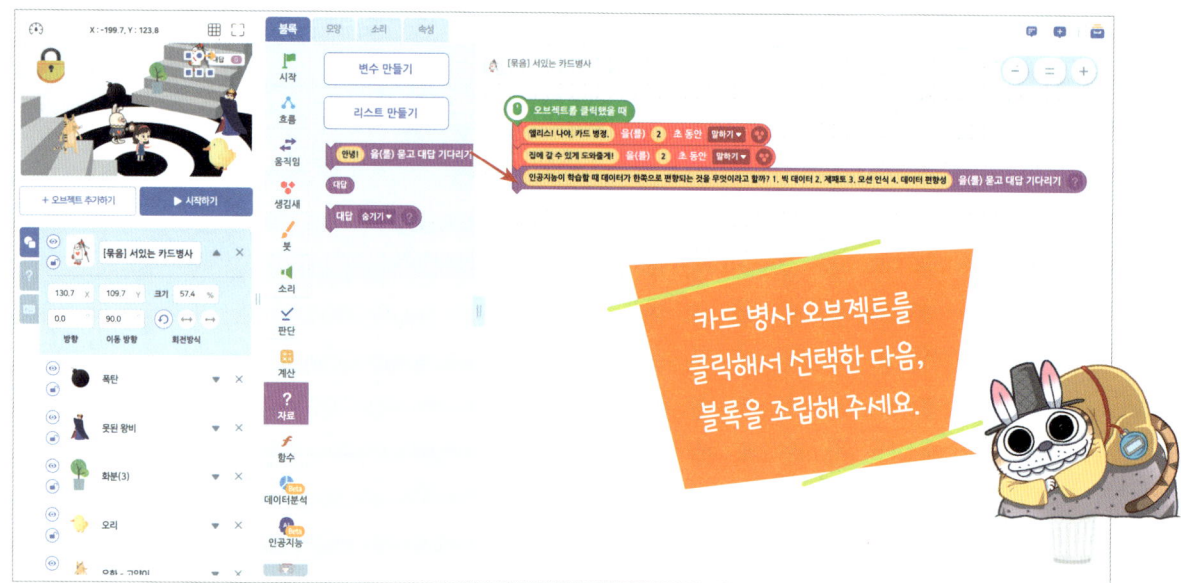

▲ `오브젝트를 클릭했을 때` 블록 아래에 `생김새` - `안녕! 을(를) 4 초 동안 말하기` 블록을 연결하고, 카드 병사의 말을 입력해요. "앨리스! 나야, 카드 병정", "집에 갈 수 있게 도와줄게!"를 각각 입력해요.

그리고 `자료` - `안녕! 을(를) 묻고 대답 기다리기` 블록을 이용해 "인공지능이 학습할 때 데이터가 한쪽으로 편향되는 것을 무엇이라고 할까? 1. 빅 데이터 2. 제페토 3. 모션 인식 4. 데이터 편향성"이라고 문제를 입력해요.

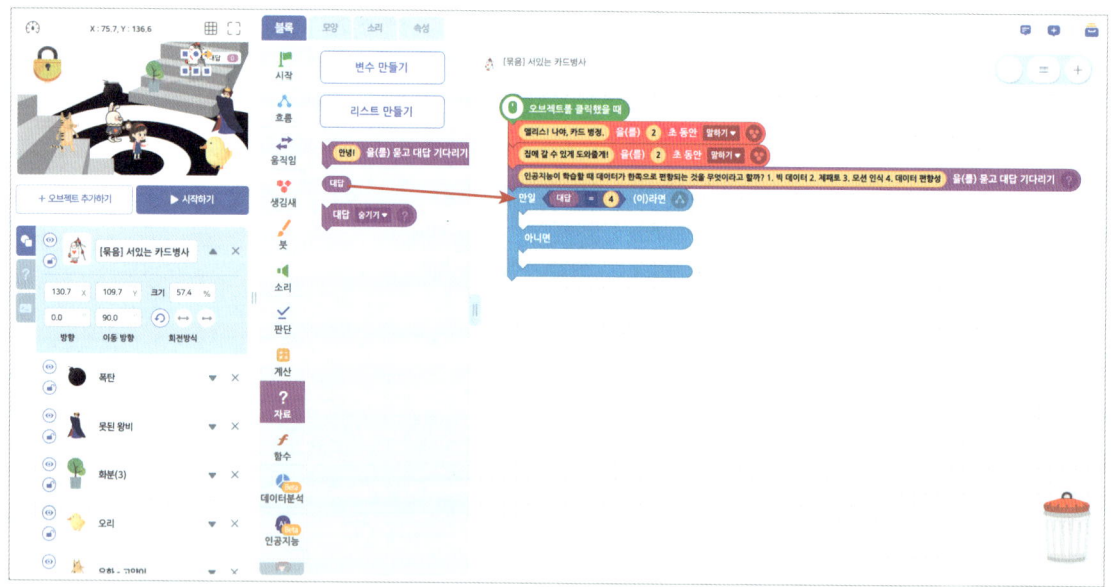

▲ `흐름` - `만일 참 (이)라면 아니면` 블록을 이용해 사용자의 대답이 정답인지 아닌지에 따라 다른 결과가 나오도록 만들어요.

`참` 의 조건은 `판단` 의 `10 = 10` 블록을 덮어씌워서 만들어요. 그리고 왼쪽 '10'에는 `자료` 의 `대답` 블록을 덮어씌우고, 오른쪽 '10'에는 '4'를 입력해요.

▲ 정답을 맞히면 인공지능이 "정답이야!"를 말하도록 인공지능 에서 여성▼ 목소리를 보통▼ 속도 보통▼ 음높이로 설정하기
와 엔트리 읽어주고 기다리기 블록을 드래그하여 차례로 연결해요. 블록의 목소리를 원하는 대로 설정하고,
'엔트리' 대신 "정답이야!"를 입력해요.

이제 마지막 힌트를 알아냈구나!!

▲ 생김새 - 안녕! 을(를) 4 초 동안 말하기▼ 블록을 드래그하여 연결한 다음, "안녕!" 대신에 "비밀번호 마지막 자리는 5!"라고 힌트를 입력해요. 그리고 숫자는 '2'로 바꾸어요.

21. 외국어로 번역해 줘요 ···· **195**

▲ 블록 모양 소리 속성 탭에서 기본으로 설정되어 있는 소리를 삭제한 다음, [소리 추가하기]를 클릭해 '남자 비명' 소리를 추가해요. 그리고 '아니면'에 소리 - 소리 남자 비명 재생하기 블록을 연결해서 답이 틀리면 남자 비명 소리가 나게 해요.

8 클릭하면 뒤집어지며 말하는 화분 만들기

화분(3) 오브젝트를 클릭해서 선택한 다음, 블록을 조립해 주세요.

▲ 오브젝트를 클릭했을 때 블록 아래에 생김새 에서 상하 모양 뒤집기 와 안녕! 을(를) 4 초 동안 말하기 블록을 연결하고, "안녕!" 대신에 "꽝!"을 입력해요. 숫자는 '2'로 바꾸어 줘요.

9. 클릭하면 커지면서 경고음이 울리는 폭탄 만들기

▲ 시작 에서 `오브젝트를 클릭했을 때` 를 블록 조립소로 드래그해요. 블록, 모양, **소리**, 속성 탭에서 기본으로 설정되어 있는 소리를 삭제한 다음, [소리 추가하기]를 클릭해 '위험 경고' 소리를 추가해요. 그리고 소리 - `소리 위험 경고 재생하기` 블록을 연결해요.

폭탄의 크기를 키우기 위해 생김새 의 `크기를 100 (으)로 정하기` 블록을 연결하고, 숫자 '100'을 '400'으로 바꿔요. 일정 시간이 지나면 폭탄이 원래 크기로 돌아오도록 흐름 - `2 초 기다리기` 블록을 연결하고, 다시 생김새 의 `크기를 100 (으)로 정하기` 블록을 연결한 다음, 숫자 '100'을 '42'로 바꿔요.

10. 클릭하면 색이 변하는 자물쇠 만들기

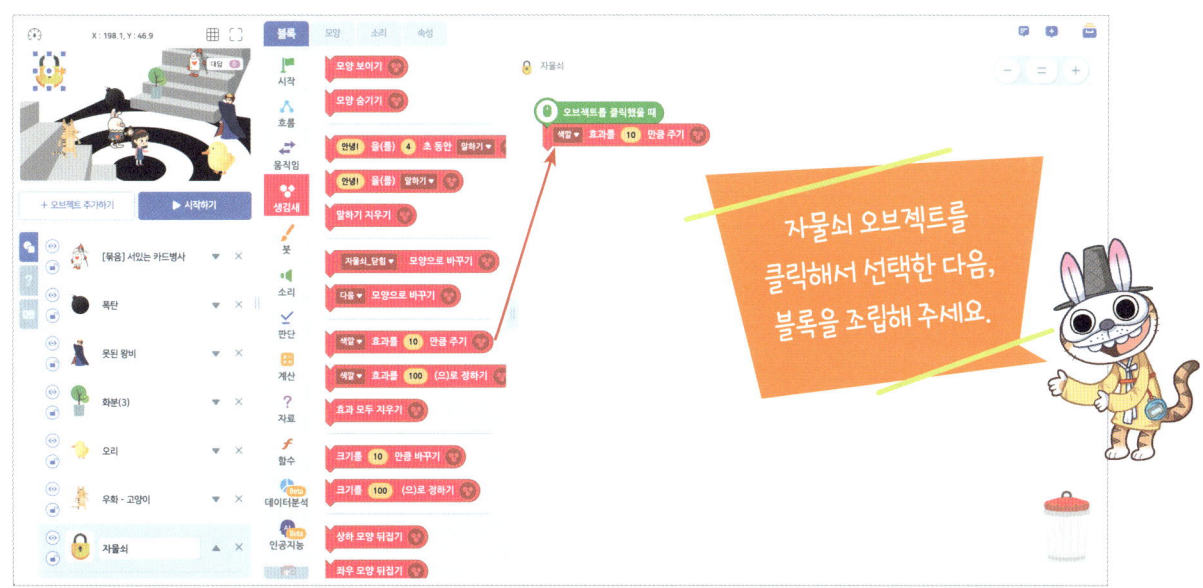

▲ `오브젝트를 클릭했을 때` 블록 아래에 생김새 - `색깔 효과를 10 만큼 주기` 블록을 연결해요. 클릭할 때마다 색이 조금씩 바뀌도록 만들어요.

25. 이상한 AI월드를 탈출해요

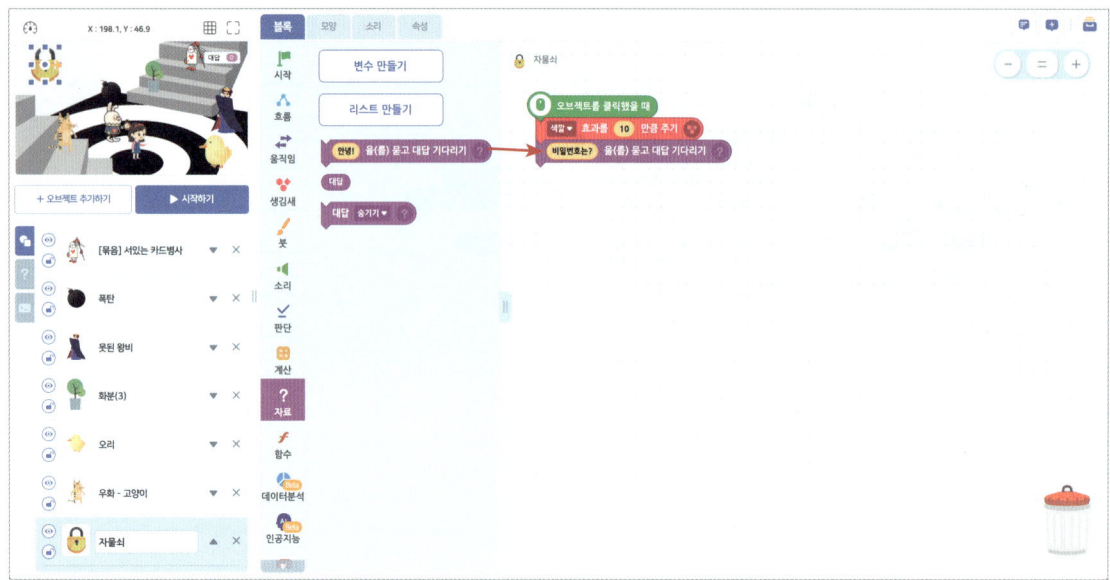

▲ ? 자료 - 안녕! 을(를) 묻고 대답 기다리기 블록을 이용해 "안녕!" 대신 "비밀번호는?"이라고 입력해요.

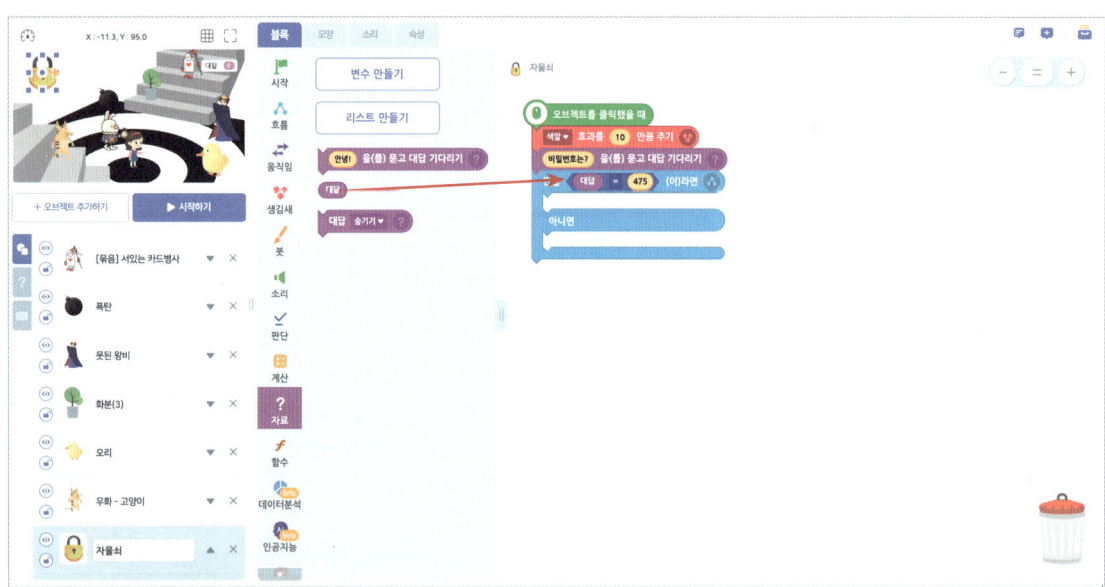

▲ 흐름 - 만일 참 (이)라면 / 아니면 블록을 이용해 사용자의 대답이 정답인지 아닌지에 따라 다른 결과가 나오도록 만들어요.

참 의 조건은 판단 의 10 = 10 블록을 덮어씌워서 만들어요. 그리고 왼쪽 '10'에는 ? 자료 의 대답 블록을 덮어씌우고, 오른쪽 '10'에는 '475'를 입력해요.

▲ 정답을 맞히면 인공지능이 "앨리스, 집에 갈 시간이야!"를 말하도록 인공지능 에서
여성▼ 목소리를 보통▼ 속도 보통▼ 음높이로 설정하기 와 엔트리 읽어주고 기다리기 블록을 드래그하여 차례로 연결해요.
블록의 목소리를 원하는 대로 설정하고, '엔트리' 대신 "앨리스, 집에 갈 시간이야!"를 입력해요.
그리고 집에 도착한 장면을 보여 주기 위해 시작 의 다음▼ 장면 시작하기 블록을 연결해요.

▲ 블록 모양 **소리** 속성 탭에서 기본으로 설정되어 있는 소리를 삭제한 다음, [소리 추가하기]를 클릭해 '곰 울음 소리'를 추가해요. 그리고 '아니면'에 소리 - 소리 곰 울음 소리▼ 재생하기 블록을 연결해서 답이 틀리면 곰 울음 소리가 나게 해요.

곰 울음 소리를 들으면 나 충격 받을 듯……

25. 이상한 AI월드를 탈출해요 ···· **199**

집에 도착한 안리수를 보여 줘요

1 화면을 추가하고 화면의 이름 정하기

▲ 실행 화면 위쪽에 [+]를 클릭해요.

▲ 추가된 장면의 이름을 '집으로'로 수정해요.

2 '집으로' 장면에 필요한 오브젝트 추가하고, 적절한 위치로 배치하기

집　　　소녀(2)　　　소녀(4)　　　고양이

3 장면이 시작되면 언니를 부르는 안리수 만들기

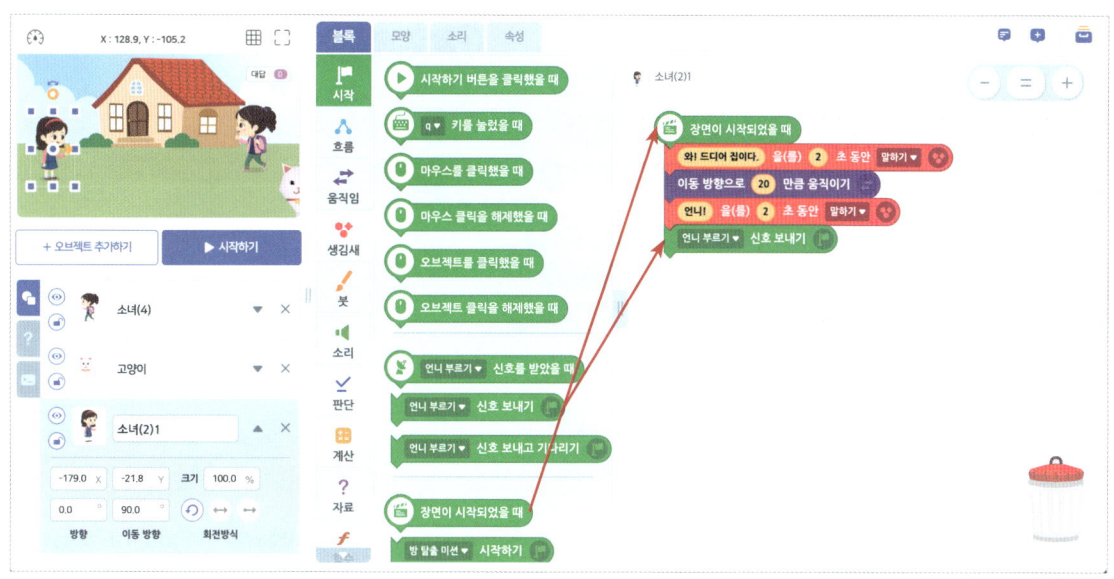

▲ 시작 - 장면이 시작되었을 때 블록 아래에 생김새 - 안녕! 을(를) 4 초 동안 말하기▼ 블록을 연결하고, "와! 드디어 집이다.", "언니!"를 각각 입력한 다음, 시간은 2초로 설정해요. 움직임 - 이동 방향으로 10 만큼 움직이기 를 생김새 블록 사이에 끼워 넣고, 숫자는 '20'으로 바꾸어요. 블록 모양 소리 속성 탭에서

신호 - 신호 추가하기 를 클릭해 신호의 이름을 '언니 부르기'로 만들어요.
그리고 시작 - 신호▼ 신호 보내기 블록을 드래그하여, '신호'를 '언니 부르기'로 바꾸어 줘요.

4 안리수를 발견한 언니 만들기

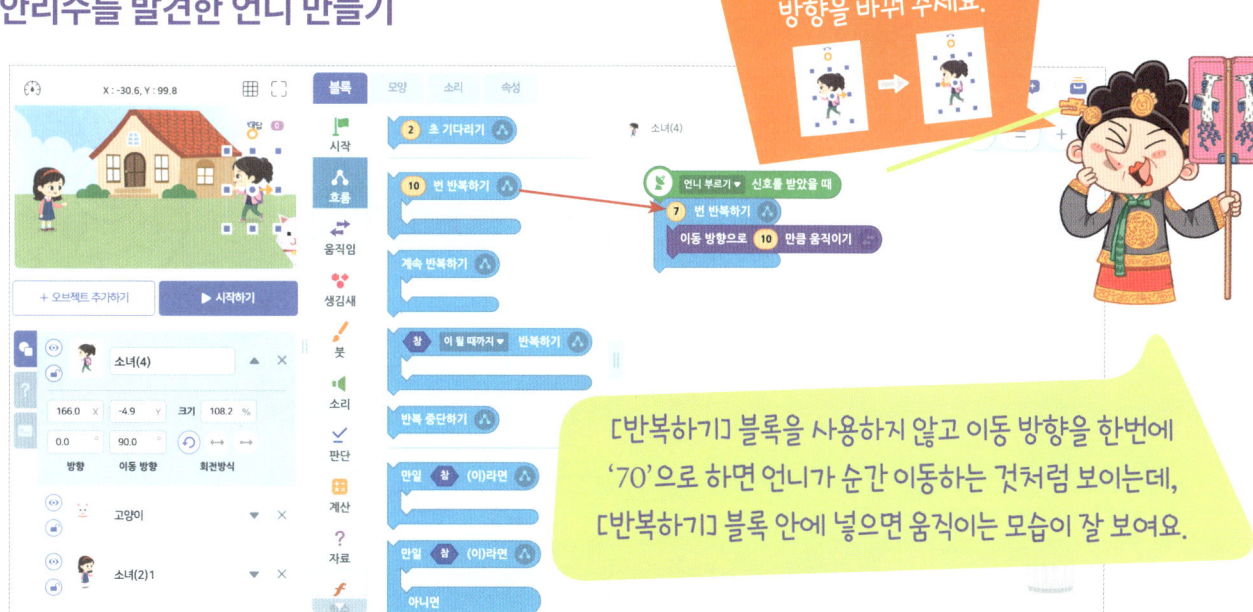

▲ 언니 부르기 신호를 받았을 때 앞으로 이동하도록 움직임 - 이동 방향으로 10 만큼 움직이기 블록을 흐름 - 10 번 반복하기 블록 안에 끼워 넣어요. 그리고 숫자는 '7'로 바꾸어 줘요.

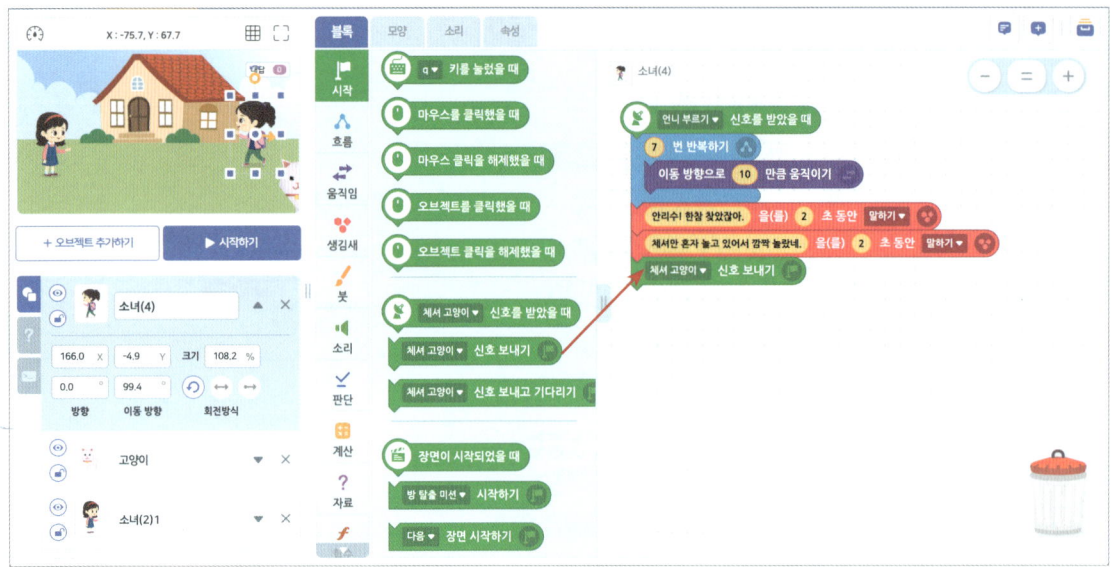

▲ 생김새 - 안녕! 을(를) 4 초 동안 말하기 블록을 연결하고, "안리수! 한참 찾았잖아.", "체셔만 혼자 놀고 있어서 깜짝 놀랐네."를 각각 입력해요. 그리고 블록 모양 소리 속성 탭에서 신호 - 신호 추가하기 를 클릭해 신호의 이름을 '체셔 고양이'로 만들어요. 시작 - 신호 신호 보내기 블록을 드래그하여, '신호'를 '체셔 고양이'로 바꾸어 줘요.

> 고양이를 클릭해서 선택한 다음, 블록을 조립해요.

5 냐옹~ 소리를 내며 나타나는 고양이 만들기

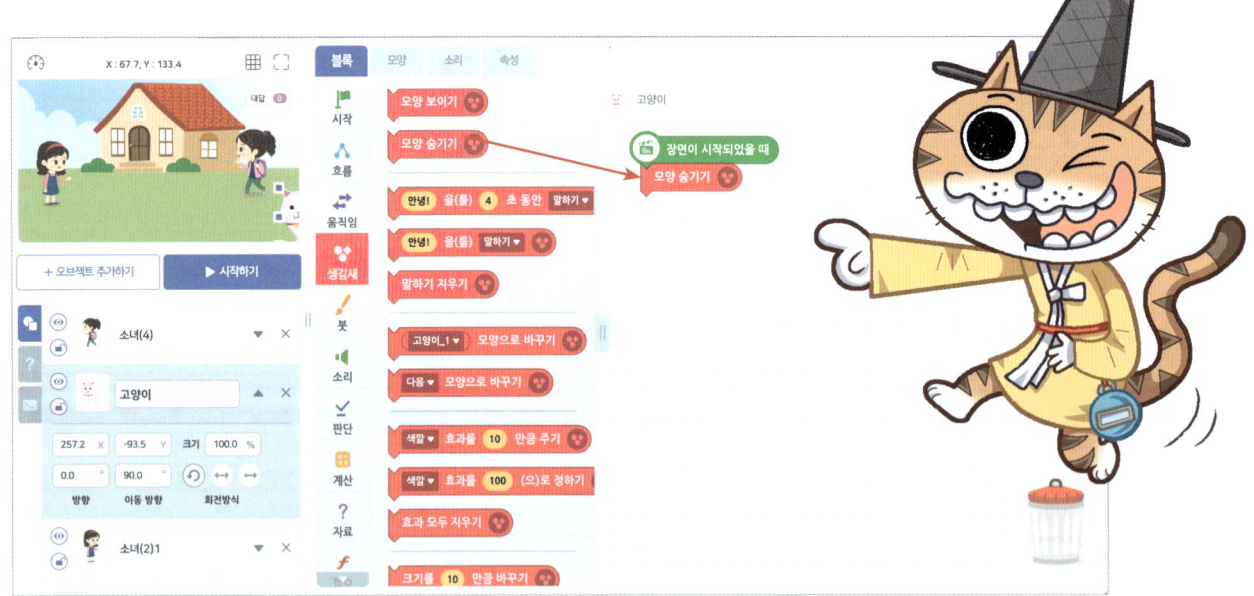

▲ 시작하기 버튼을 클릭했을 때는 고양이 오브젝트가 보이지 않도록 장면이 시작되었을 때 블록 아래에 생김새 - 모양 숨기기 블록을 연결해요.

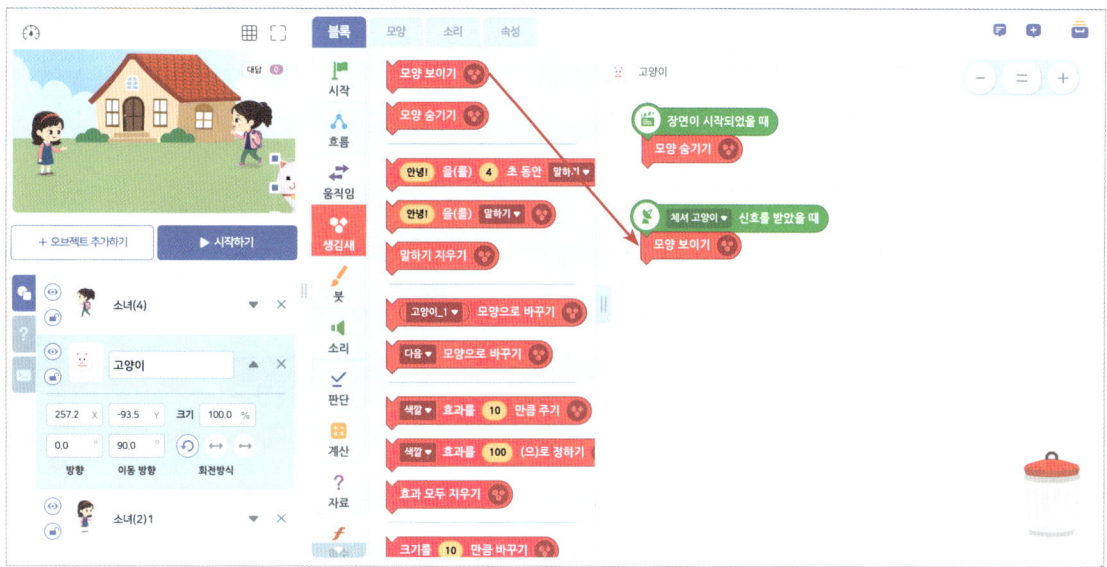

▲ 시작 - 신호를 받았을 때 블록을 드래그하여, '신호'를 '체셔 고양이'로 바꾸어 줘요. 신호를 받은 다음에는 고양이가 화면에 보이도록 생김새 에서 모양 보이기 블록을 연결해요.

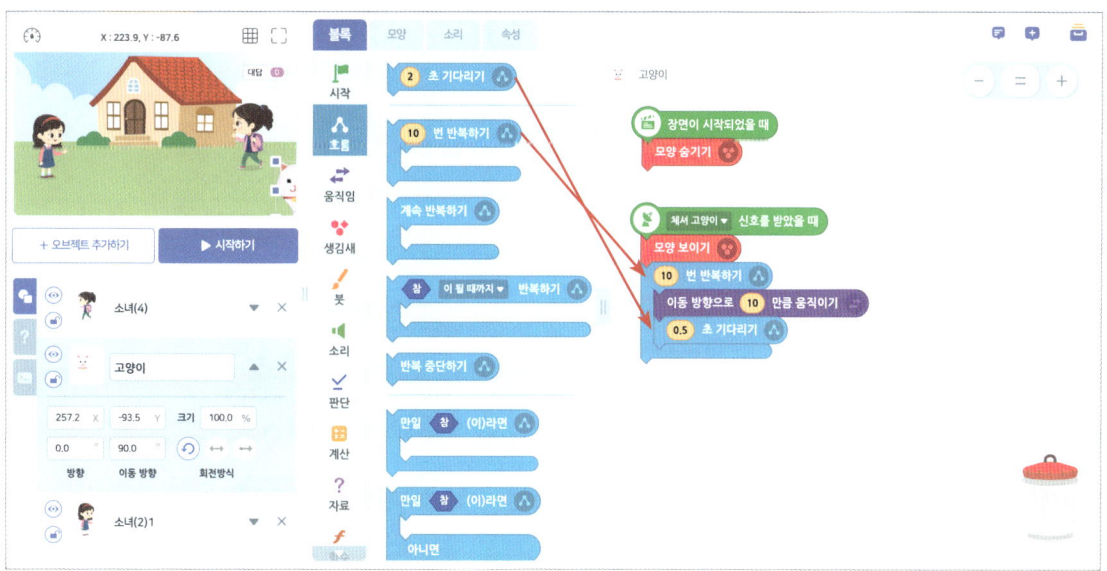

▲ 체셔 고양이가 신호를 받았을 때 앞으로 이동하도록 움직임 - 이동 방향으로 10 만큼 움직이기 블록을 흐름 - 10 번 반복하기 블록 안에 끼워 넣어요. 이때 고양이가 천천히 움직이도록 흐름 - 2 초 기다리기 블록을 이동 방향으로 10 만큼 움직이기 블록 아래에 연결하고, 숫자는 '0.5'로 바꾸어 줘요.

25. 이상한 AI월드를 탈출해요 •••• 203

▲ 블록 모양 소리 속성 탭에서 소리 추가하기 를 클릭해 '고양이 울음소리2'를 추가하고, 소리 블록에 들어가 소리 고양이 울음 소리2 재생하기 로 냐옹~ 소리가 나게 해요. 그리고 블록 모양 소리 속성 탭에서 신호 - 신호 추가하기 를 클릭해 신호의 이름을 '안리수의 마지막 말'로 만들어서 신호 보내기를 해요.

6 자신이 기르는 고양이를 보고 기뻐하는 안리수 만들기

▲ 안리수의 마지막 말 신호를 받았을 때 로 신호를 받으면 생김새 - 안녕! 을(를) 4 초 동안 말하기 블록을 이용해서 "아니 체셔!!", "맞다. 나는 고양이를 기르고 있지.", "모든 게 꿈인 것 같아.", "이제 진짜 집이네!!"를 각각 입력한 다음, 숫자는 '2'로 바꾸어 줘요.

◀ 모든 미션이 완료되면 음악이 나오도록 블록 모양 소리 속성 탭에서 소리 추가하기 를 클릭해요. 파일 올리기 를 클릭해 내가 좋아하는 노래를 업로드하면 음악을 추가할 수 있어요.

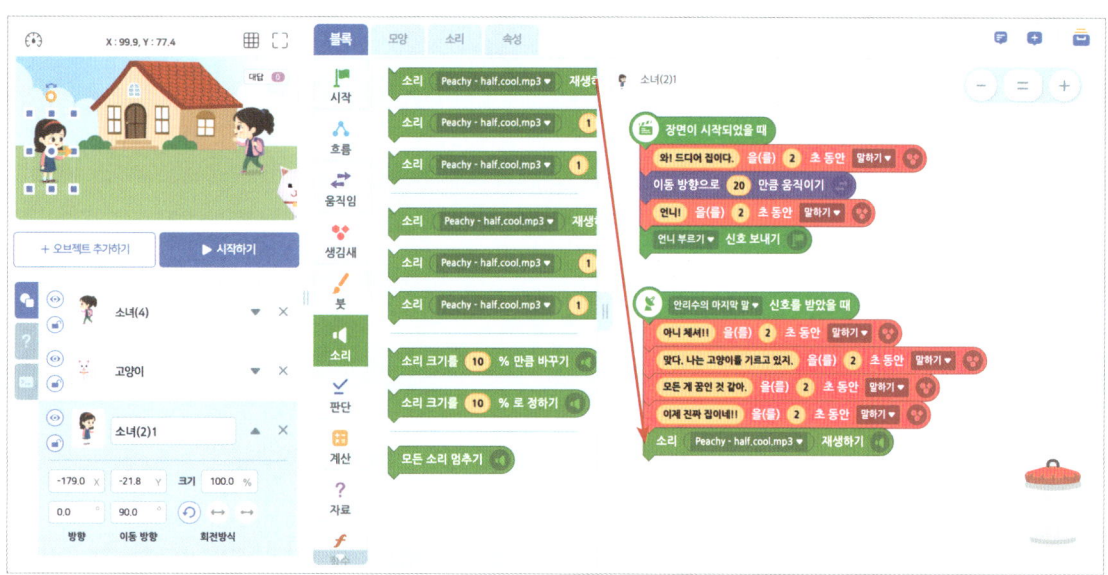

▲ 소리 - `소리 Peachy - half.cool.mp3 재생하기` 블록을 드래그하여 프로그램이 끝나면 내가 올린 음악 파일이 재생되도록 해요.

드디어 모든 모험이 끝났구나! 집에 돌아오니 넘 행복해!

안리수, 여기가 정말 집으로 보여? 혹시... 너 멀티버스라고 들어 봤니?

멀티버스? 그럼, 혹시 여기는 …… 다른 차원의 우주 속에 있는 또 다른 앨리스의 집?

오, 좀 알고 있군. 마블 영화를 좋아하나 봐? 하하하하

그런데 너는 누구야? 아니 너는!!!!

아직 너는 집으로 가지 못했다고!! 으하하핫

To be continued…

25. 이상한 AI월드를 탈출해요 ···· 205

MEMO

MEMO

용어 설명

인공지능
인간처럼 학습하고 생각해서 스스로 판단할 수 있는, 컴퓨터의 인공적인 지능. 과거에는 인공지능을 개발할 수 있는 기술이 부족해서 개념만 있었지만 2000년대가 되어 정보 기술이 급격히 발전하면서 인공지능 기술을 실현할 수 있게 됨.

메타버스
1992년 미국의 닐 스티븐슨(Neal Stephenson)의 공상과학 소설 '스노 크래시(Snow Crash)'에서 처음 사용된 용어, 추상을 뜻하는 그리스어 메타(meta)와 우주를 뜻하는 유니버스(universe)가 합쳐져 만들어짐. 메타버스(Metaverse)는 현실과 가상의 세계가 결합하여 그 안에서 상호작용할 수 있는 공간을 의미함.

컴퓨터 비전
인공지능에서 컴퓨터가 사람의 눈과 같이 이미지를 보고, 인식한 이미지를 이용해 다양한 정보를 만드는 기술 분야. 얼굴을 인식하면 잠금장치가 풀리는 스마트폰 기술이나 사람의 움직임을 인식하는 모션 인식도 컴퓨터 비전에 속함.

머신러닝
컴퓨터 프로그램이 알고리즘을 사용하여 데이터에서 패턴을 찾는 인공 지능 애플리케이션. 오늘날 세계에서 시장에 나와 있는 거의 모든 인공 지능 (AI) 기술 발전과 애플리케이션에는 머신러닝 알고리즘이 사용됨.

알고리즘
어떤 문제의 해결을 위하여, 입력된 자료를 토대로 하여 원하는 출력을 유도하여 내는 규칙의 집합. 여러 단계의 유한 집합으로 구성되는데, 각 단계는 하나 또는 그 이상의 연산을 필요로 함.

티처블 머신
인공지능의 한 분야인 머신러닝을 쉽게 배우고 체험할 수 있도록 만든 학습 도구. 이미지 샘플을 모아 클래스를 나누고, 학습에 필요한 데이터를 추가하면 인공지능이 학습을 하도록 함.